CINÉMA
EN ROUGE ET NOIR

La réalisation de cet ouvrage a été rendue possible grâce à des subventions du ministère de la Culture du Québec et du Conseil des Arts du Canada.

Traitement informatique : Philippe Leduc
Composition et montage : Constance Havard
Maquette de la couverture : Raymond Martin
Distribution : Diffusion Prologue

ISBN : 2-89031-180-5
Dépôt légal : B.N.Q. et B.N.C., 1er trimestre 1994

Réal La Rochelle

CINÉMA
EN ROUGE ET NOIR

30 ans de critique de cinéma au Québec

Triptyque

Du même auteur

Notes sur le cinéma récréatif et sur son intégration au niveau élémentaire, ministère de l'Éducation du Québec, *L'École coopérative*, n° 11, septembre 1970.

Le cinéma et l'enfant, Montréal, Éducation nouvelle, 1972.

Callas. La diva et le vinyle, Montréal et Grenoble, Triptyque/La vague à l'âme, 1988. Le chapitre «Maria Callas and *La Traviata*. The Phantom of EMI», publié dans *ARSC Journal*, vol. 19, n° 2-3, Feb. 1989.

«Médée», c'est Callas, Montréal, La Cinémathèque québécoise, 19 mai 1988.

Coordination d'ouvrages collectifs

«Québec/Canada. L'enseignement du cinéma et de l'audio-visuel. The Study of Film and Video», Paris, *CinémAction*, hors série, 1991.

(Avec François Jost), «Cinéma et musicalité», Montréal, *Cinémas, revue d'études cinématographiques*, automne 1992.

Aux milliers d'étudiants qui, au fil de ces décennies, m'ont suivi en cinéma, m'offrant de la sorte le programme double du gagne-pain et de la passion. Un *panem et circences* bien typique de l'industrie culturelle.

À Jean Barbe, qui pour moi représente la figure emblématique de cette cohorte.

PRÉFACE

Comme dans un opéra italien...

Trente ans! L'heure des bilans? Pas nécessairement. L'heure par contre où l'on trouve déjà le recul nécessaire pour regarder derrière soi sans trop d'indulgence ou de sentimentalisme; l'heure où l'on peut utiliser les acquis — les erreurs surtout — pour faire un peu de planification; l'heure enfin où, sur une route pas toujours très bien tracée, on aperçoit les balises qui nous ont malgré tout permis d'avancer.

La route de Réal La Rochelle est curieusement balisée. À la limite du malaise. Marx et l'héritage catholique, la pédagogie et la distribution de films, mais aussi Pasolini et Demy, Groulx et Godard, Cukor et Arcand.

Il ne faudrait surtout pas conclure à l'incohérence. Tout ici est ordonné... comme dans un opéra italien. Il faut se laisser porter par les enthousiasmes de l'auteur, admettre ses changements de cap comme autant de coups de cœur, aussi rigoureux que le cœur peut l'être.

Et pour rester dans le registre du cœur, reconnaissons à Réal La Rochelle l'honorabilité de ses ruptures: il est provincial et aime l'opéra; il est d'Abitibi et rêve d'Europe; il est de culture et d'héritage catholiques et embrasse la cause marxiste. Et toujours, c'est le cœur, en toute rigueur, qui justifie ces choix, profonds, coûteux, voire même abusifs.

Ce qui frappe aussi, et peut-être même en tout premier lieu, à la lecture de cet ensemble de textes, c'est l'ouverture d'esprit de l'essayiste. Catholique non pratiquant ou marxiste pratiquant, Réal La Rochelle est toujours prêt à découvrir quelque chose, pas la nouveauté, plutôt la singularité, ce qui déséquilibre, ce qui remet en cause, ce qui crée le malaise; d'où ses enthousiasmes bien compréhensibles pour Groulx, Demy et Pasolini notamment, tous trois cinéastes de l'inclassable, de la marginalité.

Ces textes sont toniques également en ce qu'ils combattent à chaque page l'idée même de préjugé. Réal La Rochelle ne préjuge de rien. Il ne fait pas de distinction entre culture «cultivée» (celle à travers laquelle il aime l'opéra) et culture populaire; il reste ouvert et ses connaissances, qui sont multiples et souvent savantes, ne s'édifient pas en place forte ou en autant de murailles défensives, mais au contraire en autant de fenêtres ouvertes sur la création, quelles que soient les formes qu'elle revêt.

Quel rafraîchissement au passage de voir Réal s'instituer scénariste d'une HISTOIRE D'O... à une époque où nous l'identifions volontiers comme un catholique d'Abitibi au service de la mafia de *Séquences*. (Ceci dit, mon cher Réal, j'avoue être plutôt soulagé que ce film ne se soit pas fait! Peut-être serais-tu aujourd'hui riche et entouré de jeunes femmes en cuir, mais tu ne serais sûrement pas l'homme libre que tu es si magnifiquement resté.)

Il faut enfin souhaiter au lecteur qui s'aventure dans le dédale de ce curieux assemblage de textes une ouverture d'esprit égale à celle de l'auteur; c'est seulement à cette condition que sa lecture sera productive. Il faut accepter de suivre Réal La Rochelle sur tous les terrains, fussent-ils piégés: le voyage en vaut la peine (et le plaisir). La liberté de pensée est une denrée trop rare et trop exquise pour la refuser quand, par quelque miracle, elle nous est si joyeusement proposée.

Robert Daudelin

Conservateur
Cinémathèque québécoise (qui fut fondée en 1963, année où Réal La Rochelle commettait son premier texte critique)

AVANT-PROPOS

Avoir trente ans en même temps que la Cinémathèque québécoise

Fêter les vingt ou trente premières années d'un organisme le fait paraître paradoxalement jeune et vieux. Dans la même foulée. Faut-il en rire ou en pleurer, ou les deux dans le même souffle?

Une institution a toutefois l'avantage d'espérer dans sa durée, qui cimente historiographiquement, au jour le jour, à la fois son archéologie et son avenir, en dépit du risque de l'effondrement. Dans certains cas glorieux, en bénéficiant même de la catastrophe ou de l'usure: blocs taillés indéchiffrables jonchant le sol, bras sculptés perdus, pierre et vernis dévorés par le smog, ou tout simplement empreinte dans quelque matériau endormi.

En contrepartie, l'ouvrage d'un individu peut plus difficilement compter sur la fragilité de ses traces et la précarité de la mémoire ambiante. Le pire n'est certes pas toujours sûr, mais il paraît néanmoins plus rassurant de s'installer à l'ombre d'un musée, ou du côté de ses artefacts, quitte à être pris pour l'un d'eux.

J'ai été agréablement surpris, au moment où la Cinémathèque québécoise fête ses trente ans, de constater que mon travail de critique filmique et d'analyste de médias audiovisuels a débuté pratiquement au même moment. Je crois que, depuis, s'est installée entre nous, sans concertation formelle aucune, une sorte de long dialogue déambulatoire, comme il s'en pratiquait dans les cours des pensionnats archaïques (d'où on ne pouvait s'échapper), pour meubler les heures de récréation. Par la force des choses, on y faisait alors de longues marches, sous forme de fréquents allers-retours, vu la petitesse de l'espace clos, en profitant au maximum des surprises et des découvertes que peut générer l'emploi du temps à perdre.

Je partage donc avec la Cinémathèque ce couloir à la fois bref et étonnamment complexe, dessiné comme repère d'une des aventures les plus solides de la Révolution tranquille culturelle au Québec, dont la Cinémathèque est sortie comme entité et institution viable. L'histoire est toujours courte et récente au Québec, et celle-ci davantage, qui fit de la passion du cinéma et de l'audiovisuel un des nouveaux chantiers montés sur les cendres encore brûlantes du clérico-duplessisme.

Voilà donc l'espace de ce paysage en rouge et noir. «Rouge *et* noir», dit bien Stendhal, non le rouge *après* le noir, pour bien montrer la cohabitation de l'archaïque et du moderne, le métissage du vieux bâtiment et du design architectural.

* * *

Ce *Cinéma en rouge et noir* est un parcours singulier et personnel qui s'inscrit dans un tel paysage. Tel quel, il ne peut avoir la prétention d'être emblématique des derniers trente ans de la Révolution tranquille culturelle et de la Cinémathèque au Québec. Il revendique tout bonnement d'avoir fait route en même temps, comme à côté d'une grande sœur ou d'un frère aîné, de s'en être inspiré parfois par mimétisme, ou encore de s'en être éloigné (pas trop loin) par jeu et tentative de délinquance.

C'est un bien petit «rouge et noir», en position d'apprenti sous la tutelle du maître Stendhal, qui n'avait pourtant pas dédaigné lui-même de s'inspirer d'un fait divers de province. Cet essai-anthologie a la forme d'une sorte d'album-photos personnel ou de famille, de scrapbook culturel. S'y alignent quelques articles et ciné-fiches publiés au fil des ans dans divers journaux et revues, mais aussi des inédits; des interviews et des résumés de conversations; des synopsis et des scénarios, une nouvelle, un livret d'opéra. Et puis des photos, des dessins, quelques lettres.

En choisissant ces fragments, j'avoue savourer quelques fiertés, et les fruits de la chance. Mon premier reportage de Cannes, en 1964, pour *Le Devoir*, et la découverte des *Parapluies de Cherbourg*. Deux interviews avec Pasolini, à Rome et à Montréal, en 1964 et 1966, celui de Cukor aussi à Hollywood en 1968. Les beaux dessins demandés candidement, en 1965 à Annecy, à Norman McLaren, John Hubley, Gene Deitch et Emanuele Luzzati. Le journal de la tournée de Godard en Abitibi en 1968, en plein hiver glacial, après mai... Les rencontres aussi avec Gilles Groulx, Denys Arcand, Arthur Lamothe, Pierre Hébert, entre autres. Quelques lettres, dont une de Miklós Rózsa... L'essentiel de ma route se trouve ici en surchoix, glané sur un chemin que j'ai fait à rebours, afin de retrouver ces graines semées dans des lieux aussi divers que contradictoires: *Le Devoir*, *Séquences*, *Champ libre*, *En lutte!*, *Format Cinéma*, *Copie zéro*, *24 images*, *Ciné-bulles*, etc.

Regrouper ce qui est éparpillé, rassembler par collage les morceaux dispersés d'une histoire, fût-elle courte, permet de faire un portrait à gros traits certes, mais qui paraît assez ressemblant. En faisant le montage de ce *patchwork*, j'ai pensé parfois aux étudiants d'aujourd'hui (à certains d'hier aussi), en me demandant si nous pouvions comprendre ensemble, ou du moins entrevoir de quels éléments fut composé un pareil parcours de trente ans.

Il émerge pour eux d'une sorte de préhistoire, pour moi d'un toujours présent se raidissant déjà quelque peu en rhumatisme d'histoire. Afin de retarder encore le durcissement de cette réification, j'ai organisé ce parcours de manière a-chronologique, en formant la pâte d'ingrédients thématiques, mais sans oublier de lier le tout pour ne pas perdre le fil.

Le fil du labyrinthe, qui permet à l'histoire de se métamorphoser en légende, en joli conte, et de ne pas se prendre plus au sérieux que cela: Il était une fois...

Juin 1993

PRÉ-GÉNÉRIQUE

Fragments du scénario
L'Abitibi rouge et noire

Écrit au début des années 1970, ce synopsis marquait à sa manière ma rupture avec l'Abitibi. Lieu de naissance et de jeunesse (La Sarre), de formation, de premier travail en enseignement (Collège d'Amos), matrice des ciné-clubs depuis la fin des années 50, l'Abitibi avait représenté pour moi à la fois l'enracinement et le point de la ligne de fuite pour Montréal et Paris (puis Cannes, Annecy, Rome, Rochester, Cuernavaca, Venise), dans un mouvement d'allers-retours entre études et travail, qui devait prendre fin à l'été 1969.

Un des moments enthousiasmants de mon premier enseignement en littérature (le cinéma était alors interdit dans les programmes, et ne se pratiquait qu'en parascolaire) fut un emballement réciproque, avec mes étudiants, pour le roman de Stendhal, *Le rouge et le noir*, alors censuré, et que j'avais réussi à sortir de l'enfer des classifications morales des jésuites.

Julien Sorel révolté, c'était mes étudiants, c'était moi. Et l'opéra et le cinéma tout à la fois, en baroquisme débridé.

Voici le début de ce scénario, qui témoigne encore aujourd'hui de ce qui est resté dans mon imaginaire comme l'empreinte indéracinable de la dialectique «rouge/noir».

Synopsis

Inédit, 1970

Le sujet de ce film est une sorte de chronique d'un adolescent et de son pays, l'Abitibi. *Chronique* dans le sens où les écrivains médiévaux Froissart et Commynes pouvaient concevoir l'histoire et la vie, c'est-à-dire avec naïveté, simplicité et passion. En somme, une façon archaïque de dresser le bilan d'un dossier d'existence humaine et politique, en faisant fi, consciemment ou non, de la pseudo-objectivité des faits et en préférant un assemblage imaginaire de documents.

Le dossier de *L'Abitibi rouge et noire* est formé d'épisodes de l'enfance et de la jeunesse d'un garçon, de notations sur sa famille, sur son éducation, sur ses tentatives amoureuses et, surtout, de tous les paysages de cette Abitibi-pénéplaine-du-Québec; bref, *une chronique archaïque de géographie physique et humaine.*

Pour accentuer le caractère «simpliste» et lyrique des matériaux inclus dans cette chronique, je fais appel à des supports architecturaux qui, d'une part, empêchent les documents de s'éparpiller en tous sens et, d'autre part, appuient sur l'étrangeté de leur lien avec ce dont, au fond, il est question.

Le premier, principal et essentiel support, c'est celui de Stendhal, de la trame de son roman *Le rouge et le noir*. Le Julien du film (avec son cortège de personnages), c'est le Julien Sorel de Stendhal. Cependant, au lieu de puiser directement dans le roman, j'ai préféré le Stendhal d'un texte curieux et savoureux qui, à mon avis, vaut tout le roman. C'est un projet d'article critique sur *Le rouge et le noir*, que Stendhal écrivit pour un ami florentin, lequel voulait publier un compte rendu du roman de Stendhal «en toute connaissance de cause».

Le cynique et tendre Stendhal lui fait donc tout simplement l'article, que l'autre n'aura qu'à traduire, ou à paraphraser. Stendhal en profite pour faire comprendre, en apparence objectivement, mais en fait avec cette subjectivité lucide de la bonne critique, le caractère profondément original du *Rouge et noir*. Tout cela est amusant, railleur, délirant de tendresse et d'amertume, et *vrai* au point qu'on peut difficilement, encore aujourd'hui, trouver un compte rendu critique plus *juste* de ce chef-d'œuvre de Stendhal. C'est cette VOIX DE STENDHAL qui commente, en l'appuyant, la majeure partie du dossier du film.

Le second support, c'est la musique d'opéra, extraits de Rossini pour la plupart (que Stendhal adorait) et qui complètent la voix de Stendhal, de façon encore plus lyrique et informelle, pour cimenter les documents.

Ces éléments, auxquels d'autres moins élaborés viennent s'ajouter, devraient pouvoir donner aux pièces documentaires de la chronique à la fois un air de *ressemblance* et d'*étrangeté*, les deux pôles de cette esthétique archaïque qui devrait marquer le style du film.

Julien est donc pris ici vers la fin de son adolescence (bien que le facteur temps dans le sujet n'ait aucune importance ni aucun poids), ou du moins au moment où s'accomplit la rupture décisive de son existence. Le garçon rompt avec sa famille, avec les abbés et les curés de son éducation et de son Séminaire, avec les deux premières femmes de sa vie, et, par-dessus tout, avec sa géographie: arbres, lacs, moulins à scie, campagnes, villages et petites villes de l'Abitibi, qui sont autant de personnages. Ce qui tue Julien, à ce moment-ci, et le *délivre*, c'est le mépris, un mépris profond qui est surtout la *peur du mépris*, comme le dit Stendhal; cette peur du mépris n'étant elle-même qu'une passion immense, mais qui, *par hasard* (comme le dit encore Stendhal), a été bâillonnée, réduite au silence, bouchée. Bref, dégoûté de son passé et de sa jeunesse, Julien se sauve miraculeusement, bien qu'il n'en soit pas conscient encore, de la taloche de cette grosse «main du muet» qui un jour a voulu lui fermer la gueule... (Racine, *Bajazet:* «Mais la main du muet s'arme pour te frapper.»)

Remarques sur la technique

1. *Bande image*
Il semble que le format approprié pour ce sujet serait le 16 mm couleur. Pour ce qui est du style de photographie, on pourrait le définir tout simplement par l'expression «coloris modéré» (expression même de Stendhal pour décrire la couleur du roman *Le rouge et le noir*).
Dans l'ensemble, images de reportage.

2. *Bande son*
Peut être composée de 3 éléments principaux:

— Son synchrone reproduisant exclusivement les bruits et les musiques réels (ou environnants): bruits de forêt, chants d'oiseaux, bruits d'eau, de moulins à scie, d'autobus sur les routes, etc.

— Musique off de commentaire et de contrepoint: extraits d'opéras, symphonies et chant.

— Voix humaines off. Sur ce dernier point en particulier, je souligne que le sujet du film (du moins dans sa première conception) ne justifie pas de dialogues directs, mais tout au plus quelques phrases directes off. Par ailleurs, les voix off de commentaire et de contrepoint, surtout la VOIX DE STENDHAL, devraient paraître omniprésentes dans le film, au point d'avoir l'air parfois d'envahir la bande image. Ceci me paraît important non seulement au plan stylistique, mais davantage pour souligner que les personnages (Julien et les êtres de sa jeunesse) sont, à toutes fins pratiques, des êtres silencieux, fermés, réduits au silence et que le film a surtout pour but de révéler ce qu'ils ne disent pas, ce qu'ils n'arrivent pas à projeter dans une expression verbale personnelle. De là l'obligation d'avoir recours à toutes ces voix, dont le rôle n'est ni explicatif ni décoratif, mais *fonctionnel* par rapport à la signification générale du film lui-même.

Quant au mixage de ces trois principaux éléments sonores, il devrait pouvoir révéler une synthèse aussi archaïque que le sujet, c'est-à-dire opérer des passages naïfs et surprenants. Par exemple: passer sans distorsion manifeste du chant d'un rouge-gorge à une aria de Rossini, ou bien du chant d'une soprano à la voix de Stendhal, ou encore d'un monologue intérieur de Julien aux bruits d'une taverne ou d'un de ces autobus dans lesquels il voyage souvent.

Ouverture

Sur différents plans de bouleaux, chacune des phrases suivantes s'inscrit tour à tour.

1. SI JE POUVAIS ENCORE LES REJOINDRE
2. SI J'ÉTAIS UN BOULEAU TOUJOURS JEUNE
3. JE DÉDIERAIS CE FILM
4. À TOUS LES ÊTRES DE MA JEUNESSE

5. QUE J'AI MÉPRISÉS
6. À DÉFAUT DE MIEUX
7. J'OFFRE CE FILM QUE JE MÉPRISE
8. À TOUS CEUX QUE J'AI AIMÉS

Enchaîné sur l'aria «Una voce poco fa», du *Barbier de Séville* de Rossini.

Premier mouvement
Les bouleaux

A.   Pendant l'aria de Rossini, chantée par Maria Callas et dirigée par Tullio Serafin, se déroulent une description physique de l'Abitibi, puis un survol du milieu familial de Julien, personnage principal du film.

1. Images (aériennes si possible) des immenses étendues de forêts de l'Abitibi, au nord de Senneterre, près du moulin à scie de Bettyville.
2. Plans demi-ensemble de paquets de sapins, d'épinettes, de trembles et de bouleaux.
3. Vues de quelques lacs d'eau grise.
4. Plans de la route qui nous rapproche de Bettyville. À partir de ce moment, l'aria d'opéra se fond graduellement pour faire place aux bruits ambiants naturels.
5. Bettyville. Quelques shacks qui servent de maisons aux familles dont les pères travaillent au moulin. Le bunkhouse des hommes célibataires. La cookerie. Le magasin général/restaurant. Les dunes de ripes et de bran de scie.
6. Le moulin à scie de Bettyville. Extérieur puis intérieur. Les hommes au travail. Le père de Julien est foreman. Il surveille le travail des hommes. C'est un homme de 45 à 50 ans. Homme de bois, mains calleuses, démarche lente et pesante. Visage fermé, plus silencieux que dur en fait.
7. Julien travaille paresseusement dans un coin, à quelque chose comme ramasser des croûtes tombées de la scie. C'est un garçon de 17 à 19 ans, maigre, un peu pâle, dont l'allure générale diffère totalement des gars de bois qui travaillent autour de lui au moulin.

Soudain, sur un gros plan de son visage, les bruits ambiants du moulin cessent brusquement, et l'aria de Rossini ressurgit de plus belle. Le reste du moulin (hommes et machines), regardé maintenant par les yeux de Julien, n'est plus soutenu que par cette musique.

Tout d'un coup, profitant d'un moment d'absence de son père, Julien lâche le travail, sort du moulin, court vers le lac tout près et disparaît dans les premiers bouleaux. Tout ceci pendant qu'éclate joyeusement, pompeusement, la fin ironique et gaillarde de l'aria de Rossini.

B.　Julien est étendu près du lac sur une grosse roche plate. Pieds et torse nus, il se chauffe la couenne au soleil. Il lit un petit classique Larousse ou Garnier, défraîchi, du genre qu'on peut avoir facilement glissé dans sa poche ou camouflé dans sa chemise.

VOIX DE STENDHAL (OFF)

Julien est un petit jeune homme faible et joli, aux yeux noirs, aux impressions passionnées. Comme il est inférieur aux bûcherons et à son père dans l'art de manier le bois, il en est méprisé; Julien les hait.

Bruits d'eau et de feuilles. Chants d'oiseaux: rouges-gorges ou ceux que les enfants appellent «cache-ton-cul-Frédéric-Frédéric»!

Tout à coup, la voix off du père de Julien interrompt toute l'affaire: «JULIEN!»

Julien se lève avec précipitation, honteux d'avoir encore été surpris à lire en cachette. Le visage du père est fermé, timide, ce qui le rend encore plus terrifiant. Puis il commence son «sermon», pendant que Julien, à la fois têtu et penaud, remet gauchement ses bas, ses souliers, sa chemise.

LE PÈRE (OFF)

Tête infâme! Voir si ç'a d'l'allure de lire pendant qu'y a du travail à faire. Il faut que tu viennes m'aider, tu le sais. Lâche tes livres. C'est encore trop de lire le soir en écoutant la radio à n'en plus finir! Tête de mule, va! R'viens-t'en au moulin et que j'te reprenne pus à lire en plein après-midi.

Le père de Julien s'en retourne. Julien le suit à dix pieds de distance jusqu'au moulin.

VOIX DE STENDHAL (OFF)

Julien sait lire, voir des films et écouter des opéras, avantage que personne ne partage dans sa famille. Comme dans sa famille il est l'objet, le but constant de plaisanteries, cette âme profondément sensible et sans cesse outragée devient méfiante, colère, envieuse, même pour tous les bonheurs dont elle se voit barbarement privée, fière surtout...

(...)

À propos de scénarios, Pierre Jutras me fait remarquer ceci. En écrire révèle l'envie, voire la nécessité de la réalisation filmique. Suis-je donc un réalisateur frustré, un cinéaste avorté?

Ce serait en effet un leurre de laisser croire qu'on est dans le champ cinéma sans rêver d'être réalisateur. C'est l'aboutissement naturel de la passion cinéma, de l'écriture à la création d'images et de sons.

Cette idée m'a parfois effleuré, j'en ai même fait ici et là à l'échelle vidéographique. En forme sonatine, comme dirait Micheline Lanctôt. Et pourtant, j'ai rêvé encore plus fortement de scénarisation que de réalisation. Je serais plutôt un scénariste paralytique.

Au Québec, la scénarisation est impraticable. Les meilleurs réalisateurs écrivent à toutes fins utiles tous les textes de leurs films. Le travail de scénariste est un des rares métiers à ne pas s'être développés dans l'industrie et dans ses marges. Comme il se fait peu de films aussi, vu la petitesse économique, comme en même temps il y a toujours un peu d'argent d'aide à la scénarisation pour réalisateurs en chômage, la politique des auteurs est ainsi financièrement scellée.

Au niveau de l'écriture en cinéma, reste celle de la critique et de l'essai. On a parfois, dans le milieu, considéré cette pratique comme un parasitisme de la création, un négatif et un manque de la réalisation. C'est un diktat absurde et méprisant. Il n'y a pas en soi de hiérarchie ou de classes en la matière, et seuls des esprits bureaucratiques peuvent proclamer les encycliques de la créativité.

La critique et l'exégèse filmiques sont devenues des zones de création par mode d'*interprétation* des œuvres, comme l'exprime bien René Leibowitz quand il parle, dans le domaine musical, du compositeur et de *son double*, l'interprète. Dans le même esprit, le réalisateur George Cukor se définit comme *l'interprète d'un scénario*.

J'ai toujours cru qu'on peut viser à être un interprète créatif de films. Un «passeur», dit Serge Daney, renvoyant à l'image capitale des *passages* dans Walter Benjamin, ou encore à celle du passeur du Styx dans *Orphée et Eurydice*.

Et puis, en son temps, Stendhal ne s'est-il pas fait le chantre créatif de l'opéra italien, de Mozart et de Rossini?

GÉNÉRIQUE

Sur fond de parapluies de Cherbourg

Pour les fêtes des 30 ans de la Cinémathèque québécoise, nous avons eu en cadeau la copie rajeunie et stéréo de l'opéra filmique de Jacques Demy. La mélancolique beauté de la palette des couleurs, qui préfigure, en mode pellicule, celle des lumières électroniques des opéras vidéographiques, la découverte de la bande son en stéréo, et surtout l'incroyable liberté et l'audace d'un des plus grands opéras contemporains créé par le film, en rupture globale avec la scène, autant de raisons qui, à trente ans de distance, refont le choc culturel avec la même intensité.

J'aurai eu cette chance peu commune: premier séjour en France et à Paris pour le perfectionnement en études filmiques, premier Festival de Cannes en mai 1964, premier reportage journalistique. Toutes ces premières implosèrent lors de la sortie des *Parapluies*, qui provoqua à Cannes un bouleversement unique en son genre. Suivit une sorte de Big Bang culturel, l'instant infinitésimal d'un futur aux multiples probabilités.

Demy marquait, par ce film emblématique, que le *musical* hollywoodien était bien terminé, dépassé, transfiguré, que le cinéaste avait par métamorphose généré un nouvel embryon d'opéra audiovisuel.

Une chose neuve me frappe aujourd'hui: l'intolérable et profonde tristesse de cet opéra. La jeunesse et l'euphorie me voilèrent en 1964 ce qui, derrière le vernis «comédie musicale», est déjà une *tragédie en musique*, qui se révélera plus tard intensément, à visage découvert, dans *Une chambre en ville*.

Le générique de cet ouvrage lyrique se déroule en plongée verticale (coup de chapeau à l'ouverture de *West Side Story*), sur des cercles de parapluies aux couleurs pré-Benetton, qui trottinent en chorégraphie moderne (autre hommage, à *Singin' in the Rain*).

J'emprunte ce décor pour dérouler une sorte de générique de la première phase de mon travail en cinéma. J'y vois défiler quelques noms et quelques dates qui ont précédé et suivi la musique filmique des *Parapluies*.

Mes premiers ciné-clubs au Collège d'Amos remontent à 1956-57, avec la révélation de *How Green Was My Valley* de John Ford. Les suivants furent ceux de l'Université de Montréal au début des années 60, parallèlement à la découverte exaltée et quasi hystérique de *La Dolce Vita* au Festival de Montréal.

De 1961 à 1963, ciné-clubs et stages en Abitibi; participation à divers stages des Offices diocésains et national de cinéma (Amos, Montréal); premières collaborations à *Séquences* l'incontournable, vu l'encadrement ecclésial dominant en études filmiques et l'impossibilité pour moi, depuis la lointaine Abitibi, de rejoindre *Parti Pris* et surtout *Objectif*.

Et puis les études à Paris (63-65), en littérature officiellement, en cinéma officieusement, quoique en quantité supérieure (moyenne d'un long métrage par jour). Pendant ce séjour: première rétrospective Godard, le Festival de Cannes, et trois mois à Rome, à l'automne 64, pour aider Jean-Marie Poitevin à produire un catalogue de films pour missionnaires. À cette occasion, sortie à Rome, en plein concile Vatican II, de *Il Vangelo secondo Matteo*, et rencontre avec Pasolini. Au printemps 1965, Festival du film d'animation d'Annecy.

Dans la foulée des réformes des collèges à la fin des années 60, je participe aux premiers cours officiels de cinéma et de littérature en Abitibi. C'était tout juste avant quelques ruptures en 1969, avec *Séquences*, et avec l'Abitibi grâce au déménagement à Montréal.

Là, ça se bouscule un peu. Travail chez Faroun Films, charges de cours à l'université en poursuivant la maîtrise en pédagogie audiovisuelle. C'est aussi le moment de la publication de mon premier livre, *Le cinéma et les enfants*, pour lequel Bretislav Pojar accepte de composer la couverture, de la création de la revue *Champ libre*, de l'initiation à la vidéo légère au Vidéographe, ainsi que du travail au Cinéma d'information politique (CIP) et au Conseil québécois pour la diffusion du cinéma (premières monographies: *Denys Arcand, Jean-Claude Labrecque*).

Au printemps de 1972, entrée au collège Montmorency (Laval), et participation à la création du Département de cinéma et de communications audiovisuelles.

Ces années d'apprentissage, dans ce rugueux triangle dont les pointes sont l'Abitibi, Montréal et Paris, furent donc composées pour moi par cette cartographie culturelle typique des brassages tous azimuts de la Révolution tranquille du Québec, dont le cinéma fut une clé.

Les ciné-clubs imposaient petit à petit l'étude filmique dans les programmes scolaires; le Festival du film de Montréal et l'Élysée (première salle art et essai) organisaient les fêtes des nouvelles vagues internationales; la Cinémathèque installait la nécessité de la mémoire historique du film. Toutes ces instances étaient en éclosion en même temps que venait au monde le cinéma québécois.

Dans cette optique de transformation, ce furent les «années de rêve» qu'évoquent Hamon et Rotman. Peut-être vaut-il la peine d'y flâner un peu, puisque viendront assez vite après les «années de poudre».

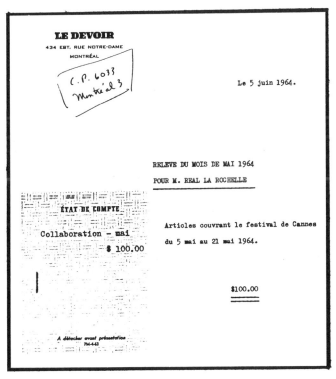

Cachet, en 1964, pour la couverture du Festival de Cannes

Le miracle poétique des
Parapluies de Cherbourg

Le Devoir, 16 et 21 mai 1964

CANNES, 11 mai 1964. Interrogé par les journalistes sur son prochain long métrage, JACQUES DEMY, poète des *Parapluies de Cherbourg*, a répondu: «Ce sera un autre film musical, que je ferai encore avec la collaboration de Michel Legrand, film qui captera quelques instants de bonheur, et brodera sur la joie...» [*Les demoiselles de Rochefort*] Demy est un authentique poète lyrique, chez qui la continuité des thèmes et des symboles est soutenue par des forces toujours renaissantes. Lorsqu'il avait tourné *Lola*, cette ode magnifique et verlainienne à l'amour, Jacques Demy avait en tête de faire apparaître plus tard dans d'autres œuvres des personnages de cette première histoire. Ce qu'il a fait. Et cette «suite» chez Demy est caractéristique d'un élan qui, d'un ouvrage à l'autre, le porte à reconsidérer les mêmes thèmes pour les faire s'exprimer à nouveau. C'est un peu Beethoven travaillant ses variations sur un thème de Haydn ou de Diabelli... Le rapprochement n'est pas surprenant: Demy, poète lyrique, est avant tout un musicien dans l'âme. Aussi, ne faut-il pas s'étonner que son histoire des *Parapluies de Cherbourg* soit complètement en musique, grâce aux soins de Michel Legrand. Banale et simple histoire d'amour de deux adolescents, partagée en trois volets: le départ, l'absence, le retour. Tous les dialogues de cet apparent drame de midinette sont «en chanté»: le miracle, c'est qu'aucun des personnages ne s'en aperçoit. Leurs sentiments baignent dans la musique, comme ils se plaquent sur les couleurs. Et les couleurs, il y en a partout, des teintes irréelles, jolies comme dans les songes ou les albums coloriés.

Les parapluies de Cherbourg ont déjà un immense succès en Europe. Succès entonné par la critique, enfin émerveillée de contempler un opéra filmique sur la simplicité, l'étonnement, l'amour sain. Succès repris en chœur par un large public, qui y trouve sa nourriture poétique, son langage familier, son chant secret. *Les parapluies de Cherbourg* ne se racontent pas: ils se laissent écouter, regarder, aimer... Comme on le sait maintenant, ce film a gagné le «gros» prix à Cannes; il faut supplier la Muse de Demy qu'elle lui conserve encore longtemps son regard artistique indéfinissable, qui transpose les objets et les êtres quotidiens pour les mieux faire reconnaître au public. Car c'est là, enfin! du cinéma d'art qui n'a pas oublié le grand public...

(...)

CANNES, 14 mai. Durant la dernière décade, dans un renouveau cinématographique déclenché par plusieurs «nouvelles vagues», le public s'est vu assaillir de jeunes gens en colère, de cris, d'insultes, de revendications, de «distanciation», et du reste... Toute une bourrasque! Et Dieu sait si on se lasse vite de broyer du noir... Ce qui ne signifie pas qu'il faille maudire une fois pour toutes une production dont plusieurs exemplaires ont été «maudits» en temps et lieu; souvent à tort. Car, bien loin que ce cinéma soit moribond, au contraire sa vigueur, ses audaces bienfaisantes, sa «santé», malgré tout, ont créé pour le cinéma une obligation de sérieux et de liberté dont on devra tenir compte de plus en plus, si l'on veut plaire à un public plus friand que jamais. Plus exigeant aussi.

Jacques Demy appartient au phénomène de la Nouvelle Vague française. Il est jeune, téméraire, original. Il y a chez lui un «mystère» artistique qui tend à se révéler d'œuvre en œuvre. *Lola*, *La baie des Anges*, *Les parapluies de Cherbourg*: autant d'étapes d'une recherche sobre, honnête, émouvante, à l'intérieur de la jeunesse et de l'amour. Œuvre optimiste, joyeuse, dont les couleurs et les musiques ne sont pas simplement des matériaux techniques secondaires, mais des traînées de lyrisme: cailloux de Petit Poucet, étoiles de Voie lactée. Ajoutons à ce bagage, pour *Les parapluies de Cherbourg*, trois prix de groupes divers (Delluc, Jury de Cannes, OCIC), et nous voyons qu'une certaine unanimité se fait actuellement autour de Demy. Pas seulement un couronnement, mais, si l'on veut se rappeler le succès public et populaire du film, une reconnaissance et un remerciement. Merci à Jacques Demy de mettre «en boîte», non pas des betteraves et de la bière, mais des fruits de sérénité et de bonheur exemplaire. À chacun d'ouvrir cette réserve quand il lui plaît!

Les métamorphoses des *Parapluies*

Inédit, 1964

Le dernier film de Jacques Demy, *Les parapluies de Cherbourg*, a d'abord étonné, puis a laissé derrière lui une longue traînée d'émerveillement. Au générique, on affiche simplement «en couleur et en chanté», «mis en musique par Michel Legrand».
Qu'est ce film au juste? Peut-être un opéra. Jacques Longchampt, dans *Le Monde*, le compare, «toute révérence gardée», au *Pelléas* de Debussy. Ce dernier-né de Demy, ce peut être aussi une opérette, ou une comédie musicale. Presque inclassable. On a rappelé *West Side Story*, et aussi *Singin' in the Rain*. Sans chercher midi à quatorze heures, il faut, en fin de compte, se contenter de n'y voir que de la couleur et que du chant. C'est assez, et c'est beaucoup.
Il semble que le souvenir d'un «chant sous la pluie» soit suffisant pour caractériser *Les parapluies*. Demy et Legrand ont voulu, selon toute vraisemblance, transformer un univers quotidien: petite ville, pluie, personnages ordinaires, paroles usuelles, drames conventionnels. Les objets, on les colore, les êtres, on leur donne le pouvoir du chant. La métamorphose s'opère. N'est-ce pas, en gros, le travail de tous les arts, que cette alchimie?
Histoire simple, aussi banale qu'on puisse l'imaginer. Geneviève est aimée de Guy, un employé de garage qui doit partir au service militaire. Lorsqu'il est rendu en Algérie, Geneviève s'aperçoit qu'elle est enceinte. Un jeune riche se présente, il voit un ange en la jeune fille, il l'épouse. Guy, à son retour, se lamente un temps, mais finit par épouser une patiente Solveig. Scénario en trois mouvements nécessaires: le départ, l'absence, le retour. Immobilisme et invariabilité des contes.
Mais il y a un miracle des *Parapluies*: Demy pour les images et la couleur, Legrand pour la musique ont fait office de parrains-fées. Chaque image est une belle image d'Épinal, naïve et sans mauvais goût, de celles dont on dit qu'elles redonnent aux cartes postales leurs lettres de noblesse. Quand le jeune homme riche chante à Geneviève «Vous me rappelez un ange sculpté que j'ai vu à Anvers», le portrait de la jeune fille correspond à cette vision. Pour les personnages, le chant est un habit de plus, ajouté à celui des costumes et des décors. Le tout semble réaliser, *mutatis mutandis*, le souhait de Baudelaire: que «les sons et les couleurs se répondent».

Le titre de ce film, donc, n'est pas un programme de philosophie ou d'esthétique. C'est un exemple, choisi entre plusieurs dans le conte musical. Un exemple qui donne le ton. Les parapluies ne sont pas un objet utilitaire, ils font partie d'un défilé de fleurs. Cherbourg n'est pas un lieu dramatique, c'est une ville-jouet dans laquelle on fait se mouvoir des marionnettes ayant le génie et le don de chanter la vie.

Il y a, dans les musées d'Amsterdam et de Haarlem, de jolies maisons de poupées, habitées par leurs personnages et leurs objets. Si un Jacques Demy et un Michel Legrand tournaient à nouveau la clef magique de ces boîtes, ils réussiraient assez bien à refaire le prodige des *Parapluies de Cherbourg...*

Dîner de travail des collaborateurs de *Séquences* à Paris en 1964. De gauche à droite : Laurette Grenier, Réal La Rochelle, Léo Bonneville, Jacques Saint-Onge, J.A. Lapointe (distributeur)

SÉQUENCE 1

Carnet de dessins d'Annecy

Après la fébrilité et l'excitation du Festival de Cannes en mai 1964, celui d'Annecy, l'année suivante au printemps, ressemblait à des vacances dorées, bourrées de soleil, de fleurs, de poèmes en films d'animation.

Le cru 1965 était faste. Première grande exposition internationale sur Norman McLaren, que j'eus le plaisir d'interviewer en compagnie de Maurice Blackburn. Sur un ancien magnétophone UHER, j'imprimai aussi des discussions avec Jiri Trnka, le grand marionnettiste tchèque, immense, moustachu et un peu raide de timidité, comme un dieu olympien; je me suis également entretenu avec l'Américain Gene Deitch, avenant comme un clown sérieux, les Italiens Emanuele Luzzati et Giulio Gianini, qui venaient de présenter leur rutilante *Gazza Ladra* («Ouverture» de *La pie voleuse* de Rossini), ainsi qu'avec les sympathiques John et Faith Hubley.

Le Festival d'Annecy offrait son cadre de carte postale nature, son rythme détendu, sa convivialité, et la possibilité de rencontrer à loisir tous ces grands cinéastes. Foin des cohues et du star-system de Cannes!

Jeune et grisé, je poussai l'audace (ce que je n'ose plus faire aujourd'hui et depuis longtemps) jusqu'à demander à la plupart de ces artistes de griffonner chacun un dessin pour *Séquences*. Ils acceptèrent tous avec enthousiasme. John Hubley poussa même notre éphémère amitié jusqu'à faire mon portrait de «reporter» en sa compagnie et celle de sa femme Faith.

Les originaux de ces dessins m'ont toujours paru de trop beaux trophées pour que je les garde encadrés sur mes murs. Ils appartiennent depuis belle lurette à la collection d'animation de la Cinémathèque, leur vraie place pour le prochain Musée du cinéma. Là, ils peuvent rester vivants, tout en continuant de reposer en paix.

Dessins publiés dans *Séquences* n° 42, oct. 1965; n° 43, décembre 1965; n° 44, février 1966; n° 45, avril 1966.

"NUDNIK"

GENE DEITCH—

á séquences

Norman McLaren

Annecy 1965 Juin.

Luzzati

SÉQUENCE 2

Pasolini bis

L'automne 1964 fut une sorte d'état de grâce, de sommet lyrique comme on peut difficilement en croiser un autre dans une vie. D'abord Pasolini à Rome, en octobre, puis Callas à Paris en décembre, à la salle Wagram. On était encore à des années-lumière du film *Medea*, quand ces deux astres se croisèrent au-dessus des déserts barbares de Turquie. Pourtant, en cet automne touché des dieux, ces deux monstres sacrés, intellect et musique, s'installaient à demeure dans mon imaginaire pour y faire germer l'avenir du *filmopéra* ou, comme le dit mieux Michel Fano, du *nouvel opéra audiovisuel*.

Je devais à Jean-Marie Poitevin de m'avoir offert de travailler trois mois à Rome, pour l'aider à terminer son catalogue de films pour les missions catholiques. Tout «o.m.i.» qu'il fût, j'aimais en Poitevin son goût si fort du cinéma que les préoccupations religieuses, évangéliques, œcuméniques qui l'habitaient siestaient tranquilles à l'ombre.

En fait, depuis presque dix ans alors, je baignais par la force des choses dans le monopole ecclésial des ciné-clubs [voir le *CinémAction* sur *L'enseignement du cinéma et de l'audiovisuel au Québec et au Canada*, 1991], mais il m'était vite apparu, comme à tant d'autres, que quelques clercs agissaient pour l'art filmique avant tout. Poitevin en était, comme Léo Cloutier, Gilles Blain, André Gaumont; ainsi que Robert-Claude Bérubé, quand il n'avait pas à se coiffer de sa mitre de porte-parole des évêques canadiens, et de dire alors, peut-être, jusqu'au contraire de sa pensée cinéphilique, ou du moins de la diffracter. Du côté laïcs engagés, André Ruszkowski était aussi de ceux-là.

L'automne 1964 de Rome fut une «fournaise ardente» à tous égards. On y crevait de chaleur, le concile Vatican II battait son plein jusqu'au délire. Puis une bombe éclata: *Il Vangelo secondo Matteo.* Les passions contradictoires se déchaînèrent. Tout le Vatican interrompit un moment ses travaux pour se faire faire des visionnements *privés* du film de Pasolini. Poitevin était passé maître dans cette logistique, tout comme pour nous procurer des *Malboro* à vil prix dans le *duty free* de l'État religieux.

Pasolini devint du soir au matin l'objet des pires insultes. Les tracts jonchaient les rues. J'arrivais à en lire à peine la moitié; Poitevin me traduisait calmement le reste. Il en avait vu d'autres comme missionnaire, dans la Chine et le Cuba pré-révolutionnaires. Il aimait le film et le défendait à sa manière, avec ses moyens. Il le fit soutenir par des experts conciliaires, des évêques, un cardinal. La bataille d'*Hernani* et la première de *Pelléas et Mélisande* paraissent des discussions de salon à côté du scandale de *L'Évangile* de Pasolini.

Les tracts surtout m'ont laissé sidéré, au bord de la peur bleue. Je n'avais jamais vu de si près une telle haine, ni la possibilité réelle pour un cinéaste de *se faire assassiner pour un film.* Les petites feuilles jaunes de la rue appelaient à la mort, crachaient sur cet enragé de marxiste et d'homosexuel qui avait osé toucher à l'Évangile, en faire une sorte d'hymne révolutionnaire. Et moi qui avais toujours cru qu'il suffisait d'un accord sur l'esthétique d'un film pour construire une large adhésion, voilà que c'est un film, un des plus beaux du cinéma italien, unique, qui me faisait subir mon baptême politique. Et je n'avais encore rien vu...

Jean-Marie Poitevin m'encouragea à faire pour *Séquences* une interview avec Pasolini. Il s'arrangea pour m'obtenir un rendez-vous. Ce fut alors sans doute, dans les circonstances, un miracle de l'obtenir. Une bonne fin d'après-midi, mon UHER sur l'épaule, je sonnai chez Pasolini. Il habitait dans la Rome moderne, qui me parut assez laide. C'était ma première interview.

Pasolini était très calme, posé, réfléchi. Il parlait à voix basse, fermement. Il préféra répondre en italien plutôt qu'en français; Jacques Lemieux allait m'aider à traduire. Il s'appliquait à discourir lentement, afin que je puisse suivre au moins le fil de ses idées, dans les limites de ma connaissance de cette langue. Il acceptait d'arrêter à quelques reprises pour traduire un résumé de ce que je ne saisissais pas bien.

Ainsi, le soi-disant «antéChrist» était un intellectuel patient, calme, pédagogue, capable de prendre deux heures pour s'expliquer dans une lointaine revue «catholique» pour étudiants.

Cette sagesse simple, le sérieux profond de l'entretien, la générosité du cinéaste achevèrent de me convaincre de la haute qualité et de l'intelligence de son travail. Qui plus est, en sortant de chez Pasolini, j'avais le sentiment d'avoir trouvé le vrai parrain de mon baptême politique.

Outre l'interview qui fut, sauf erreur, la première de Pasolini pour une revue québécoise de cinéma, je fis aussi un article sur le film, pour *Le Devoir*, mais qui est resté inédit.

Entretien avec Pasolini

Séquences, février 1965

La Rochelle — Monsieur Pasolini, avez-vous pensé, avec *Il Vangelo secondo Matteo*, à faire un film religieux? Et, quoi qu'il en soit, étiez-vous conscient de faire échec à une certaine production religieuse commerciale?

Pasolini — Oui, certainement, j'ai voulu faire de ce film un film religieux. L'idée de le tourner m'était venue en lisant, ou plutôt en relisant le texte de l'Évangile selon saint Matthieu. Et j'ai voulu, dans cette œuvre, reproduire cinématographiquement le texte de saint Matthieu, avec la plus grande fidélité possible. D'autre part, je n'ai pas désiré faire un film spectaculaire dans le vrai sens du terme. De plus, il ne m'est jamais arrivé de vouloir que ce film tourne à la polémique: ce problème ne m'intéressait pas.

L. — Il m'a semblé que votre film avait un ton épique très marqué. Cela, à cause de l'utilisation constante d'un mélange de merveilleux (hommes-héros, miracles, importance et signification des gestes) et de réalisme. Est-ce vrai?

P. — Je crois que c'est de cette façon qu'il faut voir le film. En effet, c'est ce que j'ai voulu faire: une grande histoire épico-lyrique, au moyen d'éléments populaires qui se stigmatisent dans ce que j'appellerais une «clef populaire». Pour moi, la «clef populaire» de cette histoire était un mélange d'épique et de merveilleux. Ces deux éléments, d'ailleurs, coïncident toujours en une vision populaire du monde.

L. — Même si vous avez été très fidèle au texte évangélique, il vous a fallu constamment inventer pour le visualiser. Deux leitmotive remarquables de votre film, la présence continuelle des enfants, et aussi les visages en gros plans que vous peignez d'un bout à l'autre, sont parmi les éléments les plus originaux et les plus personnels. Comment êtes-vous arrivé à ce résultat?

P. — Eh bien, j'ai mis des enfants un peu partout, non seulement parce que le texte de saint Matthieu parle de la présence des enfants, mais surtout parce que le Christ s'y reporte souvent dans ses discours. Cela signifie que les enfants étaient à la fois dans son esprit et devant ses yeux.

De plus, comme j'ai fait représenter la foule autour du Christ par une foule italienne de l'Italie du Sud, la présence des enfants dans cette foule particulière est un fait normal. Enlever les enfants de cette foule aurait limité cette réalité. D'autre part, en mettant des enfants partout, je signifiais que je m'adaptais à cette réalité des foules sous-prolétariennes en général. Et, comme les foules qui s'unissaient au Christ étaient des foules agricoles et pastorales, donc sous-prolétariennes, les enfants y avaient certainement une très grande place.

Pour ce qui est du choix des personnages qui ne sont pas décrits chez saint Matthieu, j'ai fait un peu ce qu'ont fait les peintres, les peintres italiens du XIIIe siècle. J'ai dû inventer ces visages. D'une part, j'ai dû m'adapter à la tradition, de l'autre, j'ai dû inventer d'une manière absolument libre et même presque arbitraire dans sa liberté. J'ai cherché en même temps à prendre quelque distance, par rapport à ces deux manières, en somme opposées. Un exemple. Le visage de saint Joseph semble, de prime abord, fort éloigné de la tradition qui nous le représente comme un homme vieux, avec barbe blanche et figure plutôt ornementale. J'ai voulu, au contraire, faire de saint Joseph un homme vrai et vivant, chez qui paraît la douleur. J'ai choisi pour le représenter un avocat de sang hébreu. À première vue, son visage paraît fort loin de la tradition, mais peu à peu, et on ne sait trop comment, il s'insère dans la tradition de l'homme juste, tel que l'appelle saint Matthieu.

L. — D'autre part, il y a dans votre film certains passages où la caméra se promène à travers les foules, les événements et les personnages principaux comme un témoin. Cela donne à penser que vous cherchez à actualiser cette histoire, en la subordonnant même, parfois, au style du reportage. Comment avez-vous procédé, en fait?

P. — Cela est juste, car j'ai voulu vraiment faire, ici et là, du cinéma-vérité. D'ailleurs, pour montrer cet aspect actuel du drame évangélique, j'ai volontairement mélangé plusieurs styles de prises de vues, dont celui de la caméra-témoin. Bref, je ne pouvais pas tourner une seule scène si je n'avais pas senti dans cette scène quelque référence, interne ou externe, au monde contemporain.

L. — À côté des différents moments où le Christ apparaît avec une grande douceur et une grande bonté, il y a, et presque tout au long de votre film, ceux où il montre un visage dur, violent. C'est bien là le personnage de l'Évangile?

P. — Même sur ce point, j'ai vraiment suivi le texte de saint Matthieu à la lettre. C'est-à-dire que, dans saint Matthieu, il y a peu d'endroits où ressortent la douceur et la fraternité du Christ. Ces endroits sont vraiment peu fréquents. Le Christ de saint Matthieu est un Christ implacable, inexorable, qui n'a jamais un moment de repos; il ne laisse rien passer; il est toujours dans un état de grande tension. Il est tel dans le texte de saint Matthieu, et j'ai fidèlement suivi ce texte.

Cependant, les moments de douceur existent, et je les apprécie beaucoup. Par exemple, dans ses rapports avec les enfants, avec le jeune homme riche, avec Marie de Béthanie. Ces rapports sont très doux. Et, naturellement, le Christ de saint Matthieu, avec tous ses aspects, me plaît beaucoup, parce que c'est un peu l'image idéale que je me fais du Christ. J'ai retrouvé tout cela chez saint Matthieu et, au fond, c'est ce qui m'a convaincu d'adapter saint Matthieu et non les autres.

Le danger de tourner un film sur le Christ était de tomber dans ces éléments romantiques et bourgeois qui ont un peu transformé la figure du Christ au cours du siècle dernier. Généralement, nous sommes habitués à voir le Christ à la façon de la bourgeoisie romantique du XIXᵉ siècle. Évidemment, c'est un faux, et sur le plan historique et sur le plan théologique, parce que, dans cette vision du Christ, il entre beaucoup de sentimentalisme.

L. — Plusieurs soutiennent, après avoir vu votre film, que ces deux aspects de la personne du Christ, douceur et violence, sont très vrais. D'autre part, ces aspects entrent dans la ligne d'une certaine vérité de l'Évangile à redécouvrir. Dans cet ordre d'idées, croyez-vous que la personne de Jean XXIII ait fait beaucoup pour cette redécouverte, et est-ce dans cette optique qu'il faut comprendre la dédicace de votre film, faite à la «chère, douce, et familière mémoire de Jean XXIII»?

P. — Oui, oui, dans ce sens. La figure de Jean XXIII, observée superficiellement, peut sembler en contradiction avec la figure que je donne au Christ. Car, à première vue, Jean XXIII avait l'attitude d'une personne extrêmement cultivée, bien éduquée, sensible aux autres. Et cela n'existe pas toujours, chez saint Matthieu, dans son Christ qui paraît un peu barbare et brutal.

Jean XXIII a vécu après la transformation de l'homme qui avait été faite par la civilisation bourgeoise. Et Jean XXIII s'opposait à cette catégorie bourgeoise de l'humanité, car, sous sa douceur et sa bonhomie, lui qui était du type paysan de l'Italie septentrionale, il y avait une extrême fermeté. D'ailleurs, ses moments de douceur étaient toujours accompagnés d'ironie et d'humour.

L. — Est-ce que le succès, en Italie du moins, de votre *Vangelo secondo Matteo* peut vous amener à faire d'autres films du même genre? Ou avez-vous d'autres projets en tête ?

P. — Je pense faire deux ou trois autres films religieux, mais pas immédiatement. Je dois laisser s'écouler un peu de temps, laisser quelque chose changer davantage en moi, approfondir certaines idées. Alors je ferai sûrement un autre film de type religieux, que j'ai déjà en tête, et que je laisse mûrir. Mais je ferai probablement un autre film avant celui-ci. C'est un film que je tournerai en Afrique, sur les problèmes du racisme et du néo-colonialisme africain. C'est l'histoire d'un jeune poète noir.

L. — Vous penchez-vous sur les problèmes du racisme en général, ou sur une forme en particulier, comme celle de l'Afrique, ou de l'Amérique du Nord?

P. — Le type de racisme de l'Amérique du Nord m'intéresse beaucoup, comme m'intéresse le monstrueux racisme allemand contre les Juifs. Mais, en allant du côté de l'Afrique plus particulièrement, j'ai un problème neuf devant moi. Un problème un peu différent de celui du racisme classique d'Hitler, ou celui des factions américaines de droite. Je chercherai à approfondir un problème particulier. La véritable histoire de mon film est la prise de conscience très moderne, idéologiquement très progressiste, d'un jeune Noir qui, à travers cette prise de conscience, devient poète.

L. — Au moment où l'on parle beaucoup de «crise du cinéma», des rapports difficiles entre le cinéma et la télévision, croyez-vous que le cinéma en soit arrivé à une maturité telle qu'il puisse œuvrer dans des voies où il sera irremplaçable?

P. — Je pense que oui. Je dois dire la vérité. J'ai un très grand respect pour l'attraction cinématographique. Parce que le cinéma représente un très grand phénomène social, d'une part, et artistique de l'autre. Actuellement, il subit une crise à cause de la concurrence de la télévision, et tout, et tout. Mais je pense qu'il se dirigera dans les chemins que vous dites, parce que le cinéma est infiniment plus libre qu'une œuvre télévisée. La télévision est beaucoup plus conditionnée par les spectateurs que le cinéma. Certes, le cinéma est conditionné par les destinataires du film, il est conditionné encore plus que les livres. Le livre est toujours le moyen le plus libre d'expression, cela se comprend, le moins conditionné par ceux qui en feront usage. Le cinéma l'est beaucoup plus, mais beaucoup moins que la télévision. Je crois qu'au moment où seront résolus les rapports cinéma-télévision sur le plan commercial, le cinéma pourra prendre une route plus haute que celle qu'il avait jusqu'ici.

Un événement dans le cinéma religieux mondial
L'Évangile selon Matthieu de Pier Paolo Pasolini

Inédit, 1964

> Œuvre qui peut faire époque dans l'histoire du cinéma,
> cet *Évangile* est l'ouvrage d'un marxiste. Prix spécial du Jury
> et Prix OCIC à Venise, Grand Prix OCIC à Assise, ce
> troisième film de Pasolini suscite actuellement de blessantes
> polémiques en Italie. «L'Évangile, laisse entendre Pasolini,
> c'est le code de la civilisation.» Le journal *Il Tempo* de
> Rome intitule un article: «Le diable se fait frère!»

Il est bien téméraire d'essayer de décrire un tel film qui, par ses
dimensions humaines et historiques, par sa simplicité et sa force de per-
suasion, laisse le spectateur dans une sorte de stupeur! Il n'arrive pas
souvent non plus que la publicité des films, d'ordinaire tapageuse et
exhibitionniste, présente ainsi son produit, avant même la première
image du générique:
> L'Évangile est la narration de la vie terrestre et de l'enseignement de
> Jésus-Christ: c'est le code de la civilisation; ses paroles proclament un
> message de fidélité et de paix, engendrent des vertus et des héroïsmes sans
> fin. C'est un des textes les plus anciens que l'Histoire nous ait laissé, mais
> c'est aussi le plus moderne de tous les livres qui aient jamais été écrits.

L'Évangile selon Matthieu non seulement est fidèle à ce programme, mais réserve des surprises dont le choc ne peut manquer de
subjuguer. Voilà enfin un film sur Jésus-Christ, un film à cent lieues de
tout ce que la production commerciale et l'imagerie cinématographique ont pu créer jusqu'ici. Pasolini, manifestant une conscience artistique de mesure peu commune, s'en tient strictement au texte de saint
Matthieu. Sans plus. Mais que ne fait-il pas sortir de ce texte? Tout
l'esprit. Au point que le jury OCIC à Venise a pu déclarer, par son président M. André Ruszkowski: «L'esprit chrétien et les mérites artistiques
de l'œuvre offrent une vision moderne de l'Écriture sainte, exprimée
dans le langage du cinéma et en des termes appropriés pour les audi-
toires populaires aussi bien que pour les spectateurs plus cultivés.»
Voilà le premier mérite du réalisateur.

Cependant, ce n'est là qu'un point de départ. Comment, en effet, l'auteur a-t-il pu œuvrer pour en arriver, en se basant sur un texte difficile, à ériger un ouvrage dont les mérites esthétiques et humains sont inépuisables? Pasolini a d'abord renoncé à toute «reconstitution historique», se contentant de photographies de paysages et de foules de l'Italie du Sud qui, sans être cependant particularisés, donnent au cadre général du film son maximum de vraisemblance.

Ensuite, tous les personnages de l'Évangile sont joués par des acteurs non professionnels, dont les visages et les gestes illustrent un réalisme humain, contemporain et saisissant de vérité.

Troisièmement, pour tout ce qui n'est pas directement l'illustration du texte de saint Matthieu, mais les réactions des personnages ou de la foule à ses paroles, Pasolini a innové. Il scrute les visages, faisant une large utilisation des gros plans, fouille les regards, capte les mouvements des lèvres, des mains, etc. Durant ces moments, il se montre directeur génial, suppléant à ce que l'Évangile ne dit pas, en faisant réagir ses acteurs comme nous réagirions nous-mêmes. La vraisemblance du ton se trouve alors rehaussée par la véracité des sentiments et des gestes qui s'ensuivent.

Il s'agit donc d'une sorte de film narratif et épique, au centre duquel monte la figure du Christ social et révolutionnaire, celui qui, en butte aux institutions trop fermement retournées sur leur sécurité, prêche et pratique l'amour des pauvres, des infirmes, des enfants, des douloureux. Un Christ dont la voix, dans ces discours amples et percutants de saint Matthieu, s'enfle peu à peu jusqu'à l'agonie et au crucifiement, puis enfin, dans la gloire de la résurrection.

Ce ton épique donne son unité à l'œuvre. Épopée majestueuse et divine, miraculeuse, prenant son souffle dans le Verbe, plongeant son action dans le réel populaire, misérable et privé de spirituel. Épopée qui accorde l'équilibre des parties au merveilleux et au quotidien. L'Évangile de Pasolini, avec sa force simple et la vérité de son propos, donne à la vie du Christ sa dimension de continuité jusqu'à nous. Texte perpétuellement moderne, disant ces réalités toujours actuelles, que Pasolini dévoile par sa compréhension envers les humains, par un amour qui se répercute jusque dans la musique de la bande sonore: celle de Mozart, de Bach, de Telemann, des negro-spirituals et du grégorien rythmé des Africains.

Ce film est une révolution. Par ce qu'il est et par les problèmes qu'il soulève. Certains milieux se demandent si un marxiste peut comprendre l'Évangile avec autant d'intelligence et d'acuité. Et comment. Problème insoluble.

Mais est-ce bien un problème, justement? L'œuvre est là, en tout cas, qui témoigne de ce mystère de la création artistique aux multiples puissances. C'est un film qu'il faut prendre tel quel, sans vouloir le subordonner à une idéologie. Le film est beau, puissant, émouvant. Il faut moins le discuter que le *voir*. Et son visionnement est un échange, une fraternelle méditation sur l'individu face au surnaturel. Et cela, pour les spectateurs de toute croyance et de toute foi.

En ce sens, comme œuvre exemplaire, *L'Évangile* de Pier Paolo Pasolini est déjà un classique.

Rentré à Paris à la fin de l'automne pour la rentrée universitaire, je devais vivre à propos de *L'Évangile* de Pasolini une autre guerre idéologique, plus profonde et nauséeuse encore que celle de Rome, et qui acheva de briser mes liens avec l'*Ancien Régime*.

C'était avant que le film ne soit montré à Paris quelques mois plus tard au printemps 1965, accompagné du célèbre débat public avec Pasolini à Notre-Dame.

Je fréquentais alors les conférences d'Henri Agel, bien connu à Montréal dans les réseaux des ciné-clubs des Offices catholiques, de même que certains cours de Geneviève Agel. Intéressé par le fait que j'étais alors dans les *happy few* parisiens à avoir vu *L'Évangile*, Henri Agel m'invita un bon dimanche à une sorte de salon qu'il tenait. On me posa plein de questions sur le film et sur mon entretien avec le cinéaste. J'étais enthousiaste et... inconscient du danger.

Henri Agel prend à un moment donné la parole et dit en substance qu'il ne voyait pas comment un cinéaste aussi douteux que Pasolini pouvait traiter correctement un tel sujet religieux. Pour lui, l'entreprise était condamnée *de facto*!

Je demeurai bouche bée. J'étais intérieurement furieux et blessé qu'un critique et essayiste «qualifié» comme Agel puisse juger d'un film sans l'avoir vu, et le condamner *ex cathedra*. L'ensemble de ce salon respecta en silence le diktat du Maître, et je demeurai seul, comme une poire inexpérimentée, jeune écervelé d'un pays non encore dégrossi, à défendre l'indéfendable.

Quelques mois plus tard, lors d'une dernière rencontre, Agel essaya bien d'expliquer, sinon de justifier son attitude par les obligations d'un professeur travaillant en milieu catholique, en zone «libre». Je compris son inconfort et ses contradictions, mais j'avais déjà intellectuellement fait ma rupture avec les pompes et les œuvres du clan Agel. Ce n'était que le prélude à la suivante, celle avec *Séquences*.

En 1966, au Festival du film de Montréal, j'eus la chance à nouveau de rencontrer Pasolini, qui présentait *Uccellacci e uccellini*. Il était accompagné de Ninetto Davoli, tous deux habillés d'un noir méditerranéen éblouissant. J'ai malheureusement perdu cette interview. Il n'en reste que cette seule mention dans *Séquences*, qui n'a ainsi jamais donné de «Pasolini *bis*».

Séquences, n° 46, octobre 1966

Pasolini, lui, toujours poète et intelligent cinéaste, s'est amené à Montréal avec toute son amabilité et son dernier film, *Uccellacci e uccellini* (*Des oiseaux petits et gros*). Comme nous aurons de nouveau cette année dans *Séquences* l'occasion de parler avec lui et de lui, arrêtons-nous à dire seulement ici que Pasolini est très certainement, dans l'Italie actuelle, le réalisateur le plus fécond et le plus riche en promesses, celui qui a su résoudre les problèmes de l'avancement du néoréalisme ancienne et nouvelle vague. Comme Toto et Ninetto dans son film, il s'avance sur des routes qu'il sait tenir ouvertes, le cœur ceint de poésie et l'esprit toujours vif, continuant à jouer les musiques les plus variées et les plus subtiles.

Pasolini et Ninetto Davoli au Festival du film de Montréal en 1966. Photo : Bruno Massenet, coll. Cinémathèque québécoise

SÉQUENCE 3

Gilles Groulx

Comme si on avait pressenti les poudres et les explosions de Mai 1968, c'est au mois d'avril précédent que Gilles Groulx fit son entrée à *Séquences*, par la grande porte de la principale ciné-fiche, portant sur *Le chat dans le sac*.

Ce n'était pas trop tôt, quatre ans après la sortie du film et le soutien actif de la revue *Objectif*. Mais le cinéma québécois (ou «canadien» comme on le disait encore) était le mal-aimé de *Séquences*, pour employer un doux euphémisme. Les réunions sur ce sujet étaient fortes en gueule. Dans un coin du ring, sœur Marie-Éleuthère, les pères Sénéchal et Cousineau, monsieur Bonneville; à l'autre extrémité, le clan des «jeunes», Gisèle Tremblay, Suzanne Gignac, Gisèle Montbriand, Guy Robillard, André Leroux et moi. L'arbitre était d'office Robert-Claude Bérubé, avec parfois Gilles Blain comme substitut, qui utilisait alors l'occasion pour placer un récitatif et une aria sur Cocteau.

Déjà en 1966, j'avais préparé un essai sur le IVᵉ Festival du cinéma canadien. Pendant les discussions éditoriales, alors que je manifestais en particulier mon délire sur *Les Montréalistes* de Denys Arcand, je dus subir les foudres de Marie-Éleuthère, surtout qu'elle était de la Congrégation Notre-Dame, celle-là même dont les cimetières sont filmés dans le court métrage d'Arcand. Elle était furieuse, et vouait le film à toutes les gémonies. Adroitement, monsieur Bonneville indiqua que ce n'était pas nécessaire que je traite de ce film dans ma chronique, puisque le père Sénéchal couvrait des courts métrages de l'ONF pour un numéro à venir. On en resta là, je retournai à mon Abitibi profonde. Quand mon article parut, le directeur de *Séquences* y glissa un pieux: «(Pour *Les Montréalistes*, voir nº 46, p. 51)».

Quand je lus cette prose, catastrophe! Le père dépeçait le film à qui mieux mieux, dénonçait comme du haut de la chaire «une interprétation aussi singulière, aussi passionnée et aussi tendancieuse de l'histoire canadienne-française» (...) «dans la ligne du noircissement masochiste de notre histoire».

Voilà comment le directeur de *Séquences* me faisait écrire de se référer à cet article ignominieux, me laissant découvrir du même coup les cent et un tours et détours de la censure éditoriale!

Dans ce contexte, il fallait une certaine lutte pour obtenir une ciné-fiche sur *Le chat dans le sac*, ladite fiche servant de guide pédagogique pour l'ensemble des ciné-clubs de tous les Offices catholiques à travers le Québec. J'y travaillai très fort, *passionnément*, comme n'aimait pas le père Sénéchal. Je suis content de ne pas avoir aujourd'hui à y changer une ligne, mais je supprimerais bien le finale des «thèmes de réflexion», imposé alors par le devoir didactique de la revue.

Quelques années plus tard et quelques idéologies plus loin, je devais connaître Gilles Groulx à travers des débats publics sur le cinéma politique, ainsi qu'au Département de cinéma du collège Montmorency, où il accepta de donner des ateliers de scénarisation et d'écrire un cahier de notes sur le sujet. Ce fut une grande joie pour moi de préfacer une réédition de ce *Cahier*, par la Cinémathèque, après la remise du prix Albert-Tessier à celui qui, avec Denys Arcand, fait partie de mon panthéon des meilleurs cinéastes du Québec.

Le chat dans le sac

Séquences, n° 53, avril 1968

A. Documentation

L'auteur

Gilles Groulx est né à Montréal, le 31 août 1931. Cinéaste canadien, c'est-à-dire coureur de bois et poète de la lumière, c'est-à-dire aussi inclassé par rapport aux cinéastes d'ailleurs. Il n'a fait que ce long métrage. Il a fabriqué aussi, comme il se doit, des courts métrages: *Les raquetteurs*, *Golden Gloves*, *Voir Miami*, *Normétal* (mais est-ce vraiment son film qu'on voit?).

Cinéaste canadien en position de départ, ardent, timide, lyrique et engagé, en pleine problématique du cinéma canadien-français. Comme tous ses collègues, Groulx invente à chaque jour les possibilités de notre cinéma, sur des tisons de neige, le dos tourné au vent du nord. On comprend qu'il y ait de quoi *sacrer*!

Le scénario

Le générique est comme soudé au décor: Montréal, neige et froid. Présentation de Barbara: 20 ans, juive. Présentation de Claude: 23 ans, «je suis canadien-français, donc je me cherche!» Images gelées de baisers de Barbara et de Claude.

Barbara parle, médite sur sa famille, son antipathie de la bourgeoisie. Claude, lui, s'intellectualise, s'entoure d'écritures, de pensées, d'idéologies: révolte noire, Jean Vigo, *Parti pris*. Ses murs sont tapissés d'images de journaux: idéal féminin, cyclisme, misère. Le jeune homme dit: «je suis un peu perdu», puis *il* nous regarde fixement.

Barbara suit des cours à l'École nationale de théâtre. Elle apprend à jouer; elle joue à apprendre. Sur une carte du Québec au mur, Montréal est une petite ville dans les espaces immangeables du Nord. Barbara veut voyager, elle est très attirée par les différents groupes ethniques; elle ne sait plus tout à fait!

Puis il y a l'amour. Claude et Barbara au lit, nus, plans de têtes et de cheveux. Claude n'a pas de vie réelle, il n'a que des idées: politique, journalisme. Il lit *Objectif, L'Express*. Il se promène à Montréal. Un copain fait de la magie.

Décor nature et décor psychique sont ici intimement liés. Claude est étranger en son propre pays. On lui dit qu'il y a les livres et le concret, que pour transformer le monde il faut connaître, que le vrai journalisme prend ses sources dans la réalité. Mais lui ne veut pas attendre: «qui hésite se perd».

Jeunesse canadienne-francaise et montréalaise au seuil de la vérité sur soi, de la vérité sur Montréal et le Québec. Dévoré, Claude l'est de plus en plus par cette passion intellectuelle et charnelle par laquelle il s'agrippe à son milieu, mais par laquelle aussi il en est rejeté. Lorsque l'amour et la politique manquent de pureté, il y a encore l'isolement, la méditation grave et lente à la campagne, où l'hiver est plus calme...

B. Étude

La réalisation

Comme *Le chat dans le sac* est un film-miroir, il est logique que dans sa composition, son rythme, sa plastique, il reflète la lumière de son argument. (Dans le film de Cocteau, le Miroir dit à la Belle: «Réfléchissez pour moi, je réfléchirai pour vous.»)

Le film de Groulx apparaît charpenté sur deux parties: la première moitié, haletante, vive, soulevée de hachures et de brisures, reflétant le désordre passionné de Claude à la recherche de son identité *dans son milieu*; la seconde moitié, chaude, lyrique, reflétant Claude à la recherche de son identité *en lui-même*.

Au début de son expérience, Claude parle beaucoup et exige que les autres aussi parlent sans arrêt: Barbara, les copains, les journalistes. Lucidité verbale, situation par les possibilités de la linguistique. Claude nage dans l'ambiance sonore des écrits, du téléjournal, des récits de cœur, des explications amoureuses, des politiques idéologiques. Claude est un colonisé, comme tant d'autres, comme Maheu, de *Parti pris*, qui lui déclare: «On ne peut gagner sa vie en étant soi-même dans notre société.»

Claude croit à l'amitié amoureuse que partage Barbara. Mais Barbara ne comprend pas la désespérance de Claude. Bien sûr, à l'École nationale de théâtre, elle répète du Brecht, *Maître Puntila et son valet*. Mais Brecht n'inspire pas nécessairement tout le monde. Claude se dégoûte, rompt avec Barbara, et part pour la campagne.

Dans la solitude, cure de révolte pour Claude, une révolte plus près du cœur que de l'esprit. Claude marche dans l'hiver, dans les labours gelés... Claude, un révolté ou un révolutionnaire? Quoi qu'il en soit, le jeune homme trouve là, à quelques milles de Montréal, une vie concrète et méditante, arbres et villes, rêves de choses placées dans le monde aux accords des flûtes.

Cette seconde partie, bien que traversée de coups de fusil symboliques, est étirée comme un chant de mélancolie, lumière diffuse et charnelle d'un pays froid et mortel, d'âmes à fleur de peau qui s'aiguisent aux réalités, pour mieux rebondir ensuite aux pressions des désirs.

Un film aussi engagé charrie forcément un nombre impressionnant de valeurs symboliques. En fait, *Le chat dans le sac* laisse apparaître au moins trois sortes de noyaux de symboles: psychologiques, socio-politiques, cinématographiques.

a) *les personnages, les sentiments*

Au premier plan, il est évident que Claude et Barbara représentent les deux pôles de la dialectique du colonisé canadien-francais opprimé, impuissant, mais piqué de toutes les audaces et de toutes les révoltes. Bien sûr, Barbara, juive bourgeoise, intellectuelle par passe-temps, fait partie d'une minorité canadienne, et, par là, elle est recherchée par Claude comme symbole d'appui et de sympathie. Mais elle déçoit Claude et finit par n'apparaître, somme toute, que comme un miroir dans lequel Claude scrute les lignes de son propre destin. Nous voici revenus au symbole cher à Cocteau.

Barbara est un personnage intéressant à un double point de vue cependant. Barbara n'est pas que le miroir ethnique de Claude, elle est aussi son miroir-amour. Et là s'opère, dans cette double réflexion, ce charme du dynamisme canadien-français dont la thématique érotico-politique a déjà été puissamment développée par Hubert Aquin dans son roman *Prochain épisode*: recherche et engagement de tout l'individu, hors des tabous sexuels et des formes d'impuissances de l'être, affirmation de la mise au monde d'une personnalité singulière et collective.

b) *le milieu social*

Car Claude, ce n'est pas seulement ce garçon Untel, c'est aussi, par force de radiation, un signe de la collectivité canadienne-française. Symbole d'une masse plus lucide qu'auparavant, plus mouvante aussi (cf. le thème de la promenade, du voyage, dans le film), qui interroge son corps, son âme, son lieu, sa ville (la seule du Québec: Montréal) et sa campagne, et tous ses covivants: les intellectuels surtout, les plus lucides et les plus verbalisants, mais aussi le peuple de la rue, ou des campagnes, peuple encore muet...

c) le signe du cinéma

Mais surtout, au-delà de ce qu'il montre, c'est le film lui-même du *Chat dans le sac* qui devient, en plus d'être un instrument de vision, *un instrument de contestation.* De là aussi l'influence de Groulx comme cinéaste *engagé.* Ce qui signifie que, au second degré, non seulement le cinéma est-il un instrument qui montre, illumine et module thèmes, personnages et lieux, mais plus: le cinéma colle intimement à ces réalités, devient le porte-parole révélateur de la mise en question de ces faits, de cette donnée psycho-sociologique.

Ainsi, l'auteur est-il présent dans son œuvre, non seulement parce qu'il la fait, mais parce qu'il s'y révèle toujours au premier degré, par l'intimité qu'il partage avec son sujet et avec ses êtres et, au second degré, par l'irruption évidente que l'auteur fait de lui-même jusque dans l'élaboration même et les techniques de fabrication de son produit.

Au cinéma, il faut évoquer ici l'entreprise audacieuse et brillante de Godard, et, plus qu'aucun autre, il faut croire que l'auteur de *Pierrot le Fou* a influencé énormément le jeune cinéma canadien-français. Dans son *Chat dans le sac,* Groulx ne va pas aussi loin dans son installation au sein même de son film, mais on le sent toujours présent, toujours fixant, par les yeux de Claude ou de Barbara, l'objectif même de l'instrument de travail cinématographique, *objectif de la caméra qui est aussi nous-mêmes,* public mis enfin en état de lucidité participante obligatoire au 7ᵉ art.

Aussi, quels que soient les faiblesses ou les défauts de ce film, *Le chat dans le sac* demeure, dans le cinéma canadien-français, un précieux témoignage de mise en situation et de révélation interrogative de notre propre évolution.

Thèmes de réflexion

1. Description du personnage de Claude.
2. Analyse de Barbara.
3. Valeur symbolique de l'actualité.
4. Les valeurs lyriques du film: personnages, décors, passions idéologiques.

Un cahier de notes et d'anecdotes

Cinémathèque québécoise et collège Montmorency, 1986

Le prix Albert-Tessier 1985 attribué à Gilles Groulx, s'il souligne la place pionnière et toujours d'actualité de ce monteur-réalisateur dans le cinéma québécois, marque pour moi un curieux dixième anniversaire.

À partir de l'automne 1975, puis durant l'hiver 1976, Groulx conduit une série d'ateliers sur la scénarisation, dans le cadre du cours de Création cinématographique au collège Montmorency.

À cette époque, depuis pratiquement le début des années 70, Gilles Groulx est forcé à une sorte de «traversée du désert», qui n'est pour lui ni la première ni la dernière. Son long métrage *24 heures ou plus* est sous les scellés à l'Office national du film (il ne sera relâché qu'en 1977), le cinéaste est sans travail. Ce vide, cette parenthèse est propice, je crois, à offrir à Gilles Groulx l'occasion d'un premier bilan de sa pratique cinématographique.

Il a bien accepté, pour la série de Radio-Canada *Cinéastes d'ici*, de livrer des éléments de ce bilan dans une longue interview, mais au montage, il ne subsiste de cette réflexion que de très courts fragments assez peu significatifs. Plus tard, un soir, à Carrefour international, Groulx a participé à un débat sur les rapports entre cinéma et politique. Et puis il retrouve le «chemin de l'école», à sa manière très «zéro de conduite». De deux façons: d'abord, en 1973, par ce court métrage pour l'Office du film du Québec, *Place de l'équation*, un essai percutant sur l'école secondaire; puis, en 1975, dans nos ateliers de scénarisation.

Ces ateliers, Groulx a accepté de les faire précéder d'une commande, un «texte de formation pédagogique», qu'il subvertit en *Cahier de notes et d'anecdotes*. À l'encontre des «prescriptions classiques sur l'élaboration de scénarios», déjà compilées en ouvrages, Groulx revendique «principalement la pratique qui fut la sienne, ou encore dans certains cas, l'expérience d'autres cinéastes dont la préparation du scénario représente quelque chose d'original».

Dans ce cahier je me propose de faire mention des difficultés que l'on peut rencontrer dans une pratique du cinéma d'ici, qui nous obligent dans certains cas à modifier le film en cours de préparation et parfois même en cours de tournage. Ce sera un modeste cahier de notes et d'anecdotes sur notre cinéma comme je l'ai vécu et tel que je cherche à le pratiquer aujourd'hui. Je veux simplement faire part à une nouvelle génération de cinéastes de mon expérience acquise en ce domaine. Ce sera peut-être une «petite histoire» sur les «grandeurs et misères» du cinéma québécois tel qu'il se fait ou ne se fait pas.

Il nous fait plaisir aujourd'hui, à l'occasion de la remise du prix Albert-Tessier 1985 et de la rétrospective Groulx des *Rendez-vous du cinéma québécois*, de faire connaître plus largement ce cahier de notes du cinéaste, trace et mémoire d'une exceptionnelle école buissonnière cinématographique.

INTERMEZZO 1

Ciné-musique

«En quête d'un son, d'une musique». Alain Cornaud, *Tous les matins du monde*

J'avais sans doute été entouré de fées prémonitoires, à mes débuts en critique cinématographique, en croisant l'opéra des *Parapluies de Cherbourg*.

Dès lors, et sans en être totalement conscient au départ, j'étais engagé dans une quête incessante des rapports entre la musique et l'image filmique, dans l'écoute de plus en plus attentive et intense de la bande sonore.

Ainsi, je retrouve dans mes papiers des pages et des pages de notes (à la fin des années 60, déjà) pour une conférence à un stage des Offices catholiques de cinéma. Le thème à développer était cette fois-là le «comique au cinéma». J'avais choisi de me concentrer sur *L'apport du son et du parlant dans l'évolution du comique au cinéma*. Cet axe me permettait d'abord de réexaminer les débuts du cinéma sonore, surdéterminé plus comme «musical et chantant» que «parlant»; de fouiller aussi le rôle des contrepoints sons-images dans le comique. Ensuite, je pouvais y faire la part belle au *musical* filmique.

Souvent on désavoue ce cinéma, on le range du côté des simples divertissements, et on ne semble pas vouloir l'examiner, sinon avec méfiance et le sourire en coin. Il en est de la comédie musicale filmée comme de l'opéra dans le théâtre, qu'on qualifie trop facilement de genre bâtard, mineur, baroque, intéressant seulement pour les maniaques des prouesses de divas! Alors que l'étude de la spécificité du *musical* me paraît, comme à d'autres mordus, une source de découvertes étonnantes, de surprises merveilleuses.

Je faisais aussi un développement particulier sur les liens entre lyrisme et comédie.

On a trop tendance à restreindre le lyrisme à des sensations et des sentiments douloureux, tragiques... Mais le comique est aussi un puissant générateur de lyrisme et de poésie. C'est en ce sens que Claudel (cité par Jean-Louis Barrault, *Nouvelles réflexions sur le théâtre*, Flammarion) définissait le lyrisme comme «la fine pointe du comique» (ou encore: «la farce est la forme exaspérée du lyrisme»), un état généreux de la personne, une sorte de mouvement dionysiaque de la joie et du bonheur.

De façon péremptoire, la comédie musicale répond à la notion de ce comique lyrique et, si elle n'est pas le genre exclusif qui l'illustre, est-elle le plus puissant moyen de le répandre. La comédie musicale possède en effet le caractère joyeux essentiel, mais aussi la musique et le chant, et l'apport de la danse, de la couleur.

L'univers lyrique de la comédie musicale me semble correspondre, dans le cinéma sonore, à celui qui, dans le «muet», était obtenu par les effets visuels de la pantomime dansée, comme dans les Charlot. Chaplin éclipsait les autres acteurs comiques en s'élevant soudain à une sorte de grâce poétique qui transfigurait ses effets de rire. Par ailleurs, en 1923 déjà, René Clair, commentant les films de Mack Sennett, déclarait: «Ses courtes comédies nous annoncent le règne de la fantaisie lyrique qui sera sans doute le triomphe du cinéma.»

Cette notion de «fantaisie lyrique» définit en propre la comédie musicale, comme elle qualifie ce qu'il y a de plus pur dans la comédie américaine, ou dans les comédies de René Clair, de Tati et de Pierre Étaix.

Un peu plus tard, j'avais été fasciné par le film *The Honey Pot* de Joseph Mankiewicz, un de ses plus beaux, que j'analysais à la lumière des théories de Jean Bonnet sur le baroque. À contempler une Venise croupissante comme décor, des meubles et des accessoires de Cinecittà, l'opéra La Fenice et des extraits de *La Gioconda* de Ponchielli, je m'émerveillais devant l'étalage que fait Mankiewicz dans ce film: le cinéma, art baroque, est le successeur de l'opéra. *The Honey Pot* témoigne, à sa manière, du cinéma comme *opéra audiovisuel*.

C'est aussi à ce moment-là, au début des années 70, que je commençai à m'intéresser au corpus des disques de Callas et à lier dès lors, par le biais de l'opéra, phonographie et cinématographie.

Ces premières esquisses et ces brouillons remonteront à la surface durant les années 80. Nous étions alors parvenus à cette drôle d'ère «postmoderne», bâtie sur les ruines de l'effondrement des idéologies et un singulier renouveau de l'art lyrique. Depuis, à travers maintes chroniques à la radio FM de Radio-Canada, et aussi dans des contributions à diverses revues comme *Ciné-bulles, 24 images, Copie zéro, Aria, La revue de la Cinémathèque*, de même que dans quelques colloques et des notes de programmes de festivals, je me suis concentré sur ce monde immense de la «ciné-musique» sous toutes ses formes et en tous genres, le «nouvel opéra audiovisuel» si cher à Kurt Weill et à Michel Fano, au point d'être affublé du gênant et cocasse chapeau de «spécialiste». Sorte de bonnet d'âne, peut-être, pour délinquance culturelle multimédia!

Un échantillon de ces textes a été monté ici en forme d'intermèdes, comme on en a souvent fait dans le théâtre musical et à l'opéra, *intermezzi* qui permettent la pause, l'entracte accompagné de musique, ou tout simplement un moment de détente lyrique.

Premier de trois intermèdes.

Des archives et des mythes

Programme du Festival international
du nouveau cinéma de Montréal, 1989

L'audiovisuel métamorphose instantanément la musique en archives. Du même coup, l'enregistrement procure aux images de la musique la dimension du mythe, en fabrique le support matériel, en statufie la magie et le caractère sacré.

Défile ainsi la colonnade des Purcell-William Christie, Schubert-Brendel, le Candomblé de Bahia visité par David Byrne, Carmen-Jessye Norman, Callas et Birgitt Nilsson, John Zorn et Ravel, Kataev et Jean-Pierre Drouet...

Un Jean Cocteau aurait pu façonner les images de plusieurs de ces musiques, comme il le fit, en magicien-poète, des hétéroclites compositeurs des «heures chaudes de Montparnasse». Le *Groupe des Six* n'est-il pas né de son désir pour des archives mythiques musicales?

«Les esprits viennent en toi», raconte la reine du Mbira, Stella Nekati-Chiweshe, du fond de son Zimbabwe légendaire, capté dans les pierres de la forteresse d'Imbu Huru, ainsi que dans la musique. «Même si on m'assassine, ajoute-t-elle, mes racines profondes ne peuvent mourir.»

Avec l'audiovisuel, avec les images des interprètes, c'est surtout la mort qui recule devant la musique. C'est à cette tâche filmique que se sont attelés les Chantal Ackerman et Jean-Louis Comolli, Alain Ferrari, David Byrne, Don Kent, François Porcile, François Caillat...

Le passage des archives à la mythologie est d'autant mieux assuré qu'il est conditionné par la force d'impact du métissage, musical d'abord, ensuite entre les images et les sons. Tout métissage, biologique ou esthétique, est la condition de la survie; il façonne à sa manière la lutte contre la dégénérescence et la mort.

Images/musiques. Nous assistons aujourd'hui à une puissante, nouvelle hybridation. Archives de la survie, gravures mythiques de la musique, le filmique musical maintient les vibrations du sacré pasolinien dans les boîtes magiques de pellicules, dans les cassettes et les vidéodisques. «Quand la nature te semblera naturelle, dit le scénario de *Médée*, tout sera fini.»

Les meilleures images de la musique ne sont pas naturelles.

Ciné-musique

Ciné-bulles, vol. 6, n° 2, 1986

> *...Seule la musique peut avoir le même pouvoir de transfert que l'image cinématographique.*
> Boris Vian
> Cité par Noël Arnaud, dans Boris Vian,
> *Opéras*, Paris, Christian Bourgois éditeur,
> 1982, p. 10.

Thème

En abordant l'opéra à la fin de sa vie, Boris Vian prenait conscience du rapport étroit entre la musique lyrique et le lyrisme visuel filmique. À plus forte raison, quand ces deux dynamiques se rejoignent, quand s'opère le mixage de ce double «pouvoir de transfert», l'explosion peut devenir retentissante, hautement émouvante.

CINÉ-MUSIQUE. Métissage audiovisuel de plusieurs fusions, celles des musiques entre elles, des images les unes aux autres (photographiques, graphiques, filmiques), enfin celles de ces musiques et de ces images déjà *recyclées*. Drôle de cocktail culturel baroque (y inclus la recette molotov), dont il y a peu d'exemples avant l'implantation industrielle du phonographe et du cinématographe, sauf dans l'*opéra*. Musiques opératiques dans tous les sens du terme, d'ailleurs, que ce soit l'*opera seria* (le «grand»!), l'*opera buffa* italien ou celui du *Beggars Opera* de John Gay (fin XVIIIᵉ siècle), l'opéra-comique, le singspiel, tous genres lyriques suivis au XXᵉ siècle des formes du musical anglo-américain, enfin du rock-opera et puis, peut-être, du vidéoclip...

Il n'est pas étonnant que musique et cinéma se cherchent et se désirent dans ces diverses formes opératiques, alors que le drame lyrique pré-industrie culturelle s'exaspérait à sa façon à lier à la musique la poésie verbale, le chant, la danse, la peinture scénique et les machineries théâtrales assurant les «effets spéciaux» de l'époque.

62

Variations

Je sors tout juste d'une expérience de quelques mois assez exaltante, exploration plus en profondeur du cinéma musical, de la vidéo musicale, des interactions dynamiques entre l'industrie du disque et celles du film, de la télé, de la vidéocassette.

D'abord, avec le personnel de la Cinémathèque québécoise, j'ai été très content de participer à la programmation du mois d'août «en musique». Et puis, je me suis emballé pour cette forme de *critique radiophonique* à Radio-Canada, surtout à *Présent musique*, qui permet avant tout de parler des films et des vidéos avec musiques à l'appui. À côté des descriptions verbales pour informer sur le cinéma musical, les citations sonores ont des pouvoirs d'évocation extraordinaires; ainsi, pour mentionner une des audaces de popularisation de la musique de Manuel de Falla dans *L'amour sorcier* de Carlos Saura, il suffit de faire entendre la voix de Rocio Jurado, une chanteuse populaire espagnole, qui remplace dans ce film les cantatrices classiques habituellement à l'œuvre dans les enregistrements de ce ballet avec chant, *El Amor Brujo*. Stupéfiant[1].

Mais je reviens un moment à la Cinémathèque. Les quelque cinquante séances du mois en musique ouvraient à des explorations et des (re)découvertes historiques étonnantes. À commencer par le premier programme des films «muets», extraits du *Carmen* de Chaplin et du *Phantom of the Opera* américain de Rupert Julian (1925), projections accompagnées *live* au piano et au clavier électronique par Jacques Drouin, le temps de nous rappeler qu'il fut toujours éminemment *musical*, ce cinéma des films non sonorisés des trente premières années du cinématographe. Et puis que dire de la résurgence de cette *Louise* d'Abel Gance (1938), offerte ici en primeur nord-américaine s'il vous plaît, film d'opéra ancêtre de Bergman, de Losey et de Rosi, présenté par une Micheline Lanctôt qui actuellement travaille dur à ce nouveau long métrage *Le grand air de Louise*, justement. (Les digressions d'une «carte blanche» m'y autorisant, j'ajoute ici qu'on n'a peut-être encore rien vu ni surtout «entendu» de la longue histoire de Micheline Lanctôt avec la musique lyrique et le cinéma, qui conduira peut-être un jour au cinéma québécois opératique, dont une porte fut ouverte par *Au pays de Zom*; comme en rêve par ailleurs Denys Arcand qui, derrière la grande rumeur du succès du *Déclin...*, couve toujours son énorme désir de la mise en scène d'opéra, amorcée dans la scène de l'*Orphée* de Gluck dans *Réjeanne Padovani*, ainsi que dans l'ouverture Haendel du *Déclin...* À suivre sans faute.)

À la Cinémathèque encore: les beaux programmes de films d'animation choisis par Louise Beaudet, d'où je dégage le coriace et sublime *Opera* de Bruno Bozetto, les fascinants mouvements de «ballet jazz» de Cab Calloway adaptés et reconduits par Dave Fleischer; ou encore les programmes choisis par Robert Daudelin, comme la soirée avec Lena Horne (*Now* et *Cabin in the Sky*), l'*Hallelujah* de King Vidor (en 1929, à l'aube du sonore, deux heures de musical sur de la musique populaire noire!), l'époustouflant *Rock'N'Roll High School*, la musique de Serge Gainsbourg pour *Anna*, etc.

Ce mois musical amenait donc tous les styles de musiques et tous les genres cinématographiques à s'entrecroiser, à s'entrechoquer, sans discrimination aucune ou, comme aimait à le répéter Pasolini, de «façon non sectaire». Je continue à croire que c'est la manière la plus propice de mettre en lumière (en ondes sonores) le fructueux et polymorphe amalgame historique de la musique et du cinéma, de rappeler les audaces et les finesses audiovisuelles du *Million* (1931) de René Clair (pourquoi Hollywood ne lui a pas fait diriger des musicals?), celles du musical soviétique *Les joyeux garçons* (1934), ou simplement de redire que le cinéma sonore, avec le *Jazz Singer* de la Warner, débuta en musique plutôt qu'en paroles...

Il faut insister là-dessus: la Warner et la Vitaphone avaient alors ébauché une stratégie de production de films sonores axés sur le musical, pour élargir et populariser les succès de Broadway, sans compter, comme nous l'a montré la chaîne PBS le printemps dernier, que déjà en 1927, Vitaphone/Warner expérimentaient le film d'opéra, par un essai de Gigli dans quelques extraits de *Cavalleria rusticana*!

Toujours dans cette veine de refaire les liens métissés entre diverses époques et divers styles audiovisuels, j'ai découvert avec étonnement, pendant que je couvrais les films musicaux du Festival des Films du Monde pour *Présent musique*, d'autres filiations passionnantes. *Opera do Malandro* (Ruy Guerra/Chico Buarque) adapte en brésilien *L'opéra de quat'sous*, qui adaptait *The Beggars Opera*; les Marx Brothers de *A Night at the Opera* ont été recyclés de façon originale (en passant par le *Opera* de Buzetto) dans le *Broderna Mozart* (*Les frères Mozart*) de la Suédoise Suzanne Osten, film unique en son genre et qui, en ce qui concerne le film musical en tout cas, a été la révélation du FFM. Surtout que ce film, ayant le même argument de base que le *Babel Opéra* d'André Delvaux, une répétition de *Don Giovanni* dans un théâtre, aurait pu s'accrocher à cet écueil. Il n'en est rien, ce qui manifeste que la musique, que Mozart, voire que son seul

Don Giovanni offrent des matériaux adaptables, transposables indéfiniment, suivant la leçon musicale du «thème et variations».

Coda: polymorphie audiovisuelle

Un des aspects stimulants du film musical réside dans sa possibilité de se décentrer, de se métamorphoser sur divers supports. Bien sûr, la vidéocassette le démultiplie déjà à sa manière, soit par l'achat comme un livre (mais un achat encore très coûteux), soit plus simplement par location en vidéo-club. Les copies en stéréophonie ou haute fidélité existent maintenant, les magnétoscopes ad hoc sont disponibles; ainsi, la vidéocassette musicale a déjà commencé à contourner une des grandes difficultés de son caractère de reproduction de films, l'étouffement, l'écrasement de la bande son, qui en faisait jusqu'à récemment une fort mauvaise «photocopie».

Par ailleurs, l'enregistrement sonore est aussi un démultiplicateur du film musical, quand il n'en est pas la source (vidéo- ou film-clip). Quoi qu'il en soit, les disques et musicassettes, par l'usage domestique ou la radio, ont ceci de particulier qu'ils complètent et documentent films et vidéos, au niveau de l'*image* auditive, mais en conservant leur caractère spécifique, une sorte d'identité propre, développée historiquement par l'industrie phonographique.

Ce qui n'a pas empêché cette spécificité sonore de rechercher rapidement son contrepoint visuel, iconique, comme en témoignent, après la Seconde Guerre mondiale, les efforts de l'industrie de l'enregistrement musical pour «imager» les pochettes des disques. De cette façon, après avoir gagné sa modernité par la haute fidélité et les techniques de l'enregistrement permettant montage sonore et mixage, l'industrie phonographique jetait les bases de son métissage avec l'image, et expérimentait sa préhistoire du vidéoclip et du film musical de même type.

Aujourd'hui, les industries culturelles s'entêtent à nous convaincre que la synthèse plus complète, dans un futur prochain, de ces métissages audiovisuels, prendra la forme perfectionnée du vidéo-disque au laser, capable d'une reproductibilité haut de gamme des images et des sons. À croire ces stratèges, peut-être y a-t-il là pour demain l'ébauche d'un *nouvel opéra*, qui aura pu, comme le dirait Guy Scarpetta, assumer le recyclage de l'ancien opéra scénique[2], et celui de toutes les formes d'opéra au cinéma et à la vidéo expérimentées jusqu'ici.

...La volonté d'explorer les zones de coexistence et d'affrontement entre les deux cultures [ancienne et moderne], de les faire s'interpénétrer, réagir, de *jouer* leur métissage, d'opérer des connexions, des courts-circuits, des recyclages, des détournements, des anachronismes délibérés (autrement dit: de *traiter* esthétiquement la mutation technique, avec le minimum d'intimidation, le maximum d'aisance et de liberté): c'est la voie post-moderne, celle de l'impureté[3].

Nouvel opéra, mais lequel? Celui des plates captations de scène, ou celui des audaces de transposition de Losey ou de Syberberg? Ou peut-être celui de films musicaux comme *Prénom Carmen* ou *Médée*, devenus entre les mains de Godard et de Pasolini du «non-dit» d'opéra, des «non-opéras»?

Par sa *Médée* avec Callas, Pasolini précédait de quelques années le Godard de *Prénom Carmen*. Dans les deux cas, il s'agit de traiter, d'interpréter non pas tant l'opéra lui-même que sa mythologie. Mythe de Carmen, mythe de Callas, dégagés d'abord des référents trop directs à l'opéra dont ils sont issus.

Dans ce sens, le «non-opéra» de Pasolini, c'est d'abord le refus, la subversion de Callas-cantatrice, de Callas interprétant la *Medea* de Cherubini. Son film devient ainsi, avant tout, un poème philosophique du *mythe Callas*, dont il illustre la puissance, la beauté, le tragique, par les décors «barbares» naturels, les costumes imaginaires surchargés, les accessoires archaïsants et inauthentiques. Pasolini n'oublie pas la musique: les chants populaires stridents des femmes moyen-orientales, les mélopées persanes, le samisen japonais; toutes musiques non opératiques, mais dont l'étrangeté connote le mythe de l'opéra et de Callas.

De son côté, la musique de la *Carmen* de Godard sera «non-opéra» aussi: Beethoven (quatuor à cordes) et Tom Waits.

Ces films créent ainsi de nouveaux opéras sur les ruines et les cendres de l'ancien, dont la substance demeure, au niveau du mythe, plus dense que jamais.

Notes

1.   Le disque de la «bande originale» du film de Carlos Saura, *El Amor Brujo*, est intéressant à plus d'un titre. D'abord, pour la voix de Rocio Jurado dans le ballet de Manuel de Falla. Ensuite, et surtout, parce que le disque replace la musique du film dans sa véritable logique.

D'un côté, tout le ballet de de Falla; de l'autre, les musiques populaires gitanes et le flamenco. Curieusement, le disque fait mieux apparaître que le film la beauté et la force de ces diverses musiques. Dans le film, le «ballet avec chant» de de Falla est découpé en plusieurs tranches, entrecoupées des autres musiques populaires. Cette juxtaposition fait perdre de l'unité à l'ensemble de la trame musicale, en éparpillant le sens du ballet de de Falla, et celui des autres musiques.

Un disque de la véritable «bande sonore originale» du film devrait en principe conserver ce découpage musical, malgré ses défauts. Mais l'industrie phonographique a ses habitudes et ses prérogatives. Pour cette raison, beaucoup d'éditions de bandes sonores de films n'en sont pas véritablement, et ne respectent pas toujours certains montages sonores et certains mixages. Paradoxalement, le disque du film *El Amor Brujo* est beau à cause de ce refus.

2. En filmant la *Carmen* de Bizet, Francesco Rosi transpose et recycle un matériau plus que centenaire, mais qui s'est maintenu comme éminemment populaire.

    Néanmoins, il ne suffit pas de capter ce caractère populaire de l'ouvrage (façon «théâtre filmé»), il faut l'adapter intégralement à la modernité du langage cinématographique.

    En ce sens, Rosi détruit l'opéra de Bizet pour faire de *Carmen* un film d'opéra. Par exemple, en choisissant Julia Migenes-Johnson (qui, de son propre aveu, ne peut chanter ce rôle sur scène), en misant sur son expérience dans la comédie musicale, Rosi, grâce aux techniques et aux conditions d'enregistrement d'images et de sons, rend crédible un personnage de Carmen qui sait jouer, danser et chanter. De même, en laissant les chœurs chanter en voix off, le réalisateur dirige des foules d'enfants comme dans les films néo-réalistes, ou encore fait mouvoir les danseurs d'Antonio Gadès.

    Art complexe de plusieurs métissages.

3. Guy Scarpetta, *L'impureté*, Paris, «Figures»/Grasset, 1985, p. 55.

SÉQUENCE 4

Cukor à Hollywood

Quand George Cukor accepta de me rencontrer à Beverly Hills en 1968, il était très fortement intéressé à me questionner sur le Québec. Ce fut d'abord l'interviewer interviewé!

C'était à la fin de juin, peu de temps après la tumultueuse St-Jean-Baptiste de Montréal, en pleine trudeaumanie, et pas longtemps après le passage du général de Gaulle. Cukor voulait tout savoir sur le Québec, sur son nationalisme, sur la culture francophone en Amérique. Lui, fils d'émigrés hongrois aux États-Unis, il était interrogateur et sceptique sur cette sorte de non-volonté québécoise de s'assimiler au grand tout anglo-saxon nord-américain.

Je m'attendais peu à devoir jouer ainsi le rôle d'une sorte de délégué du Québec en Californie! J'avais surtout en tête d'interroger Cukor sur deux points: ses réalisations filmiques, bien sûr, mais aussi son opinion sur la «politique des auteurs» des *Cahiers du cinéma*, en particulier en regard des réalisateurs hollywoodiens. Je découvris avec étonnement un grand *director* qui ne voulait pas du titre d'*auteur*; qui plus est, Cukor lisait les *Cahiers*, connaissait à fond cette «théorie» et la critiquait avec une matraque d'arguments, pratique à l'appui. À ma connaissance, ce fut la première critique systématique de la *politique des auteurs* en Amérique, au moment où paradoxalement cette théorie connaissait ses premières traductions et utilisations dans les écoles de cinéma américaines et les universités, là où la distanciation critique ne viendrait que plus tard.

Avec Gilbert Maggi, j'avais entrepris, après la publication de l'interview de Cukor, l'étude systématique de ses films avec une autre grille que celle de la théorie des auteurs. En voici la première ébauche, inédite. Notre enquête préliminaire nous conduisit ensuite à des premiers contacts avec plusieurs des collaborateurs de Cukor.

En particulier, nous avons reçu une intéressante lettre du compositeur Miklós Rózsa sur sa collaboration avec le réalisateur de *A Double Life*.

Par la suite, les tâches de lancement de la revue *Champ libre*, suivies du grand tourbillon rouge des années 70, devaient nous faire secondariser ce sujet sur Cukor, puis l'abandonner. Pourtant, le premier numéro de *Champ libre* indiquait bien, dans les projets de la revue: «Notes de recherche sur George Cukor et la problématique de la *créativité/production* à Hollywood (dialectique *film d'auteur/film de système*)».

Nous avions même été autorisés par Cukor, grâce à l'aide d'Axel Madsen, à analyser ses copies de travail de scénarios et de découpages techniques. Cette étude ne s'est jamais matérialisée. Le grand talent de Cukor n'avait rien à perdre, mais nous, beaucoup. Ce travail de critique de la politique des auteurs aurait été une bonne contribution au soi-disant mouvement progressiste et «de gauche» en études filmiques. Le radicalisme «m-l» l'emporta et, quelque part, nous avons été floués (ou nous nous sommes floués nous-mêmes) pour des tâches plus *prioritaires*.

George Cukor et la critique

Séquences, n° 55, décembre 1968

Los Angeles, 28 juin 1968

Monsieur Gilbert Maggi
Revue *Séquences*
Montréal

J'ai vu notre cher Cukor cet après-midi, à sa demeure de Beverly Hills. C'est une chance particulière d'avoir pu le rencontrer chez lui, mais je vais regretter seulement qu'il m'ait été impossible de le voir au travail aux studios de la Fox, où il prépare actuellement un film avec Rex Harrison, sur un scénario de John Osborne.

En attendant Cukor dans ses jardins rococo-américains, je me suis rappelé notre rétrospective-«hommage» de l'an dernier, quel soin nous avions mis à la préparation d'un programme entièrement consacré à ce grand réalisateur américain, dont nous aimons les films, mais que trop peu de membres de nos ciné-clubs prennent la peine de voir et de comprendre; je revoyais rapidement notre générique Cukor: *Camille, Two Faced-Woman, Adam's Rib, Born Yesterday, Bhowani Junction, Wild Is the Wind, Heller in Pink Tights, My Fair Lady*; et toute cette galerie érotique de portraits de femmes: Greta Garbo, Katharine Hepburn, Judy Holliday, Ava Gardner, Anna Magnani, Sophia Loren, Audrey Hepburn...

Elle est d'ailleurs en permanence chez lui, cette galerie exceptionnelle du *women's director*, musée individuel, miroir du musée de notre imaginaire de cinéphile, photos à pleins murs de toutes celles que Cukor a si magnifiquement dirigées. Et ce n'est là qu'une partie du beau désordre baroque qui caractérise toute la maison du réalisateur de *A Star Is Born*, baroquisme à l'image de celui qui est présent dans tous ses films, lourd et aérien à la fois, désordonné et contrôlé en même temps, passionnément lyrique et froidement sarcastique.

C'est dans cette atmosphère vivace, au milieu de l'été californien, que nous avons parlé, surtout de critique cinématographique. J'ai décrit à Cukor notre situation de professeur et de critique de cinéma au

Québec face au cinéma américain, ainsi que le paradoxe dans lequel nous nageons: ou bien nos cinéphiles boudent le cinéma américain, en lui préférant exclusivement l'européen ou... le japonais; ou bien ils s'extasient sur son compte en imitant la manière surtout dithyrambique et «mystérieuse» des *Cahiers du cinéma*. L'opinion de Cukor là-dessus me paraît claire et franche:

1. Ça lui semble snobisme et naïveté que de bouder le cinéma américain au nom d'un soi-disant cinéma esthétique et intellectuel. «D'abord, dit-il, parce que les réalisateurs dudit cinéma ont à affronter des problèmes matériels aussi grands et complexes qu'à Hollywood et qu'ils doivent composer eux aussi avec le "business". D'autre part, rien ne peut garantir que ces films, tant louangés aujourd'hui, ne seront pas bientôt oubliés...»
2. Cukor est contre la «politique des auteurs» préconisée par plusieurs esthètes français. En particulier, il avoue qu'il ne comprend très souvent *rien* de ce que veulent dire les *Cahiers* et les critiques du même genre. «Ils parlent souvent de moi, dit-il, mais souvent je ne sais pas ce qu'ils veulent raconter...» Il aime cependant les *Cahiers*, comme nous aussi, parce que ses critiques aiment le cinéma et le font aimer.

Pour Cukor, un réalisateur au cinéma n'est auteur que s'il est aussi écrivain. Lui n'est pas écrivain, il s'entoure toujours de bons scénaristes; il considère Mankiewicz plus écrivain que réalisateur, et Huston lui apparaît le meilleur composé des deux fonctions. Car, en fait, Cukor définit le réalisateur comme un «exécutant» (*interpretor*), l'exécutant d'un scénario (*interpreter of a script*), un peu, en somme, comme un musicien chevronné qui «exécute» du Bach ou, plus précisément, comme un chef d'orchestre. *La «créativité» du vrai réalisateur apparaît dans la sincérité et la vérité de l'exécution.* Ses qualités sont celles d'un artiste et d'un chef. C'est pourquoi il ne peut concevoir une approche critique comme celle-ci: mauvais scénario + mauvaise distribution d'acteurs + mauvais décors et photographie, MAIS mise en scène de maître! Pour Cukor, *cela ne se peut pas*, car la réalisation est justement la maîtrise et l'harmonie de tous ces éléments.

Voilà un filon qui nous permettrait sans doute de pouvoir établir certains critères de base pour une authentique critique cinématographique. Il s'agit, au fond, de savoir où placer l'activité créatrice de la réalisation cinématographique, dans la zone, je crois, qui fait graviter aussi les chefs d'orchestre, les grands chanteurs et musiciens et... pourquoi pas, les bons critiques qui exécutent à leur tour ou «interprètent» les œuvres graphiques, musicales ou cinématographiques. (Je pense ici à l'idée de Gide dans son film: imaginons qu'un tel, tel soir, interprète tel tableau de Cézanne, ou telle sculpture de Rodin... Et j'ajoute: un tel qui, tel soir, interprète une interprétation de Cukor, ou *Seven Women* de Ford ou *I Puritani* de la Callas...)

Tout ceci nous a amenés à la critique du cinéma américain en particulier. Voici les idées de Cukor en vrac:

1. D'abord, *voir* le cinéma américain.
2. Le *connaître* ensuite pour mieux le voir et le faire voir. Et, pour le connaître:
    a) s'arranger pour voir travailler les réalisateurs;
    b) entretenir des relations étroites avec les différentes *guilds* américaines des acteurs, des réalisateurs, des producteurs, etc.
3. Enfin, tout comme n'importe quel exécutant lui-même, musicien ou réalisateur, que le critique cinématographique soit créateur en étant sincère et vrai par rapport au sujet qu'il a à interpréter.

Cette conception nouvelle de la critique du cinéma américain et peut-être de tout le cinéma engage le critique à une série de travaux presque inconnus jusqu'ici:

1. Étude de scénarios. Cette étude est rarement faite.
2. Étude des esquisses des décorateurs et des costumiers et, incidemment, des partitions musicales.
3. Étude des problèmes *professionnels* des acteurs.
4. Étude des problèmes de production.
5. Étude des travaux des monteurs professionnels.
6. Finalement, étude des problèmes professionnels et artistiques des réalisateurs.

Tout ceci fait bien du boulot. Arriverons-nous jamais à pouvoir faire une critique au fond si exigeante? Je ne sais. Quoi qu'il en soit, je suis convaincu que la modestie de Cukor cache une terrible lucidité face aux problèmes de création et de critique de son propre cinéma, ainsi que de celui de ses confrères hollywoodiens. Il faudra plus tard essayer de débroussailler toute cette matière...

En faisant un dernier tour dans la galerie des portraits de Cukor, je m'arrête plus longtemps avec lui sur les visages de Katharine

Hepburn, la plus grande de toutes! Comment oublier sa transcendance dans *Philadelphia Story*? Katharine est revenue maintenant au cinéma et, quelque part à Nice, elle prépare l'inoubliable masque de *La folle de Chaillot*. Cela n'est pas surprenant: Giraudoux est chez lui avec les femmes et le baroque précieux, comme Cukor, et Katharine Hepburn peut bien avoir pensé rassembler leurs génies...

Photo envoyée par Jack L. Warner. Quatre «creative executives» de *My Fair Lady*. De gauche à droite : George Cukor (réalisateur), Jack L. Warner (producteur), Alan Jay Lerner (scénariste) et Cecil Beaton (chef décorateur)

Pygmalion et la technologie cinématographique

Inédit, 1970

> *Je ne suis pas un auteur. Je suis un interprète.*
> *L'interprète d'un scénario.*
>
> George Cukor

En discutant avec Cukor chez lui à Beverly Hills, en juin 1968, le metteur en scène m'avait fait cette déclaration ferme, qui établit de façon non ambiguë le niveau de créativité d'un certain type de réalisateur américain (ou du moins le sien propre), et remet en cause la dialectique d'une critique cinématographique largement répandue en France, axée sur la célèbre *politique des auteurs*.

Il y a là un passionnant sujet d'essai sur la technique et l'esthétique de l'interprétation cinématographique. À première vue, cette recherche, appliquée à la méthode créatrice de Cukor, pourrait être révélatrice de plusieurs autres cinéastes américains: Hawks, Minelli, Ray, Ford dont on pourrait éventuellement «réévaluer» la critique, si les recherches sur Cukor montraient qu'il y a moins, chez un certain type de réalisateur américain, de concrétisation cinématographique d'une vision du monde (a priori), que de découverte progressive d'une personnalité créatrice par le biais et l'assemblage artisanal de matériaux maîtrisés par une technique.

Nous voici une fois de plus devant le problème du *degré de créativité* (premier et second), auquel une image contemporaine d'*interprète* donne la relance, qu'il s'agisse de la notion de metteur en scène de théâtre (cf. les rapports Copeau-Molière, Jouvet-Giraudoux, Stanislavski-Tchekhov); qu'il s'agisse encore de l'impact créateur de l'interprète moderne en musique (Schnabel, Karajan, Callas), du traducteur (cf. rapports Poe-Baudelaire, Conrad-Gide), du photographe: «La photographie ce n'est pas un art: nous sommes des traducteurs», déclare Gisèle Freund, qui ajoute aussitôt: «Les traducteurs doivent savoir écrire.»

Il est nécessaire de fouiller la définition d'*interprète* et d'*interprétation* comme concept «technique-esthétique»: au niveau de la technique, un réalisateur-interprète, par exemple, met en relief un scénario par l'organisation harmonieuse des éléments qui sont à sa disposition et auxquels il imprime un style; au niveau esthétique, l'interprète insuffle, par sa passion et son émotion personnelles, une âme à un matériau donné, et le transforme petit à petit à son image (voie narcissique). L'esthétique de l'interprétation est greffée au mythe de Pygmalion, et s'oppose, en fait, à la spontanéité orphique, création au premier degré, pourrait-on dire.

Dans cette optique, analyser l'œuvre cinématographique de Cukor consiste à chercher les rapports entre le réalisateur et les éléments qu'il utilise, puis à essayer d'évaluer, à partir de ces données, la fonction créatrice (et son extension) de ce chef d'orchestre de studio de films.

Exemples

1. Une comparaison entre les scénarios utilisés par Cukor et les originaux dont ils sont tirés; puis une étude par approximations de certains scénaristes mis en rapport avec la personnalité de Cukor: Ruth Gordon et Garson Kanin, Harry Wagstaff Gribble, Herman J. Mankiewicz, Sarah Y. Mason et Victor Heermann, Howard Estabrook, Zoë Akins, Donald Ogden Stewart, Moss Hart, Alan Jay Lerner, etc.
2. L'utilisation des acteurs par Cukor, et surtout de ses actrices. Analyse plus fouillée d'interprètes typiquement cukoriennes comme Katharine Hepburn et Judy Holliday.
3. Cukor et les directeurs de la photographie, en particulier: William Daniels, Charles Lang, Joseph Ruttenberg, Harry Stradling, Milton Krasner, Frederick Young, George Folsey, Sam Leavitt, Robert Surtees, Harold Lipstein, Leon Shamroy, Hoyningen-Huene.
4. Cukor et les décorateurs, en particulier: Cedric Gibbons, Edwin B. Willis, Oliver Messel, Lyle Wheeler, John Meehan, Gene Allen, Cecil Beaton.

Tous ces éléments, en fait, sont ceux sur lesquels Cukor peut exercer sa plus grande maîtrise et sa meilleure coordination. Mais qu'en est-il du rôle du producteur, du compositeur de la partition musicale, du chef opérateur du son, du monteur (ou du studio de montage)? Il faut chercher aussi de ce côté et essayer de dégager de ce jeu libertés-contraintes la phase essentielle du travail artistique de Pygmalion: habileté à rendre/impuissance à rendre...

Cukor, réalisateur-interprète, comme plusieurs de ses collègues, est peut-être la réincarnation, à l'ère technologique, du maître d'œuvre qui ordonne, coordonne, puis signe un tableau ou une architecture, mais en l'exécutant pratiquement par l'intermédiaire de plusieurs types d'apprentis.

C'est peut-être aussi le «régisseur» d'une machine complexe, qu'il s'agit plus de bien faire fonctionner que de conceptualiser. Dans cette optique, il se pourrait que la technologie moderne, ayant accaparé l'activité artistique comme toutes les autres, ait créé de très nombreux Pygmalions, «artistes en fonction» plutôt qu'en état de création, rêveurs décadents de la magie baroque des formes idéalisantes de l'art, frustrés par leur impuissance fondamentale à les créer autrement que par des intermédiaires.

De par l'exemplarité de son œuvre, et surtout l'exemplarité de sa propre critique sur cette œuvre, Cukor apparaît comme un exemple privilégié de l'interprétation au cinéma, art qui a d'ailleurs ses grands créateurs (aux USA en particulier), mais dont la machinerie a suscité une foule d'apprentis sorciers.

Lettre de Miklós Rózsa

Inédit

London, Feb. 1970

In my opinion the major role of film music is to create a tonal atmosphere, to underline musically the drama, to focus the attention to certain dramatic highlights and to complete the psychological effect of certain scenes.

Although I wrote music for 3 pictures directed by Cukor, only *A Double Life* counts as collaboration, as the two others were MGM assembly-line products and by the time I started to work on the score, he was already occupied with an other picture and I had no contact with him.

When *A Double Life* was finished and edited, we had long talks with Cukor about the type of music he has visualized when directing the scenes. He asked me to accompany him to a famous Viennese psychiatrist to consult him about the noises and sounds a paranoid, portrayed by Ronald Colman, would hear. These conversations proved to be of great value later, when writing the score for the paranoid scenes. Cukor was not present during the actual recordings, but called me later and expressed his approval. The head of Universal Studios and some of his entourage found my music too "modern" for cinema audiences and wanted to "tone it down". I reported this to Cukor and Michael Kanin, the producer of the picture and all they had to say was: "Don't change a single note." Well, I didn't and the scene got an Academy Award.

With best regards. Yours sincerely,

Miklós Rózsa

SÉQUENCE 5

Chez Faroun Films
Pour enfants... petits et grands

En 1969, en déménageant définitivement de l'Abitibi à Montréal, pour venir d'abord travailler avec Rock Demers chez Faroun Films, j'étais intellectuellement sûr de remettre à zéro sur le compteur mon premier programme quinquennal (64-69) en cinéma.

J'avais une sorte d'entêtement obstiné à reprendre là où j'aurais voulu démarrer, avec les forces vives d'*Objectif*, du Festival du film de Montréal, de la Cinémathèque. Rock Demers me servit (peut-être à son corps défendant) de chauffeur de locomotive sur cette sorte de TGV de rattrapage, qui devait me faire traverser plusieurs années en une ou deux.

J'avais bien essayé, une fois, à la Cinémathèque de Rochester, où les Offices catholiques organisaient des stages en histoire du cinéma, de m'approcher de quelques représentants d'*Objectif*, qui s'y trouvaient invités aussi. Ce fut peine perdue. Visiblement, les «bonzes» ne voulaient pas frayer avec les «saints innocents» de *Séquences*, ni avec le clan des curés. C'est ainsi que j'avais raté la concrétisation de mon désir de travailler pour ce qui m'avait semblé être *la* vraie revue de cinéma au Québec.

Faroun Films fut pour moi une excellente école de cinéma, celle du terrain, du commerce, du marketing, du cordon ombilical reliant la distribution à la production, des visionnements de travail jour et nuit, des multiples rencontres avec les cinéastes.

Cette boîte s'occupait bien sûr du cinéma «de qualité» pour enfants, mais de films québécois et internationaux aussi. Demers rêvait également déjà de production. Je participai directement aux lancements de récents Lefebvre (*La chambre blanche*, *Q-Bec my Love*), puis de divers films de l'ONF (visionnement underground en prime de *On est au coton*); j'eus la chance de guider Louis Malle pendant quelques jours dans les médias pour le lancement de son *Calcutta*, de voir circuler Bretislav Pojar régulièrement boulevard Saint-Laurent.

Jean-Claude Labrecque avait sous-loué sa salle de montage chez Faroun, et je savais par cœur ses films *La visite du Général de Gaulle au Québec* et *Essai à la mille*. Dans la foulée, je m'arrimai aux études universitaires de 3e cycle en audiovisuel et à l'enseignement aux instituteurs sur l'intégration du cinéma en pédagogie. Il en sortit une thèse de maîtrise sur le sujet, puis un premier livre sur *Le cinéma et les enfants*, dont Pojar accepta avec gentillesse de dessiner la très belle couverture.

Ce livre est malheureusement encore aujourd'hui un fantôme, presque une légende. L'éditeur Éducation Nouvelle le fit produire, une tournée de lancement était amorcée, mais une faillite engloutit le tout en 1971. Malgré plusieurs années subséquentes de recherches, les caisses de cette édition ne furent jamais retrouvées. Seules quatre ou cinq copies de pré-lancement ont échappé au désastre. Ce ne fut pas mon chemin de Damas, plutôt mon Atlantide, dont un rare fragment repose dans les archives de la Cinémathèque.

Malgré l'aura des films pour enfants, c'est durant cette période aussi que je touchai à quelques brûlots érotico-filmiques. Cela commença avec le lancement de *Q-Bec my Love*. L'idée avait germé de provoquer en mettant ce film à l'affiche à l'Arlequin de la rue Ste-Catherine, alors spécialisé en films pornos. Nous étions morts de rire de voir à cette porte un mélange rare de jeunes cinéphiles purs et de moins jeunes clients habitués au *soft porn*. Mais la blague ne trompa personne, et les Lefebvre/Demers/Faroun récoltèrent un beau succès.

Ce fut moins drôle quand l'expérience se répéta avec *Entre tu et vous* de Gilles Groulx, en programme *double* à l'Arlequin avec un *porn*, sous le seul prétexte de l'affiche de l'ONF, où un couple nu fait claquer les drapeaux du Québec et d'Esso. Là, Faroun Films tomba carrément dans la publicité trompeuse et la fumisterie. Gilles Groulx, avec raison, n'a jamais pardonné ce flop monumental, prélude à ses immenses difficultés des années 70, dont la censure par l'ONF de *24 heures ou plus*.

Par ailleurs, dans les rêves de production qui zigzaguaient dans les murs de Faroun, circula un jour le projet de Claude Giroux d'une adaptation d'*Histoire d'O*. Je m'essayais alors à la scénarisation (*L'Abitibi rouge et noire* est de cette époque); il me vint donc l'idée de proposer au producteur un synopsis de mon cru pour ce sujet, adaptation dont «grâce à Dieu» je n'ai jamais entendu parler par la suite...

Faudrait-il rougir de le faire lire aujourd'hui? Je ne sais plus. En tout cas, j'aime encore l'avoir conçu comme un brouillon de filmopéra, une esquisse postmoderne avant la lettre, si on me permet de ne pas rougir de cette prétention.

À gauche, *La Presse*, mai 1970. À droite, sortie de *Q-Bec my Love* au cinéma Arlequin, à Montréal

Histoire d'O

Synopsis

Inédit, 1970

Préambule

(Pour une présentation rapide des quatre personnages principaux: O, René, Mr. Brown, Jacqueline, et de leurs relations particulières dans l'histoire.)

O, photographe de mode, commande au mannequin Jacqueline des attitudes d'esclave-déesse sur le thème des prostituées sacrées de l'Antiquité: celle de Babylone, celle de Gomorrhe, puis de Memphis, de Delphes, de Rome, etc. (Plans rapides et diversifiés où, dans la variété des costumes, revient le leitmotiv des colliers, des chaînes, des bracelets.)

O donne ses directives d'une voix sifflante, froide, mais sans colère, presque tendre. Des claquements de fouet marquent chaque ordre nouveau et chaque nouvelle pose. Jacqueline se plie à ce travail avec déférence et volupté.

Très rapidement, la main de O, entre chaque prise de clichés, retouche le maquillage de Jacqueline, redresse une mèche de cheveux, place un collier. Finalement, O, pour la première fois, met la main sur un sein de Jacqueline, qui hésite une fraction de seconde, puis se laisse caresser.

Sans avoir été entendu, René est là, au studio de O, avec Mr. Brown. Il s'adresse à O froidement, lui aussi, mais avec douceur: «Baisse les yeux, O», «Laisse Jacqueline», «Tu ne prendras Jacqueline qu'avec le consentement de Mr. Brown, mon ami, à qui je t'ai donnée...»

Mr. Brown parle à son tour à O, avec les mêmes tonalités de voix, mais avec quelque chose de plus royal et impérieux. Il rappelle à O l'engagement pris au château de Roissy: *O, esclave volontaire et amoureuse, n'obéit qu'aux volontés de ceux qu'elle adore passionnément.*

O, prostrée et heureuse: «Je suis soumise à Roissy et à ses maîtres.»

Première partie
Les amants de Roissy

O est emmenée par son amant René au château de Roissy, pour y être initiée à la joie difficile et privilégiée de l'amour-esclavage.

Scène I

Dans le taxi de Roissy. C'est la fin d'un jour d'automne éblouissant. On sent tout à la fois la splendeur des couleurs (jaune, ocre, rouge brique, terre brûlée) et la froideur solitaire de cette saison unique, unique comme O.

René embrasse furieusement O, la caresse violemment, puis, soudain, prend vis-à-vis d'elle le recul froid de la passion qui veut se maintenir à son plus haut degré. Il commande alors à O de défaire ses jarretelles et sa ceinture, de rouler ses bas au-dessus de ses genoux, d'enlever son slip. Puis: «Il ne faut pas t'asseoir sur ta combinaison et ta jupe, il faut les relever et t'asseoir directement sur la banquette.»

O se soumet à cet étonnant rite pré-initiatique, avec des sursauts de surprise, d'interrogation, de peur. Mais aussi, déjà, avec quelques marques furtives et éphémères de volupté.

Scène II

L'arrivée au château de Roissy. Construction conventionnelle du XVIII⁰ siècle, mais étrange par cela même. Extérieur qui ressemble à du carton-pâte. Jardins de façade où se trouvent çà et là, en bric-à-brac de mauvais goût et de fortune évidente et démonstrative, des statues de prostituées sacrées de l'Antiquité, celles justement qui ont inspiré O pour la scène du préambule. L'intérieur est plus conventionnel encore, mais de cette convention théâtrale qui débouche sur le lyrisme et le fantastique. En effet, chaque pièce est décorée comme une scène d'opéra. Par exemple: le vestibule est un décor de *La flûte enchantée* de Mozart; un salon attenant a été emprunté à une scène de *Manon Lescaut* de Puccini, une autre pièce à *La Traviata* de Verdi, etc. Les serviteurs ont des costumes conformes aux pièces où ils travaillent.

Scène III

René livre O à ses amis. Dans un grand salon zébré de noir et de rouge (décor du 2⁰ acte de *Tosca* de Puccini), René fait asseoir O sur un pouf, puis discute d'elle (ses charmes, ses capacités amoureuses) avec quatre hommes portant des cagoules blanches.

René ceint les yeux de O avec un bandeau noir et lui commande de se mettre nue.

Suit une scène muette où l'on ne voit que la tête de O et celles des hommes qui, tour à tour, prennent la femme deux par deux, un derrière, l'autre devant. Les yeux de O (cachés par le bandeau noir) fixent la caméra. Les têtes des hommes apparaissent de chaque côté, celle de gauche étant de face, celle de droite vue du côté de la nuque.

Enfin la tête de O reste seule dans l'image. Conversation amoureuse avec René (voix off): «Tu m'aimes, O?» «Oui, je t'aime.»

(Durant cette dernière séquence, les sentiments divers de O, répulsion, horreur, d'abord, mais ensuite plaisir et extase, sont exprimés uniquement par les mouvements de sa bouche et le frémissement de ses narines.)

Scène IV

Les nouvelles parures de la prostituée privilégiée. Puisque le premier essai s'est révélé plus que satisfaisant, O a obtenu le rare honneur des premiers bijoux-signes de Roissy.

On commande à des servantes de passer à O un collier, ainsi que des bracelets à chaque bras. Ces bijoux, comme tous les autres qui suivront plus tard, sont faits de cuivre et de fer, et loin d'apparaître comme des symboles ternes et répugnants d'esclavage, ils sont montrés au contraire comme uniques, travaillés et ciselés, avec des dessins sobres mais rares, qui rehaussent les tons fauves et verdâtres du cuivre et ceux, noirs ou rouille, du fer.

Suit une scène d'amour passionné entre René et O.

Scène V

Second privilège: O fouettée. Après avoir été lavée et parfumée, O a été laissée seule dans sa chambre réservée.

Au milieu de la nuit, elle est réveillée par un valet, dont la difformité naturelle a quelque chose d'envoûtant et de ténébreux.

Le valet fouette O, qui gémit, pleure, crie et demande grâce. Le rituel terminé, le valet saisit O encore prostrée et défaite, la prend brutalement, puis la quitte rapidement et sort.

Un peu plus tard, à la fin de sa crise de larmes, on sent O atteindre dans la solitude une extase amoureuse comme elle n'en avait jamais connu.

Scène VI

Le départ de Roissy. À l'aube d'automne qui succède à cette nuit initiatique, René et O prennent leur petit déjeuner dans un coin de la cuisine du château. Scène dont le réalisme inattendu doit contraster avec le baroquisme des précédentes.

O est changée. La femme un peu guindée vue dans le taxi est devenue plus belle, plus vraie. Avec ses cheveux défaits, sa longue robe de chambre, ses yeux un peu fatigués, O est une femme métamorphosée. (Seul rappel qui tranche sur le naturel familier de cette scène: le collier et les bracelets.)

Conversation amoureuse avec René. Son amant a donné O parce qu'il l'aimait. Il l'offrait comme un trésor. O non seulement acquiesce, mais elle aime davantage René pour ce geste d'amour.

René spécifie que Roissy n'est que le commencement du nouveau cheminement de cet amour.

Deuxième partie
Mister Brown

Scène I

Retour de O à Paris. Dans son appartement de l'île Saint-Louis, O est en conversation téléphonique avec René.

Ce dernier exige que O fasse maintenant passer dans sa vie quotidienne (à son appartement, à son travail, durant ses sorties) les leçons de Roissy.

Pour vérifier si O se soumet plus profondément encore qu'au château aux impératifs de sa passion pour elle, René commande dès maintenant à O de poser l'écouteur et de se mettre nue.

La voix amplifiée de l'appareil électronique se fait ensuite entendre dans tout l'appartement, dictant à O (qui obéit sur-le-champ) une révision de sa garde-robe et de ses tiroirs. Elle devra jeter tel genre de robe, prendre note de plutôt acheter telle autre, ne devra plus porter de soutien-gorge, etc.

Scène II

Retour de O à son travail. Courte scène du retour de O à son service de mode d'une agence photographique. On s'étonne que O ait prolongé ses vacances à une époque si chargée de travail, et qu'elle ait tellement changé.

Quelques plans brefs de photos de Jacqueline par O.

Scène III

Rencontre avec Mister Brown. Le grand jour d'honneur est arrivé pour O. René la conduit à l'appartement de son meilleur ami, Mister Brown. René fera à ce dernier le don du corps de O. Honneur double de son amour pour O et de son amitié pour Mr. Brown.

Sous les yeux glacés et vibrants de René, O, plus belle que jamais, est cédée à Mr. Brown. Il la couvre de baisers ardents et précis, puis la fait se dévêtir pour examiner minutieusement les parties de son corps. Mr. Brown apparaît alors comme le passionné tatillon, à la cruauté ennoblie, au sadisme sophistiqué.

Succède une séance rituelle de fouet. Mais O tout à coup se révolte. «Non! plus de fouet!» Elle ne peut le supporter, et l'exprime dans les larmes et les cris. René lui explique alors qu'elle doit le faire au nom de leur amour, bien que la passion de O, à partir de maintenant, devra être orientée totalement sur Mr. Brown. René donne O à Mr. Brown, et ce dernier dorénavant sera son seul maître. O consent enfin à être fouettée, et accepte aussi d'être «transférée» à Mr. Brown, par confiance et amour pour René.

Ce consentement délivré («librement», spécifie Mr. Brown), O subit alors une scène d'outrages et d'humiliations de René pour ses moments de faiblesse. Mais elle a compris: elle se trouve heureuse de compter assez pour René pour qu'il prenne plaisir à l'outrager, comme les croyants remercient Dieu de les abaisser.

Scène IV

À l'Opéra de Paris. Séquence «fantastique» sans dialogue. Dans une loge, Mr. Brown, accompagné de O dans une éblouissante tenue de soirée. René est un peu en retrait.

Sur scène, c'est le moment de la mort de Cio-Cio-San, dans *Madama Butterfly* de Puccini. On ne voit d'abord que la tête de la cantatrice. Mais on découvre bientôt que, sauf cette tête au maquillage et à la coiffure soignés, *le corps de la cantatrice est entièrement nu.* La prima donna fait ainsi sa scène de la mort de Butterfly, hara-kiri au sabre qui couvre son corps de sang. Le rideau tombe. Applaudissements nourris.

Sur les dernières mesures de l'opéra, retour rapide sur le groupe de la loge de Mr. Brown. On découvre O toute nue elle aussi, assise au même endroit. Il ne lui reste, pour tout «vêtement», que son maquillage et sa coiffure!

Les applaudissements continuent de plus belle.

Scène V

Au studio de photographie. Cette scène commence par les derniers moments du préambule.

Puis enchaîné sur cette scène. O commande à Jacqueline de rentrer chez elle.

Seule avec René et Mr. Brown, O se voit accorder la permission de prendre dorénavant Jacqueline, à condition toutefois qu'elle la convainque progressivement d'être amenée à Roissy à son tour. O consent.

Scène VI

L'appartement de O. Jacqueline est venue chez O. Scène d'amour, où l'on sent surtout que O domine Jacqueline de la façon qu'elle-même est dominée par Mr. Brown et René.

Pendant cette scène, commentaire off de O qui, contrairement à ce qu'elle a déjà promis, se jure de ne pas révéler l'existence de Roissy à Jacqueline, ni de s'empêcher de prendre possession complète d'elle. Il faut que Jacqueline appartienne à O seule.

Scène VII

L'appartement de Mr. Brown. Scène qui se déroule sur le second commentaire off de O.

O a compris que René s'est détaché d'elle presque tout à fait, puisque par ailleurs il s'est épris à son tour de Jacqueline.

D'autre part, la soumission aveugle et heureuse de René à Mr. Brown l'a conduit à accepter tout désir et toute volonté de Mr. Brown. C'est ainsi que, s'il ne cède pas à son tour à M. Brown, qui n'aime que les femmes, il se laisse prendre par un ami de Brown, et ceci, sous les yeux mêmes de Brown.

Scène VIII

Le déjeuner à Saint-Cloud, au bord de la Seine. O, Mr. Brown et René.

La possession exclusive de Jacqueline par O n'aura pas réussi. Mr. Brown annonce d'abord à O deux choses nouvelles: 1. Dorénavant, O ne prendra plus Jacqueline que sous ses yeux, comme René d'ailleurs; 2. Jacqueline sera conduite à Roissy dès la fin de l'été, à la suite de leurs vacances à tous sur la Côte d'Azur. La petite sœur de Jacqueline les accompagnera pour ces vacances.

Enfin, et surtout, Mr. Brown annonce pour après la consécration suprême de O. O veut savoir tout de suite, mais le secret lui est réservé.

Troisième partie
La Côte d'Azur

Scène I

La petite sœur de Jacqueline. Par un après-midi de soleil cru et vibrant, les vacanciers somnolent ici et là dans la luxueuse villa. Mr. Brown et René dans un grand salon, Jacqueline et O dans une chambre.

O se lève à un moment donné pour aller se baigner pendant que Jacqueline continue de dormir. Sur le seuil de la terrasse brûlante, elle croise la petite sœur de Jacqueline. La petite sœur examine O avec intensité, puis s'approche d'elle avec gravité, sensuellement, dans un mouvement de calcul passionné. Elle déclare enfin à O: «Je voudrais, moi aussi, être aimée comme Jacqueline! Tu n'as pas le droit de ne pas me donner ce que tu offres si souvent à ma sœur...»

O, quelque peu estomaquée, parvient cependant à ne pas broncher et à garder le silence, jusqu'à ce que l'enfant disparaisse.

Bouleversée, O revient à la villa, pour tomber sur Mr. Brown, qui a été témoin de la scène. Il dit simplement à O: «Pas maintenant. Elle ne devra être touchée ici par personne. Elle sera emmenée à Roissy dans toute sa pureté!»

Scène II

Le jardin de la villa. Scène sans dialogue. Dans son coin secret du jardin, la petite sœur de Jacqueline vient se réfugier, le visage encore frémissant et buté.

Puis, dans une atmosphère enfantine où s'allient étrangement l'innocence et la perversité, elle construit son jeu de poupées.

Il y en a quatre, qu'elle sort d'une boîte: la poupée Mr. Brown, la poupée O, celles de Jacqueline et de René. Lentement, rituellement, elle les déshabille une à une, et on se rend compte qu'il s'agit de ces nouveaux jouets que sont les poupées avec sexes. Une fois les poupées nues, la petite fille s'amuse à leur faire faire différents gestes et actes sexuels, alternant les rencontres et les couples: Mr. Brown-O, O-Jacqueline, O-René, René-Jacqueline, etc.

Ce jeu muet, conduit par l'enfant comme une bizarre séance de marionnettes, est soutenu du contrepoint de la *Symphonie des jouets* de Haydn, afin d'en accentuer davantage l'innocence ambiguë.

Quatrième partie
Anne-Marie et les anneaux

Scène I

Le Temple d'Anne-Marie. Quelque temps après les vacances sur la Côte. René a maintenant définitivement abandonné O pour Jacqueline.

Le moment de la grande consécration de O est arrivé. Dans une superbe limousine, Mr. Brown conduit O à la maison d'Anne-Marie, située en banlieue à la manière de Roissy.

Anne-Marie et sa maison se ressemblent par leur étrangeté, comme une prêtresse et son Temple, bric-à-brac de cartomancienne et de voyante.

Mr. Brown explique à O qu'il la livre pour quelques jours à Anne-Marie, qui va la préparer à recevoir les fers et les marques de son unique maître; qu'ensuite, ainsi parée pour toujours de l'empreinte de son appartenance absolue à Brown, elle sera montrée à une grande fête donnée en son honneur, puis partagée comme un précieux bijou.

Par ce dernier rituel, O est consacrée déesse et possession de l'Amour.

Scène II

La Fête de la nouvelle O. O est conduite solennellement à la terrasse d'un nouveau château (celui d'un ami de Mr. Brown), où se déroule, de nuit, la consécration de O.

O est complètement nue. Elle porte toujours le collier et les bracelets de Roissy, mais de plus, sur son sexe, une plaque de cuivre gravée aux armes de Mr. Brown, où sont accrochées des chaînes. Deux de ces chaînes enserrent la taille de O et sont soudées ensemble au haut de ses fesses, sur lesquelles d'ailleurs ont été marquées au fer rouge les initiales du maître: MB.

Une troisième et dernière chaîne, beaucoup plus longue, est attachée au sexe de O pour servir de laisse.

Ce soir, la laisse est tenue par un enfant nègre, chargé de conduire O de la limousine jusqu'à la terrasse, au milieu d'une vingtaine d'invités. L'enfant noir est nu lui aussi, triste et impassible. Esclave de la déesse O, il apparaît, dans toute sa nudité, comme l'esclave de l'esclave.

À côté de la noirceur bleutée de l'enfant, le corps de O brille comme un reflet lunaire, et ses fers luisent comme des pierres précieuses. On ne voit ni la tête ni la coiffure de O. À la place, un masque entier de chouette, où transperce seulement le frisson des yeux et des lèvres. (Scène dont la solennité para-religieuse peut être soulignée par le contrepoint mathématique et lyrique du célèbre *Canon* de Pachelbel.)

Quelques scènes de la Fête. Pendant que les invités s'amusent, O est installée sur une sorte de trépied. Mr. Brown la fait contempler ou examiner par ses invités.

À la fin de la Fête, les invités partis, Mr. Brown conduit son ami à O et débarrasse O de son collier, de ses bracelets, de ses fers. Puis les deux hommes la prennent en même temps, pendant que l'on ne voit que la tête de chouette qui se balance sous la lune, oiseau sacré d'amour et de ténèbres, sphinx contemporain énigmatique et mortel.

Cinquième partie
Mort de O

Quelque temps après, à la suite d'un retour à Roissy, Mr. Brown abandonne O.

Comme elle ne pourra y survivre, O demande à Mr. Brown la permission de mourir. Il y consent.

Dans son appartement de l'île Saint-Louis, O, complètement nue, s'ouvre les veines, tandis que résonnent les dernières mesures de *Madama Butterfly*.

SÉQUENCE 6

«Un marxiste tout droit sorti de *Séquences*»

L'expression est de Jean-Pierre Tadros, de *Cinéma-Québec*, alors rivale de *Champ libre*. Tadros dit aujourd'hui parfois regretter ce «bon temps» des débats des années 70, où la polémique étincelait, quelques bonnes insultes au travers comme il se doit.

Je n'ai jamais compris comment un marxiste aurait pu véritablement germer dans *Séquences*. C'est une impossibilité idéologico-historique. Néanmoins, l'expression de Tadros, par son panache, avait l'avantage de mettre à jour la dialectique rouge et noire de la nouvelle mouvance post-68 en critique de cinéma au Québec. En fait, tous les intellectuels québécois de la Révolution tranquille, puis de la Grande Révolution Culturelle Prolétarienne Québécoise (la GRC-PQ), étaient passés chez les curés, dans le système «Clerc». Difficile d'en être autrement, mais de là à attribuer la paternité du «m l isme» aux curés...

Plusieurs de nos textes de l'époque étaient noyés dans la signature du «collectif», voire dans la non-signature de l'anonymat. Voici mon petit florilège d'époque:

1) Extraits de la «Présentation» du Denys Arcand du Conseil québécois pour la diffusion du cinéma (paix aux cendres de ce texte!);
2) La conclusion d'un texte prévu pour *L'Herne,* par le «collectif de la revue *Champ libre*», en fait rédigé par Gilbert Maggi et moi, et resté inédit;
3) La conclusion, en traduction américaine, d'un texte de *Champ libre 1* (cosigné par Gilbert Maggi), publié dans la

revue new-yorkaise *Cineaste* (on peut être insulté à Montréal, mais choyé à New York!);

4) Un de mes articles culturels du journal *En lutte!*, sur *Les Plouffe*, une perle du genre «m-l», ce qui ne veut pas dire sans valeur aucune;

5) Enfin, un texte de «distanciation critique» sur *Champ libre*, typique des retours réflexifs des années 80.

Beaucoup d'ex-militants ont répudié nos années maos, les ont stigmatisées d'aberration ou de folie collective. Ce jugement contient autant de radicalisme que son envers, la certitude des grands soirs. Ces années n'ont pas été moins contradictoires que d'autres, quoique bien juvéniles et excessives.

L'important, je crois, est de regarder ces contradictions à froid et d'y apprendre, patiemment, à en vivre la *cohabitation*, comme toute sa vie Pasolini a lutté pour le faire, après Stendhal et Benjamin, et tant d'autres marxistes «anti-marxistes», tant d'autres voués à la coexistence du rouge *et* du noir.

Réal La Rochelle en apprentissage au Vidéographe, en 1971. Photo : Marc Degryse

Denys Arcand

Conseil québécois pour la diffusion du cinéma,
Denys Arcand, «Cinéastes du Québec 8», octobre 1971

(...)

Ces deux courts métrages [*Champlain* et *Les Montréalistes*] font donc faire un pas important à la démystification des origines du Québec ou du Bas-Canada. Ils situent, dans sa ligne générale, l'articulation de l'héroïsme et du mysticisme évangélisateur canadien-français dans ses rapports contradictoires avec les visées économico-politiques colonisatrices, qui non seulement soutiennent ces mouvements, mais les font servir à leur action essentielle. Malgré ce gain, cependant, il faut encore questionner la forme de ces deux films d'Arcand pour savoir s'ils sont toujours cohérents avec son propos démystificateur, propos au demeurant d'un intellectuel-historien. L'analyse de ces formes révèle en fait un autre des paradoxes du cinéaste. Car son propos fondamental, iconoclaste et satiriquement ravageur, reste malgré tout enfermé dans un discours filmique qui emprunte beaucoup d'images et de sons à l'idéologie qu'il veut déconstruire (voir, par exemple, dans *Champlain*, le rapport érotique entre Champlain et une Indienne, signalé par une succession racoleuse d'images de femmes; ou encore le rapprochement non significatif du Champlain de «notre» histoire avec l'utilisation commerciale actuelle de ce nom, rapprochement humoristique sans plus; voir aussi, dans *Les Montréalistes*, l'exposé du sadomasochisme des religieuses fondatrices donné dans des formes dont le caractère fantastique épouse jusqu'à un certain point le contenu du propos, etc.).

Il y a, dans cette façon de faire d'Arcand, une problématique non résolue entre un cinéma didactique/document d'histoire et un cinéma individualiste, un cinéma d'*auteur* où la personnalité du réalisateur se manifeste, en particulier par l'humour et le lyrisme, cinéma où, toutes proportions gardées, nous retrouvons quelques traits propres à la démarche de Bunuel. Cette problématique des courts métrages d'Arcand à l'O.N.F., nous la retrouvons aussi dans ses deux longs métrages onéfiens, *On est au coton* et *Duplessis est encore en vie* [titre de travail pour *Québec: Duplessis et après*].

On est au coton, document sur la situation des ouvriers dans l'industrie du textile au Québec, est un long métrage officiellement occulté par l'Office national du film du Canada. Cet acte de «censure», inédit et symptomatique, pour ne pas dire *symbolique*, a déjà été abondamment décrit et commenté dans la presse québécoise durant l'été 1971.

(...)

Pour la première fois pratiquement au Québec, une production cinématographique utilise une grille de classes sociales pour décrire les rapports de force entre les ouvriers, les petits «boss» et les grands de l'industrie du textile au Québec. De plus, *On est au coton* souligne, par les soins en particulier du «professeur» Claude Lemelin (journaliste économique au *Devoir*), la composition interne du conglomérat auquel sont liées les compagnies du textile au Québec. Enfin, surtout, ce long métrage donne abondamment la parole aux ouvriers eux-mêmes, qui commentent et expliquent la situation telle qu'ils la voient et la vivent.

Ce film est donc un produit assez percutant, pour notre milieu, d'information concrète sur la condition ouvrière dans le textile, sur les luttes syndicales qui y ont cours, ainsi que sur les mécanismes qui fondent les rapports de classes dans un pareil système économique; dans ce sens, *On est au coton* répond au rôle du film-constat. Par ailleurs, le film construit, à partir de cette information, une esquisse didactique du système économique dans lequel sont enfermés ouvriers et syndicalistes; à ce niveau, le film s'ouvre sur une fonction politique, fonction qui se définit par une connaissance clarifiée des faits pouvant conduire les ouvriers à une action de réforme et de changement de ce système. Reste à savoir si cette ouverture est suffisante pour transformer le constat en programme d'action politique.

C'est ici que ressurgit la problématique déjà mentionnée. En fait, le long métrage *On est au coton*, de par sa forme filmique même, ne va pas au-delà du constat et ne se transforme pas en outil d'action politique. D'une part, il ne transcrit pas cinématographiquement les schémas d'action politique inhérents à la condition des ouvriers montrés dans le film; d'autre part, la structure d'ensemble du film est faite de telle sorte qu'elle organise l'information et le document sur la condition ouvrière dans le textile dans une coulée lyrico-tragique, qui fait que, en définitive, le matériau de base est «vu» et «reflété» plutôt par une vision individualiste d'artiste que par une analyse jusqu'au bout rigoureuse des faits et des revendications de la condition ouvrière.

Cette structuration du film en tragédie est particulièrement sensible dans le dernier tiers du film, où le réalisateur privilégie la vision désespérée d'une jeune ouvrière (et donne par ce «privilège» la tonalité de synthèse de tout le film); elle est sensible aussi dans les nombreux intertitres qui ponctuent le déroulement du document, formés de paroles marcusiennes hors contexte dont le sens ici est ambigu, ambiguïté qui se répercute logiquement sur l'organisation d'ensemble du film.

Somme toute, *On est au coton* (comme film en soi et comme film interdit) est un produit paradoxal, farci de contradictions qui peuvent être pleines d'enseignements: il est un film-recherche sur la condition ouvrière du textile au Québec, mais non organisé formellement au moyen des ressources internes de ce milieu; il est un document économico-politique de constat, mais il enferme ce constat dans un schéma de dramatisation (incompatible avec les faits et avec la recherche objective elle-même).

(...)

Le *Duplessis* d'Arcand glisse facilement dans l'ambiguïté et sa lecture n'en est pas aisée. D'autre part la structure même de ce film, comme celle de *On est au coton* (et comme celle aussi de *Champlain* et des *Montréalistes*), de par son organisation en schèmes de dramatisation satirico-tragique, se prête mal à une fonction didactique, dans le sens dynamique du terme, c'est-à-dire comme instrument rigoureux d'information et d'analyse de la réalité socio-politique du Québec; comme instrument, en définitive, de formation pour une action de renouvellement.

Paradoxe, encore une fois, d'un cinéma didactique qui se veut encore trop contemplatif (cette contemplation fût-elle cynique et nihiliste); paradoxe d'un cinéma onéfien qui donne des instruments de recherche (capitaux, moyens techniques, etc.), mais ne permet pas que cette recherche révèle du nouveau, c'est-à-dire souvent du révolutionnaire.

(...)

Conclusion pour la revue *L'Herne*

Inédit, mai 1973, signé «Collectif de la revue *Champ libre*»

(...)

L'ONF, qui, en 1970, avait permis à de jeunes réalisateurs de faire leur premier film (en créant la section «premières œuvres» sous la direction de Jean Pierre Lefebvre, section vite abandonnée), devait se lancer dans une opération de distribution de prestige: *Mon oncle Antoine* de Claude Jutra, qui glanait huit prix au Festival de Toronto. La contradiction nationalisme (à l'œuvre dans le film mais savamment dilué)/fédéralisme s'estompait devant le prestige de l'œuvre saluée même par la critique américaine comme un chef-d'œuvre. La profusion de comédies nationalistes (*Tiens-toi bien après les oreilles à papa, Le petit vient vite, J'ai mon voyage...*), de drames historiques (*Quelques arpents de neige, La conquête...*) et autres, films produits avec l'aide d'organismes fédéraux, montre bien que la contradiction principale ne se situe pas à ce niveau, et il n'est pas surprenant de voir que les seuls films à s'attirer les foudres de la censure onéfienne sont ceux qui contestent le système capitaliste, qui montrent l'exploitation dont sont victimes les ouvriers ainsi que la lutte de classes. À la suite de l'affaire *On est au coton* et avant même l'interdiction puis le boycottage du dernier film de Gilles Groulx *24 heures ou plus*, le commissaire en chef de l'ONF, M. Sidney Newman, déclarait dans le *Toronto Star* (23 décembre 1972) que «le travail de l'ONF est de promouvoir l'unité canadienne et de défendre le système économique qui est en place, le capitalisme».

Le cinéma qui se met réellement au service de la classe ouvrière, qui montre ses luttes, qui dévoile les mécanismes de l'exploitation capitaliste, ce cinéma n'a eu jusqu'ici que peu de représentants. Après la censure de *On est au coton*, il est certain qu'il ne pourra se développer au sein de l'ONF, malgré quelques tentatives limitées comme celles de Maurice Bulbulian (*Dans nos forêts, Les mines*). De leur côté, les compagnies indépendantes (Les Cinéastes associés) ou les coopératives (Coopérative de Production AudioVisuelle) semblent plus se préoccuper d'un cinéma de recherche et d'expression personnelles. Le film d'Arthur Lamothe, *Le mépris n'aura qu'un temps*, produit par une centrale syndicale (la CSN), n'évite pas toujours les pièges de la dramatisation et de la sensiblerie. Il semble de plus en plus, vu la formation de comités d'action politique, de groupes d'intellectuels travaillant à la base avec les ouvriers, vu aussi l'accentuation des conflits (grèves, fermetures ou transferts d'usines et conséquemment mises à pied massives), que c'est au sein de ces groupes-là qu'un cinéma militant peut se développer. Des vidéos et des films 16 mm commencent déjà à être montés et diffusés parmi les travailleurs. C'est ce cinéma qui pourra donner une image juste de la réalité de classes au Québec et des luttes qui sont menées, et son rôle ne se contentera pas d'être un reflet mais un moyen d'action réel au service des classes laborieuses.

«The Real Quebec Political Cinema»

«Political Situation of Quebec Cinema»,
Cineaste, vol. V, n° 3, Summer 1972

(...)

The Quebec cinema, to be an authentic instrument of reflection and political action, must pass beyond the neo-colonialist forms of the Hollywood consumer film and the *auteur* film. Furthermore, if it organizes itself into a national cinema of conscience and statement of fact, it must also aim at going beyond this level and becoming itself action.

It can hardly be otherwise, if one realizes that the cinema is an audio-visual object that functions as part of the system. This system works through Hollywood by its imposition of the ideology of the capitalist owner minority on the masses of consumer-viewers; in the *auteur* film by the transmission of lyricism and the individualist tragedy symbolic of the abstract universal to a bourgeois elite.

Our Quebec cinema, if it wants to be the conscience and dynamic of our national liberation, must consequently leave behind these forms and substitute for them a cinema of which all the stages are controlled by and at the service of the community, at the production stage as much as at the essential one of free distribution, particularly the utilization of films with educational goals and not intended merely for consumption. These are the minimum conditions for the emergence of a real Quebec political cinema.

Les Plouffe

Pourquoi tout ce tapage publicitaire autour de ce film?

Non signé, *En lutte!*, n° 250, 12-19 mai 1981

Jamais un film au Québec et au Canada n'aura coûté aussi cher, autour de 5 millions; et pour le voir, ce film, jamais la publicité n'aura autant essayé de convaincre les spectateurs de donner au guichet le plus haut prix jamais demandé: 7,50 $ à Montréal en soirée! En fait, rien que le budget de mise en marché des *Plouffe* (publicité, premières luxueuses à Québec et Montréal, etc.), évalué à près de 200 000 $, représente au-delà de 50 000 $ de plus que tout le budget d'un film comme *Histoire de femmes*! Qu'est-ce donc qui a pu convaincre les institutions gouvernementales d'Ottawa et de Québec, International Cinema Corporation (ICC), Alcan et Famous Players à mettre tant d'argent dans une superproduction québécoise et au surplus en adaptant le roman d'un réactionnaire comme Roger Lemelin, éditeur de *La Presse* et serviteur de Power Corporation?

Une partie du cinéma québécois et canadien de long métrage commercial, pour essayer de concurrencer les monopoles internationaux, principalement américains, essaie de plus en plus de s'allier à ces monopoles et de produire selon leurs standards. Ainsi, certains producteurs québécois tournent depuis quelques années directement en anglais des sujets «à l'américaine», dits «internationaux», et vont jusqu'à les faire distribuer par des majors d'abord aux USA, puis ensuite au Canada et ailleurs dans le monde; exemple: *Scanners*, film d'horreur actuellement à l'affiche.

Si on veut faire un peu plus québécois que *Scanners* ou *City on Fire*, mais tout en restant dans les mêmes patterns de production et de distribution, on va alors prendre un sujet québécois de prestige comme *Les Plouffe*, déjà connu au Québec et au Canada par le roman et par la série télévisée de Radio-Canada/CBC, et qu'on juge être capable d'avoir de l'impact à l'échelle internationale.

Ce modèle de production cinématographique, c'est le privilégié des politiques d'État au Canada, surtout au fédéral, mais aussi, bien que dans une moindre mesure, de l'État québécois par le biais de l'Institut québécois du cinéma. Ainsi, pour Michel Vennat, président de la Société de développement de l'industrie cinématographique canadienne (SDICC), *Les Plouffe* est un exemple de ce qui devrait devenir la norme à l'avenir, en visant à la fois les salles au Québec, au Canada et dans le monde, ainsi que les télévisions de divers pays. Le tournage des *Plouffe* a été fait pour répondre à tous ces canaux de diffusion. Son producteur québécois, Denis Héroux, de la maison ICC, est d'ailleurs à préparer un autre film de prestige sur la vie de Norman Bethune, selon les mêmes critères de rentabilité.

Le portrait d'une famille québécoise?

Le film *Les Plouffe* trace le portrait d'une famille ouvrière au début de la Deuxième Guerre mondiale, dans le cadre de la résistance des Québécois à la conscription. Cette famille québécoise va traverser ces quelques années cruciales en manifestant contre la religion protestante, les souverains britanniques et en s'opposant à la conscription du fédéral; sur le plan individuel, les enfants Plouffe réussiront à fonder des familles, sauf Cécile, malheureuse en amour, et Guillaume qui en tant que soldat conscrit, deviendra «tueur d'hommes». Ce dernier fait sera le choc qui fera sortir la mère Joséphine de son innocence, alors que son mari, le vieux lion nationaliste Théophile, est déjà mort, écroulé comme un ancien monument.

L'original de ce portrait, le roman, marquait une rupture par rapport aux sujets ruraux du Québec, en traçant la description d'une famille ouvrière urbaine. D'un coup, devant la toile de fond de l'industrie de guerre, se trouve au premier plan de la littérature un grand morceau de la nouvelle réalité du peuple québécois. Dans les années 50, ce portrait prendra sa place sur les écrans de télévision du Québec et du Canada (le premier téléroman québécois en version anglaise), confirmant la place objective des ouvriers dans la culture. Mais que fait Roger Lemelin de ce phénomène?

Le roman offre une description méprisante et cynique de la classe ouvrière du Québec, principalement préoccupée à se tirer d'affaire par des solutions individuelles. On y montre les Canadiens français comme des naïfs facilement séduits par les belles parades, les processions, les cirques et les confettis; un peuple dont la défense des droits nationaux (sans nuance aucune) n'est que de l'anglophobie maladive, du racisme et du fascisme, par exemple à travers le personnage de Théophile, le père. Ce même bonhomme est d'ailleurs sexiste à souhait, disant «qu'un bon bicycle de course vaut mieux qu'une femme», alors que sa propre femme, Joséphine, n'a d'intérêt pour rien, ni les gens ni les livres, «excepté ses couteaux et ses fourchettes», et elle admire ses enfants quand ils s'habillent comme des gentlemen et parlent comme un boss.

Sans compter que devant la conscription, et devant un cardinal Villeneuve qui ordonne d'accepter l'armée au nom du combat antifasciste en Europe, le peuple de Québec, «ces atterrés de la populace» et ces «effrayés», ne savent faire mieux que se résigner au désastre et au désespoir, sauf «quelques apôtres farouches qui, les poings serrés, se préparaient à la lutte pour "la race"».

Il y a peu d'exemples au Québec de romans aussi nettement anti-ouvriers que celui de Lemelin, et aussi faussement populaires. Ainsi, la carrière de Lemelin, depuis *Au pied de la pente douce*, son premier roman, mais ensuite et surtout avec *Les Plouffe*, se sera donc faite sur le dos et au détriment des ouvriers du Québec.

Le film actuel ne reproduit pas cette dimension cynique du roman. Il se contente de conserver le pittoresque, le comique naïf des membres de la famille Plouffe et de son entourage social, avec des couleurs nationalistes plus conformes au Québec péquiste d'aujourd'hui.

Malgré cela, ces ouvriers n'en continuent pas moins de rêver de sortir de leur milieu. Guillaume se voit offrir la possibilité de faire du base-ball pour les *Reds* de Cincinnati, Ovide souhaite un milieu culturel comme celui de Paris, etc.

Bref, rien dans le film qui fasse le moindrement mention qu'en 1939, il y avait près de 20 % de chômage au Québec; que la reprise économique de 1939 à 1941 fut celle de l'industrie de guerre et du gel des salaires; que le mouvement anticonscription, malgré ce qu'il pouvait compter de nationalisme étroit, n'en représentait pas moins une résistance obstinée du peuple québécois à la guerre. Au plébiscite d'avril 1942 pour le service militaire obligatoire, les Québécois répondent «non» à 72 %. Enfin le film (pas plus que le roman) ne parle jamais des conditions de travail et de vie des ouvriers, ni de leur point de vue.

Dans cette histoire, il n'y a que le personnage de Denis Boucher qui s'en sort, par habileté et opportunisme. Roger Lemelin le décrivait ainsi dans le roman: «Il visait plus haut... Les siens ne l'appréciaient pas? Il lui restait les étrangers, et, pour les intéresser, il brandissait les armes qu'il avait sous la main: le pittoresque des Québécois.»

N'est-ce pas au fond ce qu'a fait le roman, et maintenant ce que veut faire le film *Les Plouffe*: vendre sur le marché international le pittoresque des Québécois?

L'expérience de la revue
Champ libre

Cinémathèque québécoise, *Le cinéma: théorie et discours. Actes du Colloque de l'Association québécoise des études cinématographiques*, *Dossiers*, n° 12, 1984

En préparant cette intervention sur l'histoire de *Champ libre*, j'ai redécouvert que, en 1972, je m'étais fait critiquer d'avoir des positions «tiers-mondistes» plutôt que marxistes-léninistes; que j'avais parlé (avec Gilbert Maggi) de la situation politique du cinéma québécois, et du cinéma québécois tout court, en me contentant «de pleurer sur mon sort et sur celui du monde et de "rêver" à la société idéale, utopique à laquelle j'aspirais»! Qui plus est, mon texte *s'avouait* d'emblée sur des positions tiers-mondistes.

Cette critique venait de *Champ libre* même (n° 3, p. 17), à peine un an après que le directeur de *Cinéma-Québec*, de son côté, m'étiquetait plutôt, comme d'autres, de «marxiste sorti de *Séquences*»!

Cette anecdote montre que, vu sous un certain angle, le marxisme (théorique et pratique) de *Champ libre* a toujours paru net, entier, monolithique. Cependant, à y regarder de plus près et avec le recul, on peut noter que l'expérience de *Champ libre* a subi en deux ans des transformations importantes, des remue-ménage en profondeur.

Aujourd'hui, le mouvement marxiste-léniniste est enterré. Et plus encore, puisque récemment dans *Spirale* (octobre 1983), Gordon Lefebvre note au Québec à la fois «le décrochage du péquisme triomphant et du marxisme-léninisme orphelin de Mao: la vision est la même, ou le produit du même éloignement. Elle est crépusculaire et conduit à la liquidation.»

Y aurait-il un rapport entre l'essoufflement du politique et du cinéma au Québec? Tel n'était pas toutefois le cas au début des années 70, et *Champ libre* apparaît au moment où le cinéma québécois politique connaît sa période la plus productive. C'est sous cet éclairage qu'il peut être intéressant de décrire brièvement l'expérience théorique et critique de *Champ libre*, de même que sa place dans la pratique cinématographique au Québec.

Je ne donne qu'une esquisse, bien sûr, puisqu'il faudra un jour, de tout ce mouvement politique/culturel qui s'étend sur plus de dix ans et dans lequel *Champ libre* s'inscrit, faire une étude plus systématique.

Champ libre voulut d'abord s'appeler *Cinéma-Québec* et «remplir le vide laissé par la fin d'*Objectif* en 1967» (n° 1, p. 7). Deux premiers numéros parurent en juillet et décembre 1971 chez Hurtubise/HMH, dans la collection «Les Cahiers du Québec». En novembre 1972 un troisième numéro, puis un quatrième, le dernier, au printemps 1973. Ces deux dernières livraisons furent publiées par et avec le C.I.P. (Comité d'information politique; fondé en 1969, devint plus tard le Cinéma d'information politique).

Bien qu'on lui ait souvent reproché d'être inaccessible aux ouvriers et aux prolétaires, *Champ libre* n'a jamais caché sa composition de «petits-bourgeois progressistes», ni sa destination aux intellectuels petits-bourgeois (cinéastes, cinéphiles, étudiants, animateurs, professeurs), surtout les progressistes et les militants qui tentaient de se lier aux travailleurs, de rejoindre par la lutte idéologique certaines couches de travailleurs (n° 3, p. 6, 8).

Rappelons les objectifs de base de *Champ libre* à ses débuts:

1. Prendre la mesure d'un certain nombre de films, faire connaître ces films essentiels souvent occultés par la distribution.
2. Faire participer la critique québécoise aux efforts récents pour constituer une théorie et une pédagogie du cinéma, et en particulier pour mettre en lumière le caractère idéologique des films et leur rôle politique.
3. Analyser, éventuellement dénoncer tous les rouages de l'organisation du cinéma, «instrument et miroir par excellence de la domination économique et culturelle»; par voie de conséquence, «rapprocher notre combat de celui des jeunes cinémas révolutionnaires avec lesquels notre situation au Québec nous met en contact d'une façon privilégiée» (n° 1, p. 7, 9).

Ainsi, une des caractéristiques fondamentales de *Champ libre* fut-elle de rechercher constamment une articulation entre théorie cinématographique et pratique (critique, pédagogique, de diffusion et d'animation de films, de production). Il en est résulté, pour l'essentiel, la recherche effrénée et tendue de deux éléments-clés:

a) la nécessité d'*une ligne politique et idéologique globale de commandement* (orientation et direction);

b) la prise en charge du cinéma, du film comme *outil* de conscientisation, de son rôle idéologique *instrumental.*

Ces deux axes, au point de départ enrichissants et constructifs,
deviendront rapidement les facteurs de base de la réduction du rôle de
Champ libre, éventuellement de sa liquidation.

Faut-il voir dans cette évolution négative celle du marxisme-
léninisme lui-même? Faisons un peu de zoom-in.

Les *Champ libre* 1 et 2 empruntent principalement au marxisme,
aux théories de Brecht sur le cinéma surtout, mais aussi à la sémiologie
et aux théories de la communication.

Le numéro 2 précise déjà qu'il faut «une démarche globale
(théorique, politique, idéologique)», que «nous assistons de plus en
plus au Québec à une cristallisation conflictuelle des positions domi-
nation-libération, bourgeoisie-travailleurs, capitalisme-socialisme».
Finalement, «participer à une transformation implique une connaissance exacte des normes au nom desquelles la majorité va effectuer
cette transformation» (n° 2, p. 8, 9).

C'est en fait le numéro 3 qui marque la rupture plus radicale. Un
bilan critique serré de l'année 71 rejette les «préoccupations politiques
floues» antérieures, «l'éclectisme théorique de la revue» pour s'aligner
sur des «positions théoriques justes, véritablement marxistes», la
direction révolutionnaire de la classe ouvrière par un parti marxiste-
léniniste et le travail pour ériger un tel parti. À partir de ces bases, sont
rejetés tour à tour les points de vue subjectivistes, le tiers-mondisme
sans distinction de classe, l'idéologie nationaliste et toutes «les séquelles
déguisées d'un arrière-fond non critiqué d'anti-colonialisme culturel»
(p. 11-15).

Un des termes de ce raisonnement, on s'en doute, c'est le rôle
assigné au film, au cinéma québécois. «Un film n'exprime jamais *directement* une réalité donnée... mais un point de vue *de classe* sur cette
réalité. Quel point de vue (de classe) de la réalité le cinéma dit
"québécois" exprime-t-il? Voilà la question *politique* à poser au cinéma
"québécois" (la question de Lénine à Tolstoï). Quel film québécois
jusqu'ici a exprimé le point de vue de la classe ouvrière? Assurément la
liste n'est pas longue.»

Nous trouvons là, je crois, le fondement théorique de la réduction du cinéma à un rôle instrumental, outil au service d'une ligne politique, ainsi que du nouveau rôle que s'assigne le collectif *Champ
libre/CIP*, «d'agir maintenant *prioritairement* au niveau des groupes de

travailleurs et militants... et *secondairement* au niveau des intellectuels progressistes et étudiants» (p. 22).

Pas étonnant alors que le numéro 4 de *Champ libre*, «on l'ait voulu *délibérément utilitaire*». «La critique... vise en définitive à servir d'instrument d'analyse au service, d'une part, de pratiques de diffusion de films militants, d'autre part, de productions filmiques qui servent aux luttes des travailleurs parce qu'elles reflètent leur point de vue sur ces luttes. Une critique qui n'est pas relayée par des pratiques concrètes de lutte est toujours idéaliste et politiquement erronée.» (p. 17)

De plus, le numéro 4, qui se construit en catalogue de films pouvant servir à la conscientisation politique et en instrument de formation théorique marxiste-léniniste, est-il ainsi obligé d'aboutir à la constatation d'un *vide*, «celui de l'inexistence de films servant ouvertement les intérêts de la classe ouvrière et des couches sociales exploitées» (p. 21). Devant une telle analyse, il sera logique que le travail d'une revue de cinéma devienne caduc et que les membres se réalignent pour le travail militant politique et la production/diffusion de films de propagande.

Cette analyse, ou ce reproche aux films de n'être pas sur des positions révolutionnaires marxistes-léninistes a conduit à deux conséquences de taille:

— l'écrasement radical et sectaire du cinéma québécois politique et progressiste;
— le rejet ou la mise de côté de plusieurs tendances ou thèmes dans les cinémas québécois et étrangers progressistes.

Déjà dans le premier numéro, c'est *Le mépris n'aura qu'un temps* qui subira l'autopsie. «La démarche du film, y est-il expliqué, a négligé de rendre compte de la lutte de classes, pourtant inscrite dans certains propos de travailleurs, et a relégué au premier plan des préoccupations humanistes qui l'ont masquée... La valeur du *Mépris*..., en définitive, dépend de son utilisation... (Le film) doit être montré, l'importance historique l'exige, mais il faut le prolonger par un débat... C'est donc plus en termes d'utilité qu'il faut le voir.» (p. 74) Ce point de vue se poursuit dans le numéro 2: «...pour être utile à la classe laborieuse, il ne suffit pas...» (p. 86); et jusqu'au numéro 4 dans la fiche du film. D'ailleurs, ce dernier numéro fait le même sort aux *Gars de Lapalme*, ainsi qu'à *Faut aller dans le monde pour le savoir* dont on jauge mal qu'il est un des rares films québécois à l'époque à parler de la Crise d'octobre (*24 heures ou plus* de Groulx étant censuré).

D'autre part, en lançant une de ses productions, le film *On a raison de se révolter*, le *CIP/Champ libre* fera les remarques suivantes:

Il nous semblait important de produire un film sur les luttes ouvrières au Québec susceptible de faire avancer la conscience politique des travailleurs. Les seuls films «politiques» produits jusqu'ici par nos cinéastes québécois défendent soit des vues syndicalistes (*Les gars de Lapalme*), soit des idées péquistes (*La richesse des autres*), humanistes (*Le mépris n'aura qu'un temps*) ou fatalistes (*On est au coton*). Nous voulions donc faire un film qui serve d'outil de propagande...

(*Mobilisation*, février 1974)

Enfin, on remarque mieux aujourd'hui l'absence de souci dans *Champ libre* de courants dans le cinéma comme le féminisme, les droits nationaux, les droits autochtones, les rapports entre le subjectif et le politique... Tout au plus, dans le n° 4, p. 22, est-il fait mention de thèmes à venir sur les luttes en logement/habitation, les luttes des Noirs, des Indiens, la lutte de libération des femmes, «*dans la mesure où ces luttes peuvent être liées à la lutte de la classe ouvrière*» (souligné par *CI*).

Malgré ces défauts et limitations, que peut-on retirer de l'expérience de *Champ libre*?

1. Un souci de lier l'analyse de tous les aspects du phénomène cinéma/films à d'autres activités que la seule pratique de la critique. Par exemple: production, distribution, diffusion/animation, débats.
2 Essayer d'équilibrer l'ensemble de ces activités entre le cinéma québécois progressiste et d'autres cinémas étrangers semblables.
3. Au niveau plus strict de l'analyse:
    a) de tendre à saisir le cinéma et l'audiovisuel par le biais du démontage, comme disait Brecht, de tous les aspects des processus de production;
    b) de chercher constamment à mettre en lumière les contenus idéologiques/politiques des films.

C'est dans son premier numéro que *Champ libre* a le mieux réussi ce programme, dans la mesure où les objectifs et les moyens d'analyse étaient à la fois *progressistes et pluralistes*, et où le champ de recherche était bien centré sur les divers phénomènes de la composante culturelle «cinéma».

Ce sont ces caractéristiques qui se sont rétrécies à partir du numéro 2, au détriment d'une ligne politique plus univoque et de la recherche de films devant servir d'instruments idéologiques de cette ligne politique. On réduisait ainsi la richesse des phénomènes du cinéma, tout en ne gardant de quelques films que leur fonction politique utilitaire.

Ainsi, *Champ libre* a progressivement et radicalement cessé d'analyser les grandes mutations des années 70 dans le cinéma. Par exemple: les effets des achats, aux USA, des «majors» par des conglomérats ayant d'autres intérêts que les seules industries culturelles; de même, toujours aux USA, l'émergence de cinéastes indépendants et le nouveau cinéma américain. En Europe, la montée du nouveau cinéma allemand et la consolidation de la gauche communiste italienne dans le cinéma progressiste. Au Québec, *Champ libre* a omis d'analyser et de suivre la rupture, dans le cinéma, avec l'homogénéité progressiste-nationale des années 60, et l'émergence du contrôle d'État (fédéral/provincial) sur le cinéma commercial, ce qui laissait une marge réduite au cinéma progressiste de diverses allégeances. Dans le même ordre d'idées, la montée de la vidéo légère a été ignorée, comme alternative audiovisuelle, ainsi que l'émergence des diverses coopératives de production dans les principales régions du Canada. Sans compter que *Champ libre*, par ailleurs si dévoué aux intérêts des travailleurs/travailleuses, n'a pas songé à créer des liens avec le syndicalisme du cinéma et de la vidéo.

La «ligne politique» de *Champ libre*, au lieu d'éclairer ces phénomènes, les écartait au contraire au profit d'une activité cinématographique plus strictement propagandiste et utilitaire, et s'éloignait ainsi du rôle que la revue s'était fixé au point de départ, qui avait été bien reçu et jugé utile autant ici qu'à l'étranger.

Aujourd'hui, alors que les débats et l'analyse sont ténus et presque inexistants dans le cinéma et autour de lui, on mesure mieux peut-être le rôle et le poids qu'a pu avoir *Champ libre* dans le bouillonnement des idées, des actions, des films des débuts des années 70.

Bien sûr, on peut se rassurer que *Champ libre* se soit éteint, et aussi *Stratégie*, et après ces revues plus tard le mouvement marxiste avec son dogmatisme, son sectarisme... Mais *Cinéma-Québec* aussi s'est arrêté. Devant ce rappel, je pense encore à l'expression de Gordon Lefebvre de *collapsus général*, dans le même numéro cité de *Spirale* (octobre 1983).

Il est dommage, en tout cas, qu'à cause des limites de *Champ libre* puis de son extinction, certains faits du cinéma au Québec à ce moment-là et après n'aient pas reçu toute l'attention méritée. Je pense aux films de Maurice Bulbulian, au film de Groulx *24 heures ou plus* et à son interdiction, aux films féministes de *Société Nouvelle,* plus tard aux expériences diverses de *Carrefour International,* du *C.I.V.* et du *Vidéographe,* aux films de Lamothe sur les Montagnais, au C.A.C. et aux Rencontres Internationales, à *Une semaine dans la vie de camarades* puis *À vos risques et périls,* aux activités de *Vidéo-femmes,* de *Cinéma Libre,* des *Films du crépuscule,* etc.

Champ libre fut un moment, une forme et une des idéologies de cet ensemble progressiste des années 70, dont il sera utile un jour de faire la synthèse.

SÉQUENCE 7

Denys Arcand

J'ai parfois l'impression que je n'aurai peut-être pas assez du reste de mes jours pour me faire pardonner par Arcand d'avoir écrit en 1971 l'inqualifiable présentation de sa monographie du Conseil québécois pour la diffusion du cinéma.

C'était la période des excès en rouge Pékin. Voilà pourquoi j'ai préféré placer des extraits «significatifs» de ce texte dans le précédent chapitre sur mon état de «marxiste tout droit sorti de *Séquences*».

Le montage que je propose dans ce chapitre-ci provient des années 80, et développe mon toujours profond et sincère enthousiasme pour l'œuvre de ce cinéaste. Dans le texte agit-prop de 1971, il y a néanmoins un embryon de cette position, une toute petite phrase-clé (cachée à l'autocensure staliniste), où j'affirme qu'on retrouve dans «l'humour et le lyrisme [d'Arcand]... quelques traits propres à la démarche de Bunuel». C'était alors une heureuse litote, puisque dans la décennie précédente nous avions défendu le lyrisme agnostique de *Viridiana*, de *Nazarin* et de *L'ange exterminateur* contre toutes les attaques répétées des «cotes morales» des films.

De toute façon, je connaissais Denys Arcand depuis 1960, quand nous avions fait connaissance dans le crypto-désert de l'Université de Montréal. Denys étonnait déjà par son intelligence, certes, mais surtout par ses dithyrambes sonores sur le cinéma, le théâtre, l'opéra, qu'il faisait partager sans compter dans l'écho des corridors. Il me complexait, mais pas plus qu'il ne faut, tout en étant un merveilleux camarade. Un soir au Plateau, nous nous croisons à un concert Mozart mettant en vedette Josef Krips, Léopold Simoneau et Pierrette Alarie. C'était notre première expérience d'un concert *live*. Nous en étions si bouleversés que nous avons fait une sorte de pacte de ne plus voir dorénavant que ce genre de spectacle culturel! Heureusement que nous avons vite oublié ce serment, qui nous aurait détournés du cinéma.

Par la suite, nous ne nous sommes revus que sporadiquement. Mais ses films étaient là, que j'ai régulièrement vus et revisionnés. L'amitié de ces films à mon égard est restée constante depuis trois décades.

Voilà pourquoi les textes qui suivent ne peuvent signifier un quelconque effort de réparation, mais plutôt la continuation d'un joyeux dialogue de jeunesse.

Ce dialogue s'est poursuivi récemment à l'occasion de la préparation d'un livre à paraître chez Flicks Books de Londres, dans une nouvelle collection, *Cinema Voices*, qui démarre avec Arcand. J'en ai préparé un chapitre sur la conception sonore et la musique, intitulé «De la tragédie lyrique»:

...La matrice dramaturgique des films d'Arcand est la tragédie des humanités gréco-latines, reformulée dans la tragédie française des Racine et Corneille...

Dans la culture française du XVIIIe siècle, la tragédie était, comprend-on, psalmodiée par les comédiens dans une sorte de *parlando* déclamatoire, rythmé, sur le tremplin duquel les Lully, Charpentier, et plus tard Rameau, vont construire et consolider l'opéra français en tragédie musicale.

Comme les films d'Arcand sont structurés par des cellules rythmiques, comme ses bandes sonores sont traitées comme de la musique, ils opèrent ce curieux métissage, qui en distille à la fois la fascination et le trouble, d'une forme de tragédie lyrique moderne, cas assez rare, puisque les opéras modernes (audiovisuels ou sonores) ne sont pas nécessairement basés sur un modèle aussi ancien et archaïque que celui de la tragédie, mais plutôt sur celui du drame romantique.

De sorte que les principaux films d'Arcand... peuvent tous être qualifiés de tragédies en musique.

Revoir *Gina*

Format Cinéma, n⁰ 29, 20 septembre 1983

Le film *Gina* m'est revenu deux fois récemment. D'abord, parce que je l'ai «travaillé» avec mes étudiant-e-s, ces jeunes de 16-18 ans en 1983, pour y examiner une trace de cinéma québécois entre 1967 et 1974. Ensuite, parce qu'au détour de cette interview de *24 images*, que me refile l'étudiant-appariteur de notre atelier super-8 mm, je remarque que Denys Arcand complète *Gina*, lui ajoute une sorte de postface d'actualité:

> ...*Gina*, tourné en 74, marquait la fin du cinéma québécois. À cause de la nouvelle loi sur les abris fiscaux, décrétée à ce moment-là, il est devenu plus rentable de tourner des coproductions. Les producteurs ne se sont plus intéressés aux films francophones puisqu'ils allaient gagner tellement plus de fric avec des productions comme *City on Fire* ou *Quest for Fire*...
>
> (juillet-août 1982)

Ainsi, avec le recul, dire aujourd'hui que le cinéma québécois est terminé depuis quelques années, plus précisément qu'il a fini autour de 1975, demande quelques explications. J'essaierai d'en donner de temps en temps, au fil de cette chronique, en regardant des exemples à la fois de ce qui s'est fait plus récemment, et de ce qui s'est produit ou dit il y a déjà quelques années. Arcand, en tout cas, a soulevé un bon coin du voile.

Et puis, c'est curieux comme 1975 est une drôle d'année, de période. Les abris fiscaux, oui, et un cinéma de Québécois qui va se mettre à parler anglais; mais aussi, c'est le temps de la première loi du cinéma au Québec, de la création de l'Institut, de la première scission chez les techniciens, et c'est l'avant-veille de l'élection du PQ...

Faudra-t-il qu'un jour Arcand fasse un *Gina II* pour illustrer tout ça?

Revenons au film.

J'étais curieux de voir comment les jeunes d'aujourd'hui, ceux et celles de l'après-Révolution tranquille, allaient réagir à cet exemple d'un long métrage commercial de la première moitié des années 70. Et, par-dessus le marché, à un des rares films commerciaux québécois à parler du cinéma québécois, à le faire passer dans l'intérêt dramatique d'une fiction. Et puis, j'avais hâte de *checker* mes propres réactions après quelques années...

Alors, ça a très bien marché. La majorité a bien aimé le film, l'a découvert avec satisfaction, de celle qui amène même quelques récriminations: «On n'avait jamais entendu parler de ce film! Comment ça se fait qu'on ne le voit jamais au cinéma, à la tévé, au ciné-club étudiant?» Etc.

Quelques-un-e-s ont de plus découvert avec enthousiasme, les yeux brillants, après avoir bûché sur les maudites questions d'analyse, comment cette fiction dramatise une expérience de cinéma québécois. Comment pour l'essentiel se fait à l'Office national du cinéma un documentaire politique-social sur le textile, en 16 mm noir et blanc; comment la haute direction occulte de cet Office censure et détruit pareil film; comment les techniciens se retrouvent, forcés, *on location* dans une rue de Montréal, tournant un «vrai» film commercial avec vedettes, micro qu'on ne voit pas dans le champ, prise de vue qui donne une belle image, et dialogue ad hoc: «J'l'ai tué parce que j'l'aimais!» Fiction? Fiction documentée sur le cinéma québécois, un *fido* dans le jargon récent de TF l/Radio-Québec.

Le personnage de Gina est plus subtil qu'il n'y paraît à première vue. Gina est de la trempe de cette autre danseuse topless, Carole Paquin, qui écrit ses souvenirs en 1976, *Une esclave bien payée*. Militantisme en moins, sans doute, encore qu'une des bonnes scènes du film montre Gina aidant l'équipe de cinéastes à réaliser une enquête-interview avec des travailleurs colombiens à Louiseville. Et puis, la scène de strip-tease de Gina entrecoupée de la réflexion de l'ouvrière Dolorès; et puis, la scène du viol dans le motel, avec en arrière-plan sonore la fin des émissions de télé, le «Ô Canada» et le «God Save the Queen»; la scène de Gina et Dolorès dans les «toilettes pour femmes»...

Ce film est plein de sensibilité à fleur de peau. Écorchée vive, Gina n'est pas une fille de club idiote, ni *cheap*. C'est une fille enveloppée quelques heures d'un film québécois, de l'amitié d'une équipe de cinéastes. Quand, à la fin, Gina écœurée part pour le Mexique, elle n'est pas plus pognée dans le rêve touristique des mariachis que les cinéastes tournant des films commerciaux au Québec!

Oui, finalement, on était pas mal tous contents d'avoir étudié *Gina*.

Le remake d'*Aurore* ne se fera pas

Non signé, *Format Cinéma*, n° 27, 10 juin 1983

J'ai obtenu récemment la révélation d'un des secrets les mieux gardés du cinéma québécois pendant ces derniers mois. Il ne s'agit pas d'une «fuite», même involontaire, ce n'est que par une combinaison de hasard et de chance que j'ai pu apprendre ce fait, qui est assez percutant. Je ne donne pas le détail, assez compliqué, de comment l'information m'est parvenue, puisque cela n'a d'ailleurs pas grand intérêt par rapport au «scoop» lui-même.

L'histoire, en gros: quelques professionnels du cinéma québécois veulent faire le plus gros coup de l'industrie à ce jour, et accomplir une trouée commerciale décisive autant sur le plan national qu'international. Ce coup s'est préparé dans le secret le plus maniaque qui puisse s'imaginer!

Le projet: faire un *remake* d'*Aurore l'enfant martyre*, en misant principalement sur deux facteurs:

— le premier *Aurore* est encore à ce jour le plus grand succès de box-office du cinéma québécois (canadien-français);
— un remake d'*Aurore* aurait toutes les chances de renouveler l'exploit, non seulement sur le marché national, mais en allant chercher dans les circuits internationaux de quoi confirmer certains producteurs et cinéastes québécois dans leurs capacités de faire enfin un film québécois capable d'accumuler une montagne d'or. À la limite, on rêve même de décrocher un «Oscar» avec cette production.

L'idée n'est pas neuve, ni très originale en soi, ça fait déjà un bout de temps qu'on en parle, soit en blague, soit en rêvant le plus sérieusement du monde qu'un pareil sujet a été capable de faire de J.A. DeSève un des premiers millionnaires de «notre» industrie indigène du cinéma.

Si donc l'idée de ce remake n'est pas si tripante au fond, qu'est-ce qui a pu faire qu'on tienne à ce que le projet soit aussi secret que certains plans militaires de Reagan?

Je pense avoir obtenu, sinon toute la réponse, du moins des clés qui permettent d'en amorcer l'explication.

Le projet implique en fait une combinaison de noms «prestigieux»:
1) DENIS HÉROUX
2) DENYS ARCAND
3) TÉLÉ-MÉTROPOLE INTERNATIONAL

Par ailleurs, comme le projet est une sorte de superproduction pour le Québec, il peut avoir des incidences importantes (scandaleuses) sur les gros budgets qu'on aurait besoin d'aller chercher à l'IQC et à l'ONF.

Enfin dernier élément, et peut-être plus explosif du moins sur le plan politique: ce projet impliquerait une sorte d'accord fédéral-provincial «sous la table»... Mais je reviendrai sur ce dernier point plus loin.

Il faut d'abord expliquer comment Héroux/Arcand/Télé-Métropole sont ensemble dans cette galère, et pourquoi le silence actuel.

Une première explication, c'est qu'on veut garder la surprise de l'annonce du projet pour fin 83 ou au plus tard au printemps 1984. L'annonce du projet serait en elle-même une opération publicitaire peu commune. On a planifié d'y mettre le paquet!

À l'heure actuelle, pour tout dire, le projet est suspendu, et il n'est pas exclu qu'il soit bel et bien mort. C'est déjà une bonne deuxième raison pour ne pas en parler: si le projet ne ressuscite pas, on fera comme s'il n'avait jamais existé.

Si le projet est suspendu, ou s'il ne voit jamais le jour, c'est que des complications juridiques étouffent l'affaire. Que s'est-il passé? Il faut raconter ici quelques faits, qui ressemblent en partie à ce qui s'est déroulé dans l'imbroglio de *Maria Chapdelaine*.

1. Premier fait

D'abord, il semble que c'est Héroux qui «caressait» l'idée depuis un certain temps. Il préparait un projet de type format long métrage pour les salles et série pour la télévision. Un peu le modèle des *Plouffe*, mais en quatre fois plus gros financièrement!

Principaux ingrédients commerciaux:

— le mélo et le pathos (les enfants battus et martyrisés, c'est toujours à la mode);
— une possibilité de faire plusieurs séquences assez violentes, poignantes aux tripes, avec effets spéciaux, scènes oniriques

(par exemple Aurore et sa mère morte dans un cimetière; elle la voit, lui parle, etc.);
— scènes érotiques, bien sûr;
— une modernisation nécessaire de l'histoire (pour la rendre plus crédible à un auditoire des années 80) mais tout en gardant un caractère rétro qui pogne;
— et évidemment, vedettes, concours publicitaire interminable pour «caster» la petite Aurore, etc.

2. Deuxième fait

Il s'est avéré que, dans le même temps, Denys Arcand était de son côté sur un scénario lui aussi... pour un remake d'*Aurore*! Ce deuxième projet, contrairement au premier, visait des objectifs très différents sur le plan du traitement, tout en gardant les traits de base du sujet pour ses capacités commerciales.

Les éléments les plus originaux du scénario d'Arcand:

— faire une sorte de lecture d'*Aurore* comme portrait du Québec de l'époque duplessiste... Par exemple: monde fermé de la famille, de la ferme, de la paroisse (curés et notables). Dans ce contexte, le «martyre» d'Aurore devient une allégorie à peine voilée de l'étouffement de la jeunesse québécoise sous les interdits, la censure, le paternalisme, l'autoritarisme, etc.;
— dans cet esprit, le scénario ne cherche pas à faire des effets de violence et des scènes brutales. Bien au contraire. Sans cacher la douleur et la violence des scènes d'enfant battue, le film met l'accent surtout sur la violence psychologique, le terrorisme mental qui s'abat sur la petite fille et qui en fait une victime tout autant de sa marâtre que des autres acteurs sociaux passifs (le père, le curé, etc.);
— de plus, Arcand veut illustrer la sexualité refoulée des personnages, un peu sur la base de son célèbre article de *Parti pris*, «Cinéma et sexualité». Je suis allé relire cet article publié à l'été 1964:

• Aurore est une victime volontaire, elle n'existe qu'en fonction des lois religieuses et sociales. Son salut dans la mort, c'est l'acceptation de la cruauté des forts, comme dans Sade et *Histoire d'O*;
• forme de plaisir sexuel masochiste: Aurore est «heureuse de pardonner à son père qui vient de lui assener un coup de manche

de hache sur la tête et lorsque enfin se sentant mourir, elle raconte ses souffrances au curé, c'est avec une coquetterie de martyre»;

- Aurore victime «du monde sauvage des femmes, d'où les mâles sont systématiquement exclus»;
- les deux jeunes voisins d'Aurore font montre d'une énergie sexuelle débridée, mais dissimulée derrière des caches;
- les tortures infligées à Aurore sont aliénées par rapport aux taloches sur les fesses nues, «mode de torture qui procure au tortionnaire, par la contemplation des chairs ainsi exposées, un plaisir que bien des supérieures de couvents et des préfets de discipline qualifient de délicieux. Mais comme dans *Aurore* on ne voit jamais le moindre éclair de peau blanche ou de cuisse rose, il y a là sur le plan visuel un refoulement révélateur...»

— enfin, il n'y a pas à douter qu'Arcand s'est bien documenté pour charger de «chair» ce remake sociologique: documents sur le procès pour meurtre du sujet original; études sur le roman et la pièce de théâtre, sur leur succès phénoménal au Québec; enfin, histoire du film de 1950 lui-même, et de son incroyable impact dans l'embryonnaire industrie du cinéma au Québec. Une de ses hypothèses de scénarisation est d'ailleurs de faire entrer quelques-uns de ces éléments documentaires dans le pré-générique de son remake.

3. Troisième fait

Donc, deux projets parallèles et, à l'instar de *Maria Chapdelaine*, une belle querelle en perspective! Mais cette chicane, comme la guerre de Troie, n'a pas eu lieu. Héroux et Arcand, s'étant retrouvés professionnellement pour un autre travail (et cela quelque vingt ans après leurs études à l'Université de Montréal et leur première «joint venture» de *Seul ou avec d'autres*), se sont donc aperçus récemment de leur travail respectif sur *Aurore*.

Aussi surprenant que cela puisse paraître, puisqu'ils sont si opposés et contradictoires comme cinéastes, ils ont décidé de s'unir pour le remake d'*Aurore*, au prix vraisemblablement de concessions de part et d'autre. À leur niveau donc, plus de problème!

Pour Héroux, c'est assez compréhensible: il ne déteste pas donner un certain vernis «social» à des sujets sur lesquels il peut garder un net contrôle quant aux ingrédients commerciaux.

Pour Arcand, son acceptation d'un tel projet, qui contredit jusqu'à un certain point son travail cinématographique antérieur, est due à sa «fatigue» actuelle du documentaire politique et social, et à son goût personnel pour diriger des acteurs et des scènes dramatiques de fiction. Par ailleurs, ne serait-ce que grâce à son perpétuel cynisme moqueur, il ne déteste pas, pour le remake d'*Aurore*, se retrouver sur le même pied que l'équipe originale de 1950. Comme il le soulignait dans son article de *Parti pris*: un film fait malgré tout par des professionnels intelligents, avec de bons équipements techniques et un budget solide. Autrement dit, il s'applique à lui-même, pour le remake, son jugement sur le film original: «L'hypothèse du grand guignol étant écartée, nous entrons de plain-pied dans le cauchemar.» Dans cet esprit, son remake pourrait être aussi traumatisant et brillant que le *Shining* de Kubrick.

4. Quatrième fait

L'affaire entre Héroux et Arcand réglée, devait survenir l'accident qui a probablement donné son coup de mort au projet.

C'est ici qu'entre en jeu Télé-Métropole International. France-Film étant rattachée au conglomérat de la rue Alexandre-de-Sève, la compagnie TM détient toujours des droits sur le premier *Aurore*. Par conséquent, des droits sur un éventuel remake.

Il apparaît que Télé-Métropole est intéressée à un tel remake, mais à deux conditions:

a) attendre que soient définitivement épuisées les rentrées d'argent du premier *Aurore*, rentrées plus faibles maintenant, mais encore existantes;

b) la compagnie voudrait s'assurer le maximum de profits dans ce remake. Alors, ou bien elle le produit elle-même, ou bien elle le fait produire par quelqu'un d'autre (c.-à-d. Héroux) mais en gardant le contrôle financier majoritaire.

À ce jour, les pourparlers entre les avocats de Télé-Métropole et de Héroux n'ont pas abouti. Télé-Métropole maintient son droit de veto. Derrière cette capacité juridique du droit d'auteur, il doit se cacher une sorte d'habileté de «fin renard» de DeSève de s'être accaparé tous les droits sur le sujet, de sorte qu'il ne serait pas encore dans le domaine public.

Quoi qu'il en soit de l'éventuelle résolution de cette petite guerre entre monopoles québécois en cinéma, il est probable que de part et d'autre on ait flairé une assez bonne affaire pour ne pas l'ébruiter et arriver un jour à un arrangement profitable aux deux parties.

C'est donc pour ça qu'il n'y a pas lieu actuellement de rendre la dispute publique, et qu'on fait faire le mort au projet.

Les dessous politiques

Étant donné l'ampleur du projet, et le capital de risque énorme qu'il implique, du jamais vu au Québec et au Canada, il y a lieu de croire que Héroux a fait la navette, non seulement entre le comité Applebaum-Hébert et la loi 109, mais entre les deux paliers de gouvernement, pour s'assurer d'une sorte d'équilibre dans la répartition des investissements qui doivent se cumuler à partir des deux sources d'État.

Il y aurait même des accords informels et officieux entre Québec et Ottawa pour permettre ce genre d'opération de prestige. Le point délicat de l'affaire est que le PQ ne veut en aucune façon que soit connue cette sorte d'entente culturelle en cinéma avec le fédéral, puisque le PQ défend publiquement le contraire.

Dans ce contexte, je crois comprendre qu'un personnage important du cabinet des ministres du PQ s'est arrangé pour que TM et Héroux ne puissent parler du remake d'*Aurore* qui pourrait faire apparaître au grand jour les pourparlers secrets fédéral-provincial dans le secteur cinéma. Ça pourrait faire autant de pétard, sinon plus, que l'histoire du règlement hors cour suite au saccage de la Baie James!

Et puis *the last but not the least*, il est clair que je ne peux indiquer ma source pour toute cette affaire. Pour se satisfaire, il n'y a qu'à croire, dans le contexte actuel, qu'il peut s'agir d'une autre escarmouche de la guérilla des fonctionnaires contre le gouvernement Lévesque.

Denys Arcand: la tentation du lyrisme

Copie zéro, n° 34-35, p. 13-17

1973   Je suis un ethnographe désespéré... Je décris. Je ne peux pas m'empêcher de ressentir, mais j'essaie de refuser toute émotion, de prendre le recul nécessaire à une appréciation aussi objective que possible des choses. Je suis conscient des dangers de cette méthode, mais plus encore de ses avantages. D'ailleurs je ne suis pas sûr d'être pour toujours à l'abri du lyrisme... J'ai un frère ethnographe et une sœur criminaliste. Ils m'ont beaucoup appris, aux niveaux des méthodes et des anecdotes. Eux aussi ont été très vite amenés au refus de l'émotion. Mais, au moins, ils ne sont pas menacés par le lyrisme. Ce sont de vrais scientifiques[1].

1987   Je perçois la réalité comme ambiguë, relative; j'essaie de rendre dans mes films cette ambiguïté, la complexité de la réalité, la multiplicité des facettes de toute situation, quitte à me faire accuser de ne pas avoir de point de vue. Et même, si j'en ai la possibilité, j'aimerais pouvoir essayer de dépasser l'observation quasi ethnographique, ce qui a toujours été mon pire défaut, pour tenter de tenir compte et d'exprimer toutes les zones d'ombres, tous les mystères qui nous entourent. Il y a des mystères dans mes films, même pour moi. Par exemple, dans *Gina*, j'aime beaucoup le plan des deux filles dans le miroir. Ces zones d'ombres ne sauraient être expliquées par ma démarche ethnographique.

Dans la brève histoire du cinéma québécois, la carrière relativement longue de Denys Arcand est la plus singulière qui soit. Un cas d'espèce. Une trajectoire culturelle satellisée, tout à la fois rattachée au «mainstream» nationaliste et socialiste des années 1960 et 1970, mais totalement indépendante.

Je n'aurais pas la capacité ni les moyens d'esquisser le portrait d'un tissu de contradictions aussi riche et fascinant, si je n'étais pas, comme mes collègues de la Cinémathèque, encouragé par Arcand lui-

118

même, pour qui la recherche réflexive, l'enquête socio-personnelle, ouvrent autant à l'effort de compréhension qu'à l'exploration de mystères, de zones d'ombres, de lyrisme quasi indescriptible mais toujours vibrant. Quête/enquête subjective et objective, lyrisme et intellection: paramètres de fond de ce courant culturel du postmodernisme que Gilles Lipovetsky nomme le «procès de personnalisation», ou encore un nouveau type de socialisation «rationnelle» du sujet:

> Le postmodernisme n'a pour objet ni la destruction des formes modernes ni la résurgence du passé, mais la coexistence pacifique des styles, la décrispation de l'opposition tradition-modernité, le desserrement de l'antinomie local-international, la déstabilisation des engagements rigides pour la figuration et l'abstraction, bref la décontraction de l'espace artistique parallèlement à une société où les idéologies dures ne prennent plus, où les institutions marchent à l'option et à la participation, où les rôles et identités se brouillent, où l'individu est flottant et tolérant... Le postmodernisme est l'enregistrement et la manifestation du procès de personnalisation qui, incompatible avec toutes les formes d'exclusion et de dirigisme, substitue le libre choix à l'autorité des contraintes prétracées, le cocktail fantaisiste à la raideur de la «juste ligne»[2].

La «tentation du lyrisme» qui, chez Arcand, a toujours voulu, à travers les embûches et les tensions, cohabiter en coexistence pacifique avec sa tendance ethnographique, se présente d'emblée comme une dynamique de type postmoderne. De fait, Denys Arcand paraît être depuis ses débuts un postmoderne, il véhicule depuis longtemps le «transculturalisme», dans le sens où le collectif de la revue *Vice versa* le fait depuis quelques années. Je vais essayer d'esquisser ici quelques-unes des caractéristiques de cette philosophie socioculturelle présentes dans la carrière d'Arcand.

«Mon seul critère est Denys Arcand: sa cohérence et sa sincérité[3]»

La place singulière d'Arcand dans la cinématographie québécoise est fortement personnalisée, et réfléchie comme telle. Parmi les «intellectuels cinéastes» du Québec, Arcand est l'un des rares exemples, sinon l'unique, d'une cohérence constante, quasi inébranlable, dans la pratique intellectuelle, génératrice de pensée indépendante, insoumise, flirtant avec l'anarchie. Intellectuel formé à l'histoire, Arcand a construit progressivement son métier de cinéaste sur ce substrat; il est devenu ensuite, dans cet art conforté, un réalisateur de films dans lesquels le travail intellectuel est congénital et organique, suintant au premier comme au second degré, à travers des récits ou des sujets ordinaires, datés, locaux ou particuliers.

L'imminence de la fermeture d'une usine de textile à Coaticook à la fin des années 1960 dans *On est au coton*, l'élection québécoise d'avril 1970 dans *Québec: Duplessis et après*..., comme matériaux événementiels, n'ont de sens que dans leur inter-relation à l'histoire du Québec (la condition ouvrière, les programmes politiques), histoire moderne remontant jusqu'aux effets de la Conquête britannique du XVIIIe siècle. Ainsi, les voix «d'actualité» de Carmen Bertrand et de Bernard St-Onge, celles de Robert Bourassa et de René Lévesque s'entrecroisent structurellement dans les montages avec les textes ou les voix de Marcuse et de Madeleine Parent, du *Rapport Durham,* de Duplessis et du *Catéchisme des électeurs.*

Dans la fiction aussi, cette collusion de faits divers et de philosophie de l'histoire tisse une trame dérangeante. Le dîner de gala du mafioso montréalais Padovani élargit et complète *Québec: Duplessis et apres...; Gina* parachève l'itinéraire de *On est au coton.* Ce va-et-vient constant entre le détail factuel contingent et la philosophie de l'histoire, c'est, d'une certaine manière, ce que Ignacio Ramonet, aux Rendezvous du cinéma québécois 1987, évoque en parlant chez Arcand d'*intelligence du cinéma*. Cette particularité déborde d'ailleurs les films, se prolonge et se complète par divers textes du réalisateur et de nombreuses interviews.

Cette caractéristique d'intellectuel cinéaste s'est développée, depuis les années 1960, d'une façon étonnante, mystérieuse jusqu'à un certain point dans sa singularité. Dans un contexte socioculturel dominé par les programmes idéologiques «clairs» des politiques de la Révolution tranquille, du nationalisme québécois, des divers «socialismes», des plates-formes syndicales et féministes, Denys Arcand fait sienne, de façon pratiquement toujours isolée de surcroît, une philosophie de la «cohabitation des contradictions», une sorte de «coexistence pacifique» passionnée de divers points de vue, alors que la très large majorité des intellectuels québécois considèrent ces pôles comme antagoniques, invivables, dignes d'anathème...

Plus curieusement encore, Denys Arcand a défendu cette pensée sans jamais en déclarer le programme philosophique, sans même en faire très explicitement une hypothèse de recherche et de réflexion. Tout au plus indique-t-il dans une interview de *Cinéma 73* (numéro 180): «Choisir entre le marxisme et le capitalisme ce n'est plus suffisant. Ce n'est plus si simple. Je cherche, je participe au courant de ceux qui cherchent une troisième voie[4].»

Avant la lettre, Arcand est depuis ses débuts cinématographiques un «trans-avant-gardiste» (autre terme possible si on n'aime pas le mot postmoderne!). Si c'est déjà étonnant qu'il ait été tel depuis les années 1960, alors que pour la majorité le discours postmoderne est celui des années 1980, ce l'est doublement quand on réalise qu'il l'a été dans l'adversité, dans un contexte complètement fermé et hostile à ce type de pensée. Dans cette optique, *Le déclin*, film postmoderne s'il en est, n'est pas le début d'une nouvelle manière «mode» d'Arcand, il est l'aboutissement de vingt ans de questionnement intellectuel et de créativité audiovisuelle, dans une position qui ne s'est jamais démentie, qui a gardé «sa cohérence et sa sincérité».

En parlant ainsi d'Arcand, il n'est pas question bien sûr de lui ouvrir aujourd'hui une chapelle, alors qu'il les a toutes répudiées, ni de le coiffer a posteriori d'un des «ismes» dont il s'est toujours tenu à l'écart. Il n'y a pas chez ce cinéaste, à proprement parler, de système mais une tendance, une certaine dynamique de la pensée ouverte au mélange des contradictions, empathique même au désordre et à l'anarchie de divers courants d'interprétation: «Je suis contradictoire, j'aime les choses différentes.»

De plus, s'il est possible aujourd'hui de reconnaître dans la création d'Arcand certains traits dégagés par les hypothèses analytiques récentes de la postmodernité, force est de constater que ces caractéristiques, assez révélatrices à mon sens, n'ont pas fonctionné en ligne droite continue pendant vingt ans chez le cinéaste, ni grossi progressivement suivant les lois d'un système.

Au contraire, la carrière et la pensée d'Arcand paraissent traversées de zigzags, de doutes et de trous, de refus assez importants, capables d'inoculer à jamais contre les virus des philosophies globalisantes. Après ses premiers films à l'Office national du film, après *Gina*, après aussi *Le confort et l'indifférence*, Denys Arcand a été «écartillé», il a connu le syndrome du «refus de réfléchir»: «Depuis un certain temps, je me refuse à réfléchir. Je me refuse même à lire des livres théoriques: c'est un processus d'abêtissement. Je me sens dans une période de création d'histoires, et je ne veux pas en sortir. Je me laisse envahir de plus en plus par des choses irrationnelles. Si je les énonce (sous forme d'idées), je les tue[5].»

S'il y a donc cohérence dans la trajectoire d'ensemble de la pensée et de la pratique créatrice chez Arcand, cela se situe dans l'entêtement à coller à des «logiques ouvertes», ouvertes même à la présence de l'illogisme et de l'irrationnel dans le souci constant de pouvoir «augmenter sans cesse les possibilités individuelles de choix et de combinaisons» (Lipovetsky).

Vu cette particularité intellectuelle, il n'est pas étonnant que, depuis plus de vingt ans, Arcand ait été souvent attaqué, accusé par la radicalité de diverses «avant-gardes»: nationalistes, marxistes-léninistes, féministes. À vue de nez, on pourrait croire que le crescendo de cette agressivité s'est situé durant les années 1970, lors de la chaude période militante, quand Arcand s'obstinait: «Mon seul critère est Denys Arcand: sa cohérence et sa sincérité. Je voudrais bien faire des films militants, mais je ne pourrais "juste" pas[6].»

Or, cette attaque (directe, ou par le revers) persiste, encore maintenant, par exemple dans maints reproches nationalistes contre *Le confort et l'indifférence*, la virulence féministe radicale contre *Le déclin*, ou encore dans des analyses filmiques à relents matérialistes dialectiques. La persistance de cette agressivité (de cette incompréhension) depuis *Champlain* et *On est au coton* jusqu'à aujourd'hui indique que le trans-avant-gardisme est une position inquiétante (au sens gidien de «tirer de sa quiétude»), une pensée et une démarche d'outsider.

Sur ce terrain, Arcand ressemble étrangement à Pasolini, autre intellectuel cinéaste, pour qui, à côté de données originelles du moi, cohabitent «d'autres données qui constituent leur dépassement, mais ne les effacent pas». Pasolini s'explique ainsi, en laissant cohabiter chez lui marxisme et métaphysique:

> Je suis tellement métaphysique, mythique, tellement mythologique que je ne me risque pas à dire que la donnée dépassant la précédente, dialectiquement, l'incorpore, l'assimile. Je dis qu'elles se juxtaposent... En disant cela, je contredis mon marxisme... J'entre en contradiction avec la dialectique. Voir mon poème *Callas*: «La thèse et l'antithèse cohabitent avec la synthèse: telle est la véritable trinité de l'homme ni prélogique, ni logique, mais réel»... Je suis «historiciste», je comprends que l'histoire est une évolution, un dépassement continuel de données, mais je sais aussi que ces données ne sont jamais détruites, qu'elles sont permanentes. C'est peut-être irrationnel, mais c'est ainsi[7].

Interrogé sur cette filiation, Arcand constate: «Vous savez bien que je suis un inculte notoire. Je connais très peu Pasolini, même si j'aime *L'Évangile selon saint Matthieu* et que je suis surtout un admirateur inconditionnel de *Théorème*. Il est possible qu'il y ait une sensibilité commune à Pasolini et à moi. Vous savez, il y a des choses qui peuvent vous paraître claires mais qui à moi, sujet étudié, sont totalement confuses.»

Le paradoxe de l'opéra

Arcand se rattache, pour l'essentiel, à cette philosophie de la créativité, alliage volontaire et systématique d'éléments contradictoires. Le postmodernisme qu'il partage ainsi, j'avance pour le définir la notion de *matérialisme lyrique*, dont déjà en 1964 dans *Parti pris*, Arcand était imprégné en revendiquant, pour la pratique artistique, la nécessité de «déboucher sur les *émotions lucides* qui préludent aux créations définitives» (je souligne).

Arcand considère que c'est sa formation en histoire qui a été le facteur déterminant de son goût pour la vérité du réel. Ce réel, malgré son matérialisme aigu, n'est cependant pas que de l'ordre de la vérification ethnographique. Il contient sa large part de mystère, de mythe, de ce «sacré barbare» dont parle Pasolini, qui appartient à l'ordre du prélogique et de l'irrationnel, de l'archaïque et de la pré-histoire.

En un mot, il appartient au lyrisme, capable de convoquer musique et poésie, transe dionysiaque et baroquisme, en cohabitation avec l'intellection. «Cela s'appelle l'aurore», concluait Giraudoux dans *La guerre de Troie n'aura pas lieu*. Pour Arcand, cela s'appelle l'*opéra*, dont il était souvent de bon ton au Québec, chez les intellectuels progressistes, de se moquer copieusement, avant que la vague postmoderniste ne l'impose, pas toujours à l'adoration certes, mais du moins au silence intrigué et songeur. J'emploie ici le terme «opéra» au sens formel tout autant qu'au sens large, avec sa connotation mythique, le mot devenant alors un équivalent de «musique lyrique», mais aussi de «lyrisme» tout court, musical ou paramusical[8].

Arcand a toujours affirmé un goût très profond, viscéral pour l'opéra, pour le lyrique. Des traces, si minces soient-elles, en marquent généralement presque tous ses films. Si on retrouve l'opéra intact et percutant dans deux scènes de *Réjeanne Padovani*, on le rencontre aussi, en mode lyrique plus large, déjà dans *Champlain*, où le Purcell de la *Musique funèbre pour la Reine Mary* est présent, et ce, il faut le noter, quelques années avant que Kubrick n'en fasse le thème de *Clockwork Orange*, par les soins de l'adaptation en synthétiseur Moog de Walter Carlos. Ailleurs, dans *Champlain* et *Les Montréalistes*, courent les musiques Renaissance, si chères maintenant à la mode des «baroqueux»; dans *Québec: Duplessis et après*, c'est la chorale de la paroisse de Deschambault qui égrène le répertoire latin-français du romantisme religieux du XIXe siècle; dans *Gina*, le finale avec musique de mariachis...

Le fait que le corpus lyrique soit assez réduit dans la filmographie d'Arcand témoigne d'un certain refoulement. Toutefois, un nouveau départ, une affirmation plus marquée se dessine dans *Le déclin...*, par l'ouverture sur un air de Haendel et la répétition de leitmotive de musique baroque. À n'en pas douter, le non-dit opératique d'Arcand pourra réapparaître un jour en plus larges coulées.

Ce lyrisme musical s'élargit pour Arcand en modules «images/sons opératiques» quand, par exemple, dans *On est au coton*, les images d'usines avec contrepoints de silences ou de bruits interrompent les discours et projettent le film dans des zones varésiennes ou à la manière de Luigi Nono. D'une façon similaire, les musiques en direct de fanfares militaires ou du «Ô Canada» en patchwork autant dans *Gina* que dans *Québec: Duplessis...* ou *Le confort...* viennent tisser l'organisation audiovisuelle de séquences traitées comme les bandes pré-enregistrées dans plusieurs musiques contemporaines. Ainsi s'affirme chez Arcand un style «opératique» d'écriture audiovisuelle où diverses formes musicales et sonores composent l'élément dominant de structuration.

La dimension opératique en art, on le constate mieux aujourd'hui, est un des vecteurs du postmodernisme, et la réappropriation de toute la littérature lyrique un des grands courants culturels de la dernière décennie. Ce large corpus lyrique s'est historiquement consolidé au XVIIIe siècle, à l'époque des Lumières et de la Modernité. À ce moment, lyrisme renvoie à émotion, à sensation vive. Une émotion d'autant plus explosive qu'elle poursuit sa cohabitation incessante avec l'intelligence et la rationalité. Sur ce terrain, un point resté pour moi longtemps objet d'interrogation concernait le rôle de certains écrivains du XVIIIe siècle: Marivaux, Diderot, Sade surtout, dans la formation intellectuelle de Denys Arcand. Car je me souvenais qu'à l'Université de Montréal, au début des années 60, à une époque où cette littérature était un des tabous majeurs, Denys nous entretenait en particulier de quelques lectures du Divin Marquis, dont les livres étaient ici introuvables, mais que lui avait pu se procurer avec la complicité «diabolique» de je ne sais plus quel libraire ou quel jésuite. J'avais fait l'hypothèse que cette influence sadienne avait pu être forte sur Arcand, par exemple dans le texte de 1964 sur la sexualité dans le cinéma québécois; ou plus encore dans *Le déclin* pour lequel, par rapport à cette vaste histoire de la cohabitation des «intellos et du cul», on n'arrête pas d'évoquer le marivaudage, ou le Beaumarchais du *Mariage de Figaro*, bref une bonne partie de l'art du XVIIIe siècle[9].

Pour vérifier cette hypothèse, j'ai cherché dans la lecture du *Faut-il brûler Sade?* de Simone de Beauvoir des indications sur une filiation possible avec certains traits de la personnalité créatrice d'Arcand. J'ai cru trouver des ressemblances surprenantes. Par exemple: Sade «ne veut pas être seulement ce personnage public dont les conventions et les routines commandent tous les gestes, mais aussi un *individu vivant*» (je souligne); ou encore: «Il lui plaît que la vérité scandalise, mais aussi, s'il se fait un devoir du scandale, c'est que celui-ci manifeste la vérité»; «Il n'essaie pas d'instituer un univers neuf: il se borne à tourner en dérision, par la manière dont il l'imite, celui qui lui est imposé...»; «c'est quand il bouffonne qu'il est le plus sérieux!» J'aime bien aussi cette citation que de Beauvoir retient d'un personnage de *Aline et Valcour*: «Il y a des âmes qui paraissent dures à force d'être susceptibles d'émotions et celles-là vont quelquefois bien loin: ce qu'on prend en elles pour de l'insouciance et de la cruauté n'est qu'une manière à elles seules connue de sentir plus vivement que les autres[10].»

— Non, réplique Arcand là-dessus. Je n'ai pas lu spécialement Sade. S'il y a rapprochement entre certains traits de son art et le mien, ce doit être fortuit. Les auteurs du dix-huitième n'étaient pas enseignés au collège, parce qu'ils étaient tous à l'Index. Je les ai lus après mais je ne suis pas conscient d'une influence particulière.

— Pourtant, on ne peut qu'être frappé par la coïncidence, la similitude entre certains traits de la pensée de Sade, certains de ses points de vue et les tiens. Par exemple, de Beauvoir montre très bien que Sade est essentiellement un écrivain, que son monde n'existe qu'à travers l'écriture. Elle note que les personnages sadiens disent leurs perversions avant de les pratiquer, qu'il y a d'abord une écriture, un discours intellectuel de l'existence de ces perversions. Je cite: «Sade attache plus d'importance aux histoires qu'à travers l'acte voluptueux il se raconte qu'aux événements contingents: il a *choisi l'imaginaire*.» (Je souligne.) On dirait qu'il y a là une parenté avec *Le déclin*, où les personnages semblent parler plus qu'ils n'agissent. Comme chez Sade, leur discours est source de créativité.

— L'essai de Simone de Beauvoir est extraordinaire. Fabuleusement intelligent. Ce qu'elle développe en particulier autour de la notion d'opacité, «l'opacité de la chair» ...

— Elle cite de Sade une lettre où il a cette formulation géniale sur l'abstinence et le désir refoulé qui conduisent à former des fantômes qu'il faut réaliser!

— Il est vrai que *Le déclin* est avant tout un discours sur la vie sexuelle. Déjà dans *Duplessis*, j'ai mis une anecdote en ce sens que j'ai tout à fait imaginée. Duplessis dit à Daniel Johnson que si un type passait une nuit avec Rita Hayworth, son plus grand plaisir ne serait pas de coucher avec elle réellement, mais de pouvoir le raconter à ses amis. Il y a un plaisir fondamental du discours qui surpasse le plaisir physique. Parce que comme le dit effectivement Simone de Beauvoir, la réalité est opaque, contingente. J'imagine que dans la réalité, Rita Hayworth qui était une femme torturée, malade (et en plus une actrice!), devait être assez pénible au lit. Sa séduction, c'était le mythe Rita Hayworth. Or un mythe ne se vit pas, il se raconte. C'est là me semble-t-il une des clefs du *Déclin*, mais beaucoup de gens ne l'ont pas compris et ont fait une lecture du film au premier degré. Ce plaisir du dit ne fonctionne pas que pour la vie sexuelle: raconter un repas pris dans un grand restaurant peut procurer autant de bonheur que le manger, parce que dans le discours on peut gommer toutes les contingences matérielles: pas d'addition à régler, pas de malappris qui fume un cigare à la table voisine, pas de groupe de touristes japonais ou allemands. Le discours, le texte, peut être purifié à l'infini. C'est sur la parole que repose le théâtre et le cinéma, y compris le cinéma muet qui est lui aussi d'abord un récit.

Ainsi *Le déclin* rejoint-il, au-delà de Sade et du XVIIIe siècle, ce que plus récemment Julia Kristeva a nommé «l'usage érotique de la parole... (dans ce qui est) l'annonce d'un nouveau libertinage, moins "performant" mais plus divertissant, plus narcissiquement pervers[11]».

La tentation du lyrisme, chez Denys Arcand, illustre à mon sens la trajectoire, difficile mais soutenue, d'une mise en lumière progressive de toutes les facettes du réel. Cette démarche, en se développant, veut accorder plus de place à la face cachée de cette réalité qu'à la visible, privilégier malgré tout la dimension lyrique plus que l'ethnographique, parce que plus difficile à cerner et à accepter, parce que plus dure à faire cohabiter avec la rationalité. Lyrisme souvent refoulé, mais dont la mise en évidence est le propre du travail créateur, produisant par exemple les figures troubles et séduisantes des «fantômes» de Sade, celles de la «tentation de saint Antoine» de Flaubert ou encore des «anges» dévastateurs comme ceux de Pasolini (*Théorème*) ou de Bunuel (*L'ange exterminateur*).

Tenté depuis toujours par de semblables démons et fantômes, Denys Arcand, s'il n'a pas toujours libéré les siens propres d'un film à l'autre depuis plus de vingt ans, paraît décidé à leur laisser maintenant toute la place qu'ils méritent. Ce qu'il dit déjà de son prochain film *Jésus de Montréal* est à cet égard assez révélateur. Que ce film veuille sonder les reins et les cœurs du religieux au Québec, de sa permanence historique, ne peut à mes yeux que rapprocher davantage encore le cinéaste de Pasolini, de l'affrontement avec la question du sacré.

Au début de la *Médée* de Pasolini, le Centaure déclare à Jason en rigolant: «Tout est sacré... il n'y a rien de naturel dans la nature. Quand la nature te semblera naturelle, tout sera fini... Tout est saint. Mais le sacré une malédiction... De fait, Dieu n'existe pas.» En travaillant sur son long métrage *Jésus de Montréal* (l'héritage religieux québécois ancré dans le terre-à-terre montréalais), Denys Arcand ne cherche-t-il pas enfin à aller au fond de cette chose mythique et «barbare»: un vécu personnel et intime du sacré prenant sa source dans la strate la plus profonde de l'histoire du Québec après la Conquête?

Notes

1. *Cinéma 73*, numéro 180.
2. Gilles Lipovetsky, «Modernisme et postmodernisme», *L'ère du vide, Essais sur l'individualisme contemporain*, Paris, Gallimard, Les essais CCXXV, 1983, p. 137. À noter que l'auteur traite avec nuances la notion «assurément équivoque de postmodernisme... n'échappant pas tout à fait à un effet de mode» (p. 89), et explicite que son essai expose une hypothèse philosophique, qu'il formule sur la critique des thèses de Daniel Bell. Par ailleurs, Guy Scarpetta lui aussi, dans *L'impureté* (Paris, Grasset, «Figures», 1985), ne manque pas de prendre ses distances avec le mot «postmoderne». Il se refuse pourtant à une rupture draconienne, au danger de jeter le bébé avec l'eau du bain: «Faut-il pour autant abandonner ce mot dévalué avant même d'avoir été défini, clarifié? J'imagine plutôt qu'il faudrait le traiter autrement: ni comme le sigle d'un mouvement (qui n'existe pas), ni comme la désignation d'un état d'esprit (trop flottant, trop contradictoire), mais simplement comme le symptôme d'une crise, d'une fin d'époque. Il ne s'agirait pas, dans cette perspective, d'adhérer au terme, mais de s'en servir légèrement, à distance, presque allusivement... peut-être commençons-nous à percevoir des notions avec lesquelles on ne peut que flirter: les traiter sans coller à leurs connotations, ni aux systèmes qu'elles sont censées véhiculer. D'une certaine façon, jouer la désinvolture contre l'esprit de système, une manière postmoderne, en somme, de se comporter avec le mot "postmoderne".» (p. 18)

3. *Cinéma 73*, numéro 180, p. 103.

4. Devant cette absence, ce non-dit, on peut s'interroger ici sur la possibilité d'une limite objective de la production intellectuelle au Québec, d'une autocensure liée à l'étroitesse et à la petitesse du milieu, voire à son anti-intellectualisme permanent, historique, qui est loin d'être mort en 1959 avec Duplessis, malgré les apparences. Il y a d'ailleurs dans *On est au coton* une scène frappante sur le sujet: un éditorial radio de CJMS contre les intellectuels... Il y aurait beaucoup à dire par ailleurs sur l'isolationnisme tragique de plusieurs courants de créativité lucide au Québec, je pense en vrac à François Hertel, aux intellectuels artistes du *Refus global*, jusqu'aux courants contre-culturels dont la trace passe durant les années 1970 dans le film *Une semaine dans la vie de camarades* pour se répercuter aujourd'hui dans *La couleur encerclée*, ainsi que dans la superbe et lyrique schizophrénie de *Celui qui voit les heures...*

5. «Je me refuse à réfléchir», *Le Devoir*, 25 janvier 1975.

6. Sur ce sujet du harcèlement d'Arcand par les divers «ismes radicaux», je serais malvenu de ne pas nommer ma propre présentation du cahier *Denys Arcand* du Conseil québécois pour la diffusion du cinéma en octobre 1971. Ne serait-ce que pour mieux répudier ce texte où, malgré une admiration évidente pour le travail du cinéaste, j'accumule les reproches d'«idéalisme privilégiant des images et une musique somptueuses», les manques à «transformer le constat en programme d'action politique», les abus du paradoxe et de l'ambiguïté, «un cinéma didactique qui se veut encore trop contemplatif», etc. Je conseille néanmoins fortement la lecture de ce cahier. Il contient des points de vue de 1964 et de 1968 d'Arcand puis, surtout, un long entretien avec le cinéaste, bilan lucide et courageux qui reste encore aujourd'hui passionnant. Par ailleurs, il peut être utile de préciser l'étendue et l'importance des démarcations d'Arcand avec les théories radicales, d'autant plus que dans les milieux intellectuel et artistique québécois en général, les films d'Arcand ont été bien reçus, et que le cinéaste a toujours été hautement respecté. Les critiques sévères ne viennent-elles alors que de groupuscules ou individus sectaires, ayant peu d'influence dans l'intelligentsia? Non, car dans le milieu intellectuel, sinon plus largement en dehors, les idéologies de gauche ont eu plus d'impact qu'on veut bien souvent l'admettre, jusqu'à la fin des années 1970. De plus, tout en prenant ses distances et en maintenant fermement ses critiques, Arcand s'est tenu lui-même «à l'intérieur du marxisme», comme il le précise dans l'interview-bilan de 1971. Sans compter que, depuis ses articles dans *Parti pris* jusqu'à *Réjeanne Padovani* et *Gina*, Arcand a eu sa large part de «langue de bois» à propos d'indépendantisme, d'analyses socio-politiques, de sujets culturels, voire même (ô mânes m-l!) à propos d'opéra. À n'en pas douter, Arcand n'a jamais attaqué les «ismes» des autres sans se

défendre d'abord des siens propres, d'où la valeur emblématique de ses positions et l'importance du dossier des diverses gauches au Québec pour éclairer son travail d'intellectuel cinéaste.

7. Pasolini, *Les dernières paroles d'un impie. Entretiens avec Dunot*, Paris, Belfond, 1981, p. 97-98.

8. Sur le sens mythique de l'opéra, je suis ici certains points de vue de Michel Poizat, *L'opéra ou le cri de l'ange. Essai sur la jouissance de l'amateur d'opéra* (Paris, Métailié, 1986), en particulier cette idée que la musique lyrique, «l'envolée lyrique confinant au cri», dans le rapport langage/musique, est justement ce qui permet de contester le langage (la rationalité de sa production) et de situer «la jouissance comme effet de ce qui dans la musique vient abolir, dissoudre le langage» (p. 110-111). Le paradoxe de l'opéra est, dans la longue histoire du genre depuis les débuts du XVIIe siècle, la difficile cohabitation des contraires paroles/musique, d'où visiblement émerge toujours, sans cesse renouvelée, la suprématie de la musique sur le discours, du cri sur le verbe, du non-sens sur le sens.

9. C'est surtout en France que cette filiation a été dégagée par la critique et par Arcand en interview. Voir par exemple: Serge Benjamin Grunberg, «Les intellos et le cul», *Globe*, mars 1967; Michel Ciment, «Entretien avec Denys Arcand», *Positif*, 312, février 1987.

10. Éditions Gallimard, «Idées», 1972. Les passages cités viennent respective-ment des pages 16, 48-50, 20 et 46.

11. «Ce qui va changer pour les femmes. La recherche d'une nouvelle dramaturgie des plaisirs», *Libération*, lundi 1er juin 1987, p. 12.

INTERMEZZO 2

La musique d'une image à l'autre

Ciné-bulles, vol. 8, nº 4, 1989

«Il y a de la musique de Verdi dans tous mes films.» Avec cette affirmation souriante, Bernardo Bertolucci donne une clé significative pour aider à capter le lyrisme de son écriture cinétique. Des films qui sont des images sur une musique profonde, obsédante: «Verdi, notre père à tous», déclare la protagoniste de *Luna.* Mais, objectera-t-on, il n'y a pas de Verdi dans *Le dernier empereur*! Qu'à cela ne tienne. Fernand Moszkowicz, dans son document *Le voyageur italien, Bertolucci,* monté avec la complicité du cinéaste, nous fait voir et entendre, pendant le tournage à Pékin, un vieux Chinois chantant *Rigoletto*!

La musique d'une image à l'autre

Le cinéma aujourd'hui, sous la direction
de Michel Larouche, Guernica, 1988

> *La musique est, depuis cent ans, la clé du cinéma.*
> Michel Chion

Ce qu'on appelle maintenant la «révolution audiovisuelle des années 1980», soit de la part des stratèges de production et de marketing dans l'industrie culturelle, ou encore dans de nouveaux champs de recherches, c'est d'abord l'émergence et la première consolidation de certains phénomènes technico-culturels: le vidéoclip, le disque compact, le vidéodisque, le cinéma musical. Ces produits de l'industrie culturelle audiovisuelle, à la fois nouveaux supports matériels et nouveaux genres et langages, voire nouvelles esthétiques, rassemblent des ouvrages aussi diversifiés et *métissés* que le vidéoclip de Fellini sur une chanson de Boy George et Culture Club (*War is Stupid*), celui de Malcolm MacLaren sur son adaptation d'une aria de *Madama Butterfly* de Puccini; ou encore le *film-performance* de Laurie Anderson, *Home of the Brave*; l'*Amadeus* de Milos Forman (précédé à la fin des années 1970 par le musical *Hair*); le *Metropolis* de Fritz Lang/Georgio Moroder; le *Koyaanisqatsi* de Godfrey Reggio/Philip Glass. Ce phénomène contient aussi, pour finir ces exemples en vrac, le célèbre *Thriller* de Michael Jackson, les publicitaires *Pepsi* de Lionel Ritchie, la récente pub «Big Mac» de MacDonald en forme d'opéra, tout autant que des séquences entières du film officiel de la campagne de rééléction de Ronald Reagan...

La publicité répète *ad nauseam*: «Regardez le son», «Écoutez l'image», depuis l'apparition il y a quelques années de la chaîne MusicTV aux États-Unis, jusqu'à la dernière pub de JVC en France[1]. Tous ces produits audiovisuels sont disséminés à profusion par les divers lecteurs au laser, les magnétoscopes et les vidéocassettes, les services spécialisés de la câblodistribution et des satellites.

L'industrie des techniques et des programmes audiovisuels annonce même, pour la fin du millénaire, *une synthèse audiovisuelle numérique* (support vidéodisque) de tous les gadgets transitoires actuels, qui pourrait conduire d'un coup à la disparition (relative) des supports connus: pellicule filmique, bandes magnétiques et magnétoscopiques, ainsi que du conventionnel *disque noir.*

Dans ce remue-ménage *branché* et futuriste, on écarte parfois un peu rapidement les antécédents historiques de ces diverses *fusions*. Si on ne les oublie pas, on sent néanmoins la nécessité impérative de réexaminer l'évolution de ces industries culturelles depuis la fin du XIXᵉ siècle, principalement celles du cinéma et de l'enregistrement sonore. Cet examen, qui n'est pas sans bouleverser les habitudes très *ghetto* de la recherche en cinéma, d'une part, et de l'industrie phonographique, d'autre part, nous conduit à cette constatation de base que les industries de l'image et du son ont connu, dès leur création à l'ère industrielle, une forte interdépendance technique et esthétique, des volontés et des capacités de syncrétisme vers lesquelles elles ont toujours tendu.

En ce qui concerne les rapports musiques/images, plus particulièrement, cette tendance au syncrétisme remonte à la naissance même du cinématographe et du phonographe. Pour en retracer les principaux jalons, il y a lieu de faire quelques gros plans sur un certain nombre de ces phénomènes historiques de fusions technico-culturelles, tout en essayant d'indiquer à quelles exigences disciplinaires et méthodologiques nouvelles le dégagement archéologique de ces phénomènes nous conduit pour l'analyse et la recherche en audiovisuel[2].

Première image musicale: le cinéma muet

Aujourd'hui, les travaux de Michel Chion et de Michel Marie, par exemple, ou encore, fin 1985, le premier festival international *Cinéma et Musique* d'Aix-en-Provence, ont ravivé les recherches sur la musique dans le cinéma muet, que Chion nomme un immense *clip renversé*[3].

Bien sûr, tout le monde connaît ce phénomène depuis les spectacles des frères Lumière, si on excepte quelques *afficionados* du «muet pur» qui regardent les films non sonorisés dans le silence absolu, et ponctuent d'un *schttt!* intransigeant le moindre bruit ou la plus petite toux qui en distraient le déroulement. On sait surtout, malgré cette chapelle, que regarder un film *muet* dans le silence est un contresens. Bien plus, la mode, le goût, ou le besoin sont tels maintenant que non seulement, comme le souligne la journaliste Anne Rey, les chercheurs courent à leurs fichiers[4], mais que le dernier spectacle de la remise des Oscars à Los Angeles soulignait avec force les trente années glorieuses de ce *musical cinema*.

Ce qui est intéressant, dans la redécouverte récente de ce phénomène, c'est d'abord le dégagement d'un certain nombre de composantes:

1. Les inventeurs et les développeurs des techniques de l'image filmique et du son cherchèrent dès l'origine à faire la synthèse technique audiovisuelle. Steven Bach, dans *Final Cut*, rappelle qu'Edison ne développa son kinétoscope que pour mettre des images sur les musiques et les autres sons de son phonographe à cylindres: «Le plus célèbre, Thomas A. Edison, inventa ce procédé pour fournir un accompagnement visuel aux sonorités de son invention précédente, le phonographe. Il créait de cette sorte le cinéma sonore une génération avant qu'Al Jolson ne brise pour toujours le silence d'une nouveauté qui avait d'ailleurs paru négligeable aux yeux d'Edison[5].»

2. À défaut de réussir rapidement une jonction technique commercialisable du son et de l'image, le cinéma dit muet, après avoir laissé tomber rapidement les *bonimenteurs* et les *commentateurs* en voix off live des salles foraines, élargit la musique «mur à mur» à la projection des films.

3. Il s'ensuivit deux formes principales de musique au cinéma: a) la composition d'accompagnement d'un montage, dont la partition existe (ou a existé); b) l'improvisation libre. Cette dernière semble avoir triomphé, comme le souligne le musicien Yehudi Menuhin, dans la série télé *L'homme et sa musique.* Pour ce musicien, le cinéma muet, en particulier en Amérique du Nord, a forcé à un accompagnement musical gigantesque devenu *un puissant véhicule de popularisation de toutes les musiques.* Autrement dit, le cinéma, art populaire moderne par excellence, fut dès son origine le démarreur de ce profond mouvement des fusions musicales, que l'industrie phonographique et la radio devaient relancer, et porter à son haut niveau de développement culturel industriel.

4. Depuis l'avènement du cinéma sonore, beaucoup d'efforts ont été faits pour sonoriser en musique les films muets (en direct ou par enregistrement), depuis la patiente reconstitution des improvisations de musiciens d'autrefois, jusqu'aux compositions modernes qui vont jusqu'à la recréation audiovisuelle d'un produit, à l'interprétation par le son de ces images. De cette façon, théoriquement, il peut exister plusieurs *Metropolis*: en rock, en opéra baroque, en moderne à la Berg ou à la Boulez, en disco, en folk, en jazz, ou en métissage de ces diverses catégories. Non seulement l'improvisation

ou la composition peuvent être aussi diversifiées qu'à l'époque du muet, mais les technologies de reproduction peuvent en fixer de multiples traces ou essais.

Ce dernier point fait cependant anticiper sur le développement de l'industrie phonographique et de son syncrétisme à l'image filmique. Mais il faut revenir un instant sur l'affirmation de Yehudi Menuhin et se demander si *le cinéma muet fut davantage qu'un cinéma musical.*

L'apport de Menuhin, qui va au-delà de cette constatation, est avant tout de dégager le sens dynamique, la trajectoire culturelle transformatrice du rapport film/musique *live*, au temps du cinéma pré-sonorisé. Menuhin indique en effet que le besoin gigantesque de musique pour le cinéma a conduit non seulement à une utilisation massive (nécessaire) de *toutes* les musiques, populaires et savantes, mais surtout à une *popularisation intense de toute la musique.* La musique classique sortait ainsi des cercles restreints des salles de concert; les musiques populaires, pour leur part, prenaient une expansion inusitée.

En ce sens, l'analyse de Menuhin, quoique brève, est riche d'enseignements et d'hypothèses pour la recherche. Elle indique que le cinéma musical des trente premières années du siècle fut, comme première manifestation d'industrie culturelle, le laboratoire de la popularisation moderne de la musique au moyen des médias; que le cinéma, même dans cette forme transitoire non mécanisée des rapports images/musiques, faisait la démonstration de la nécessité du développement spécifique de l'industrie de la reproduction sonore pour la popularisation universelle de la musique (ce phénomène allait éclore, durant les années 1950, dans l'explosion du rock-pop, ainsi que dans la *variétisation* de la musique «classique» ou «savante»). Enfin, l'analyse de Menuhin contient la préfiguration que, une fois l'industrie phonographique consolidée dans sa spécificité de reproductrice de sons, les images et les musiques allaient se retrouver comme au début du siècle, cette fois dans une synthèse opérée par les développements technologiques et culturels[6].

Ce qu'a fait l'industrie phonographique pour l'image

L'arrivée récente du vidéoclip a été signalée comme le mode de survie de l'industrie du disque, qui croupissait dans la stagnation de ses ventes, et avait besoin d'images pour renforcer son marketing. L'image filmique et vidéo, dans cette optique, ne serait d'abord qu'essentiellement publicitaire. On sait qu'elle a dépassé depuis cette finalité, et que par ailleurs cette industrie s'est aussi renforcée, sur son terrain propre, par la technologie de l'enregistrement numérique et du disque compact.

On s'est toutefois peu demandé si, avant les années 1980, l'industrie du disque avait développé son rapport à l'image, et par quels moyens. Un examen plus attentif de cette industrie, depuis les années 1950, montre en effet qu'elle a très bien compris comment l'image pouvait non seulement supporter l'effort publicitaire des enregistrements sonores, mais leur fournir *un contrepoint visuel indispensable*. Ainsi, dans son développement spécifique, l'industrie du disque consolidait son rapport à l'image, comme l'industrie du cinéma avait cherché dans la musique un contrepoint sonore nécessaire.

Quand l'industrie phonographique arrive à maturité et entre dans sa véritable modernité, au début des années 1950, elle établit d'abord son développement spécifique par la haute fidélité, la généralisation de la bande magnétique pour l'enregistrement, et l'universalisation du microsillon de longue durée (secondairement celle de la musicassette pré-enregistrée). En même temps toutefois, et bien qu'on l'ignore presque toujours, cette industrie établit et consolide son utilisation de l'image, en particulier par l'énorme travail de développement du graphisme et de la photographie sur les pochettes des disques, travail qui parfois, dans les coffrets, se poursuit par la présentation visuelle des feuillets et des cahiers de notes.

Ainsi commençait la grande aventure de l'*habillage* et du contrepoint *visuel* des disques et des musicassettes, ancêtre direct de l'image des clips. Comme il y a peu de recherches sur ce terrain, à l'intérieur des études sur l'industrie phonographique, j'ai essayé de pousser un peu dans ce domaine, lors de ma propre enquête pour l'Université de Grenoble sur *Callas dans l'industrie phonographique*, phénomène de POPularisation de l'opéra[7].

En particulier, le travail à New York, à la fin des années 1940 et au début des années 1950, de Dario et Dorle Soria, apparaît typique de cet apport, et très éclairant sur le sujet. Comme l'a raconté Dorle Soria, responsable du marketing autant chez Cetra-Soria Records qu'à Angel Records (filiale de EMI), puis chez RCA pour la série «Soria Records», l'effort d'habillage des disques, en plus d'assurer leur protection matérielle contre la poussière et les manipulations, visait d'abord à rendre les pochettes agréables à l'œil, non seulement pour accrocher et favoriser la vente, mais pour trouver pour chaque œuvre musicale un contrepoint visuel adéquat.

De tels essais, explique Dorle Soria, qui faisaient l'effort de lier l'impact visuel à la spécificité sonore, étaient alors une nouveauté. Aujourd'hui, c'est devenu pratique courante, et presque systématiquement toujours utilisé par la plupart des firmes. Dans l'enthousiasme, en nous guidant sur nos propres goûts et en étant aidés par des professionnels, nous avons produit des disques salués par la critique comme étant aussi beaux à entendre qu'à regarder.

Pour les Soria, le visuel et le sonore renvoient l'un à l'autre, non pas mécaniquement, de façon littérale, mais en interactions dynamiques. Les éléments, même contradictoires, cherchent leur unité dans les divers styles images/sons des œuvres musicales et des présentations graphiques.

Ce travail, développé par les Soria pour la multinationale EMI, au milieu des années 1950, d'abord dans le secteur de la musique classique, s'est ensuite généralisé dans toute l'industrie, pris en relais par l'immense secteur du rock-pop. À partir de ce moment, et à cause de toute l'expansion que ce secteur lui a donnée durant les années 1960 et 1970, l'image dans l'industrie phonographique s'est developpée en vitesse constante jusqu'à sa rencontre avec le mouvement de l'image filmique dans le vidéoclip.

Il y a d'autres ancêtres du clip, notamment le montage syncopé des films publicitaires, ainsi que des applications de ce type de montage dans des films musicaux, je pense à *Hair* de Milos Forman, qui est avant la lettre et le temps, un nouveau musical-clip. Mais il n'en reste pas moins que l'image a été travaillée tout autant par l'industrie phonographique elle-même que par l'industrie du film et de la vidéo avant que la synthèse audiovisuelle ne s'accomplisse dans la vidéo et le cinéma d'aujourd'hui, ce champ filmique déjà appelé tout simplement le *clip*.

Le filmique clip est un phénomène de métissage technico-culturel

La période actuelle en audiovisuel, si elle ne se caractérisait que par des rapports formalistes ou techniques entre images et musiques, ne serait somme toute pas si différente des précédentes. Elle n'en serait tout au plus qu'un perfectionnement matériel, ce qu'elle est au fond pour une large part de la production ne visant essentiellement que la vente massive et la consommation routinière.

Mais il y a plus, manifestement. Dans l'ensemble des produits conventionnels, stéréotypés et standardisés par les chaînes de fabrication, se dégage un phénomène plus profond qui trouve, dans l'industrie synthétisée des images/sons, des images/musiques, un support matériel et technologique nécessaire, une infrastructure dynamique. Ce phénomène, c'est celui de l'accélération qualitative des métissages musicaux et audiovisuels.

Bien sûr, l'interdépendance extraordinaire, réalisée progressivement depuis quelques années, entre les diverses composantes de ces industries audiovisuelles, s'est manifestée dans une réalité économique sans précédent, les fusions d'entreprises, ainsi que dans un ensemble de rapports technologiques inédits pour la production et la diffusion. En même temps, au niveau culturel, s'est produite une série d'éclatements des genres musicaux, des langages audiovisuels, des cultures nationales et internationales, aussi bien artisanales qu'industrielles, celles de l'interprétation comme celles de la reproduction en série. Ce *métissage culturel*, terme plus approprié que celui de *fusion*, en circulation depuis quelques années, ou encore ceux de *magma* ou d'*hybridation*, ajoute aussi au sens de fusion la dynamique des luttes et des pratiques antiracistes et antisectaires, du droit à la différence et à la non-discrimination. L'émergence du rock après la Deuxième Guerre mondiale a visiblement été le détonateur de ce changement radical, poursuivi aujourd'hui par l'arrivée plus large des Noirs et des Métis dans la musique et la culture, des femmes, de la sexualité androgyne, des pacifistes et des écologistes.

Toutefois, cette culture des métissages audiovisuels, dont la musique est le plus puissant ferment, n'est pas actuellement un phénomène structuré, ni même dominant. Il est plutôt à l'état de chantier, voire de laboratoire de recherche, mélangé à un fort courant où le conventionnel et l'expérimental dans tous les azimuts forment le gros du mouvement, ce qui laisse forcément des tonnes d'ordures.

Compte tenu de cette situation, il importe de répéter certains impératifs de recherches pour l'analyse et les premières synthèses que nous pouvons dégager maintenant de cette immense explosion audiovisuelle.

1. Le filmique *clip* images/musiques, malgré une tendance à la domination, n'est pas, loin de là, tout le cinéma et toute la vidéo. Les langages filmiques plus classiques, ou plus modernes, comme ceux que le *direct* a généralisés depuis une trentaine d'années, sont toujours à l'œuvre, et ne subissent pas forcément les influences des langages *clip*. Il suffit de regarder des téléromans, des *soap operas* ou la plupart des téléfilms pour en être rapidement convaincu. Un

très fort pourcentage du filmique publicitaire en est encore au niveau des conventions de la première télévision des années 1950. En musique également, où la captation de concerts, d'opéras est très souvent de même niveau.

2. Dans le filmique *clip*, il est donc important d'apprendre à distinguer entre le conventionnel et l'expérimental. Des succès commerciaux gigantesques comme *Saturday Night Fever* et *Flashdance*, par exemple, n'ont aucun intérêt sur le plan de la créativité en métissage audiovisuel.

3. Dans l'expérimental, il faut encore distinguer entre celui qui s'en tient au formalisme esthétique ou technologique (effets spéciaux), et celui qui est plus progressiste au niveau des contenus et des formes, tant dans leurs spécificités que dans leurs liaisons.

Plus que jamais, tout ce qui brille n'est pas or dans ce domaine, même si le complexe industrialo-culturel, à l'image de celui qu'Edison avait érigé au début du siècle à West Orange, s'est élargi à la dimension planétaire. Les perles neuves qui en sortent parfois sont plus fascinantes que jamais, mais la circulation et le stockage des déchets culturels sont devenus en même temps un problème majeur d'actualité.

D'une façon plus générale, il importe que la recherche en audiovisuel soit elle-même capable d'opérer certains rapprochements entre ses divers secteurs, et pourquoi pas des *fusions* ou des *métissages*?

Les recherches sur les rapports cinéma/musique nécessitent l'apport indispensable des musiciens et des musicologues à côté des chercheurs en cinéma/vidéo, et la nécessité d'une certaine symbiose des disciplines. Les premiers ont à apprendre l'analyse des *musiques médiatisées* plutôt que celle des seules exécutions et interprétations *live*; les seconds à ne plus s'en tenir au seul terrain de l'image dominante et de la bande sonore secondarisée. Cette secondarisation, on en voit les conséquences dans le développement plus modeste des recherches sur l'industrie phonographique et celle de la radio.

Dans le même esprit, chercheurs et associations d'études doivent faire l'effort de briser les ghettos disciplinaires, entre musiques classiques et musiques populaires, ou encore entre cinéma, vidéo, productions sonores et musicales; de sorte que les études sur l'industrie du disque et de la radio, une fois renforcées, rencontrent le plus tôt possible les acquis analytiques sur l'image filmique et vidéographique.

Notes

1. Ces expressions ont peut-être des racines historiques plus lointaines qu'on ne l'imagine. J'en ai trouvé une trace par hasard, en aidant à la préparation du programme d'août 1986 de la Cinémathèque québécoise sur *Cinéma et musique*. En effet, le film québécois *L'infonie inachevée*, sorti en 1973, axait sa publicité sur «une image à écouter... un son à regarder» (déjà!).

2. En spécifiant «quelques gros plans», je me limite forcément à quelques pistes. Quand cette communication fut présentée, Michel Marie a noté avec à-propos qu'une esquisse plus englobante du phénomène devait tenir compte, parallèlement à l'évolution du cinématographe et du phonographe, du rôle des firmes en électricité dans le développement même des industries du disque, de la radio et du film. Sur ce sujet, l'article de Rick Altman, «The Technology of the Voice» (*Iris*, vol. 3, n° 1, 1985, et vol. 4, n° 1, 1986), est d'un grand intérêt. Michel Marie note aussi qu'en France, l'histoire «audiovisuelle» de Pathé-Marconi, par exemple, est riche d'enseignements sur le sujet.

3. Voir Michel Chion, *La voix au cinéma* (1982) et *Le son au cinéma* (1985), Éd. de L'Étoile/Cahiers du cinéma, ainsi que son article «Bonsoir le muet, bonjour les clips», dans *Le Monde de la musique*, n° 86, février 1986, dont j'extrais les citations du présent article. Voir aussi Michel Marie, «La bouche bée», *Hors-cadre 3*, 1985; ou encore «On the Soundtrack», numéro thématique de *Screen*, vol. 25, n° 3, mai-juin 1984.

4. «Cinéma et musique, l'introuvable festival», *Le Monde de la musique*, n° 85, janvier 1986.

5. «The most famous, Thomas A. Edison, actually invented his process to provide pictorial accompaniment for the sounds reproduced by his earlier invention, the talking machine, having in effect invented talking pictures a generation before Al Jolson forever shattered the silence of the novelty Edison thought negligible anyway.» (Mortow, New York, 1985)

6. Yehudi Menuhin et Curtis W. Davis, *The Music of Man*, Methuan, Toronto, 1979. Texte augmenté, sur la base des scénarios de la série de huit films produits pour la télévision de Radio-Canada/CBC. Menuhin spécifie que, pour révolutionner la musique en la popularisant, les deux inventions, cinématographe et phonographe, furent donc nécessaires. C'est en mettant ainsi l'accent sur les deux nouveautés que l'analyse de Menuhin préfigure les rapports actuels entre musique et images. Ce rapprochement entre deux extrêmes historiques ne doit cependant pas laisser croire, comme le soulignait encore Michel Marie à l'ACFAS, que les années intermédiaires, entre 1930 et 1950, ont été pauvres en images musicales. Bien au contraire. Il suffirait pour s'en convaincre de mentionner, par exemple en URSS, la comédie musicale *Les joyeux garçons* (1934), en Allemagne *L'opéra de quat'sous* (1931)

et *Le congrès s'amuse* (1931), en France *Le million* de René Clair (1931) ou l'opéra filmé *Louise* d'Abel Gance (1938), sans compter tous les musicals américains, les opérettes allemandes, les films musicaux français, les opéras filmés italiens, etc.

7. *L'opéra POPularisé. Callas dans l'industrie phonographique*, Sciences de l'information et de la communication, Université de Grenoble 3, thèse de doctorat d'État présentée le 4 novembre 1985.

SÉQUENCE 8

Journal à propos du Godard abitibien

À Guy Borremans

Godard en Abitibi! Qu'espérer de mieux, quand la montagne vient à toi? J'étais chauffé à blanc, malgré le dur hiver de décembre 1968. Je décidai que je ferais tout pour rencontrer le dieu de l'audiovisuel moderne, après avoir entrepris de tenir un journal de l'événement, heure par heure.

Seul le journal a survécu à ce grand rêve. On m'avait dit de venir aux studios télé de CKRN à Rouyn-Noranda, qu'il était possible d'y croiser Godard. Je roule les quelque 80 kilomètres d'Amos à Rouyn sur la glace bleue, au risque de me casser vingt fois la gueule.

Arrivé au studio, Godard n'est pas là. Une sorte de sphinx au sourire énigmatique et narquois, qui se dit assistant du maestro, marmonne de laconiques indications. Godard est peut-être à Chibougamau, ou à Val-d'Or... Il est peut-être reparti, dégoûté du patron David-Armand Gourd.

Je rentre bredouille, interdit du Saint des Saints. Je venais d'expérimenter le premier *écran* de ma vie. Je ne connaissais alors que l'écran cinématographique, qui révèle, illumine, informe, touche. Cet autre «écran» brouille, masque, obscurcit l'objet et le sujet, barbouille de noir. C'est injuste qu'on ait appelé cela «faire écran»; ce devrait être plutôt bâtir le mur, ou la grille, l'interdit, l'éclipse. Si j'avais vu Godard, il m'aurait reçu, j'en suis sûr. J'étais hélas tombé sur un grand-prêtre!

Le printemps suivant à Montréal, André Pâquet, alors à la Cinémathèque, m'indique que Guy Borremans a fait un reportage photo de l'événement. Plus tard, Borremans me montre ce matériel,

142

une des plus belles chroniques photographiques du cinéma québécois, qui me console un temps du rendez-vous manqué.

Encore aujourd'hui, je compte rencontrer Godard, et reprendre la conversation à partir de l'hiver 1968 et du décor western de Rouyn-Noranda.

Voici ma carte, Jean-Luc Godard. À bientôt, j'espère.

Photos : Guy Borremans

Jean-Luc Godard
et la télévision du Nord-Ouest québécois

Inédit, sauf un bref passage dans «Cinéma et télévision»,
Séquences, n° 58, octobre 1969

Lundi, 16 décembre 1968

L'étonnement est grand et joyeux de voir apparaître au petit écran, à 19 heures, Jean-Luc Godard, déjà annoncé par quelques hebdomadaires québécois, mais imprévu, non encore programmé. Il est saisi, comme ça, au vol de l'électronique, rapide et éphémère, comme il le sera d'ailleurs durant tout son séjour dans cette immense pénéplaine du Nord-Ouest, méconnue et oubliée des Québécois eux-mêmes.

Quatre comtés à 300 milles au nord de Montréal, les plus vastes du Québec: Témiscamingue, Rouyn-Noranda, Abitibi-Est, Abitibi-Ouest, auxquels Godard peut enfin parler, d'une voix d'abord tremblante et timide, puis de façon plus assurée; de Ville-Marie à Lebel-sur-Quévillon, de Normétal à Senneterre, et dans les centaines de villages et de petites villes éparpillés dans la glace et les épinettes, Godard, flanqué du président de Radio-Nord inc., compagnie possédant quatre postes de radio et une chaîne de télévision (toile d'araignée sur toute la région), Godard, donc, dans le studio au décor d'intérieur petit-bourgeois, ses lunettes teintées, son énorme cache-nez, une véritable apparition de «maudit Français», comme disent encore beaucoup de Québécois dérangés, Godard dit ceci, et je lui cède la parole de mémoire:

Ce que je viens faire dans cette région, c'est profiter de la chance unique d'avoir quelques heures de chaîne locale pour tenter une expérience nouvelle de télévision: dire d'abord au public qu'il ne possède pas cet outil de communication, plutôt entre les mains des «notables», mais qu'il pourrait s'en servir, si on lui en donne la chance, et dire ce qu'il veut y voir, comment il veut le voir.

Cette expérience, elle est impossible à faire actuellement en Russie, ou en France, ou en Allemagne; au Canada, au Québec, j'ai appris, durant la «Semaine du cinéma politique» (au Verdi, à Montréal), qu'il y avait encore quelques chaînes privées de télé, et qu'une d'elles pourrait me donner carte blanche, pendant quelques heures, quelques semaines, pour une expérience du genre...

Quoi qu'on en dise, la télévision aujourd'hui, dans le monde, n'est pas un outil libre de communication dont le public peut disposer. C'est au contraire un moyen de «canaliser» la liberté du public, dont se servent les notables qui ont argent et pouvoir de dire, de convaincre, et de faire accepter...

Le président de la compagnie acquiesce comme il peut. Visiblement cette pensée lui échappe, ou lui fait peur (nous y reviendrons, car lui-même y reviendra); Godard aussi lui échappe, littéralement, car tout à coup, pour illustrer son discours de la méthode des télés libres, il s'échappe du champ, court au technicien de la caméra... Cet entrechat subit, j'en entendrai parler demain, et de verte façon!

Aujourd'hui, Godard a lancé sa bombe chinoise sur nos espaces blancs et sur nos consciences. Les résultats ne se feront pas attendre...

Mardi, 17 décembre (matinée)

Je me rends au studio de télévision, à Rouyn-Noranda, pour voir et interviewer Godard. Il n'est pas là.

Une équipe de techniciens, dont Pierre Harel, prépare l'émission de ce soir. Il est difficile de les faire parler. Cette tournée Godard est un beau mystère. Ce que j'apprends se résume à ceci: il y a deux équipes, dont une au studio, pour les émissions, et l'autre, l'équipe française [Pierre David et Alain Laury], celle de Godard, et lui-même, qui parcourt la région, fait parler et enregistre. Cette dernière équipe, fort légère et aérienne, elle est partout et nulle part: aujourd'hui, peut-être à Chibougamau ou à Val-d'Or; hier, à Matagami; bientôt à Amos. En plus de l'expérience de télévision, Godard fait un film...

Les techniciens réguliers de CKRN-TV, eux, «sont en beau maudit»! La chance donnée à Godard par le président de la compagnie, c'est bien joli, mais quelle pagaille Godard et ses techniciens ont f... dans les habitudes du studio et des mentalités techniques! Rien que cette «folie» de Godard lundi soir, hier, de s'en aller au beau milieu de l'interview avec le président:

Godard (off) — Alors, qu'est-ce que je fais, maintenant?

Le président (on) — Vous n'êtes plus là!

Godard (off) — *Mais si, je suis là*! Je suis tout près du cameraman. Pourquoi ne me poserait-il pas des questions, lui aussi? Là, il n'y a que vous qui m'interrogez. Pourquoi pas lui, ou d'autres?

Ce seul geste prouve que Godard ne sait pas comment faire de la télévision! Etc., etc. Déjà, Godard c'est le maniaque, le fou, l'énervé...

Mardi, 17 décembre (soirée)

À 19 heures, première émission de télé «nouvelle vague» du Nord-Ouest québécois. En voici la présentation: le sigle CKRN-TV est d'abord vu à l'envers, «cul par-'sus tête» comme diraient nos grands-pères, puis il clignote un bon bout de temps. Apparaît un premier carton:

> ! On répare

puis un second:

> un instant
>
> on répare
>
> NON

Défilent ensuite des diapositives d'hommes politiques: Jean-Jacques Bertrand, Jean Lesage, le maire Drapeau, Paul VI, de Gaulle, sur un fond sonore de bruits incommodes et de cris de poules.

Sur le studio vide, perçu maintenant en direct, l'animateur parle: «Un studio vide, c'est inquiétant, n'est-ce pas? Dans la présente expérience, nous allons tenter de vous laisser la place, celle que vous n'avez pas habituellement, place qui vous permettra de *parler vous-mêmes pour vous*, de faire l'émission vous-mêmes...»

L'émission de ce soir laisse la parole à des mineurs de Matagami, réunis chez eux en assemblée syndicale, qui discutent du pour ou contre la continuation d'une grève en cours. Tout cela a été enregistré par un magnétoscope portatif, comme l'explique l'animateur, et le rendement technique est mauvais.

Quelques minutes plus tard, la discussion des ouvriers est interrompue par un commercial régulier du réseau. L'animateur poursuit: «Vous voyez, nous ne pourrons même pas faire une émission complète sans être arrêtés par les voix de ceux qui peuvent s'exprimer à la télévision, d'ordinaire. Vous, vous ne pouvez pas parler, à ces moments-là...»

Les ouvriers de Matagami reprennent la parole / nouvelle interruption par un commercial / nouvelle discussion... l'animateur conclut: «Précisons notre pensée: non seulement, par cette expérience, nous

146

voulons vous offrir le droit de parole, soit par reportage, soit en vous invitant en studio, mais nous voudrions vous amener *à faire vous-mêmes vos émissions, à en choisir les sujets et les images.* C'est ce que nous essaierons de faire durant les quelques jours que nous allons passer au milieu de vous...»

Jeudi, 19 décembre

Seconde émission télévisée de Jean-Luc Godard. Ainsi l'annonce un avis du poste, quelques secondes seulement avant l'émission (à signaler, en passant, que les programmes de lundi et de ce soir n'ont reçu pour publicité que ces deux avis de 10 secondes).
Ça commence par le carton:

| INFORMATIONS |

et les bruits divers, dont le sempiternel cliquetis de *teletype* qui, pour certains techniciens, fait plus scientifique! D'un ton monocorde, l'animateur débite: «Voici le robinet à nouvelles... Est-ce que ces nouvelles vous sont utiles? Est-ce qu'elles vous aident à vivre mieux?»
Non. En fait, il faut corriger le mot «informations» par le carton nouveau:

| DÉFORMATIONS |

Ce soir, l'équipe a fait venir au poste CKRN-TV un groupe de mineurs de Noranda. Le studio n'est plus vide, il devient moins inquiétant. Au milieu des caméras, des perches, des décors pêle-mêle, les ouvriers parlent, discutent des accidents des mines, des soins aux pauvres, de la mauvaise volonté de la compagnie, etc.
Les techniciens ne camouflent pas la technique de la télévision: à vue, les changements de lentilles, les déplacements des caméras et des perches. Tout à coup, un cameraman quitte son poste, vient s'écraser au milieu des mineurs et de la discussion, tandis que, de minute en minute, des cartons ponctuent la conversation:

| QUI |

| COUPABLE |

QUI EST COUPABLE?

Un peu plus tard, deux autres cartons recoupent les griefs des syndiqués mal protégés par les assurances-accidents de la compagnie minière:

LUTTE OUVRIÈRE
LES CONQUÊTES
NOYÉES

EXPROPRIONS
LES SPÉCULATEURS

À un moment donné, un animateur intervient: il souhaite que le groupe fasse une critique de la discussion, qu'il soulève des problèmes plus profonds, qu'il aille plus loin dans sa recherche. Mais cet indice ne fait pas mordre: on revient au sujet de départ.

Et cela tourne un peu en rond, jusqu'à ce que l'émission prenne fin sur le carton:

JOYEUX NOËL
CHÔMAGE, etc.

sur une version jazzée de «Petit papa Noël».

Vendredi, 20 décembre

Aux informations habituelles de 18 heures (ou aux «déformations» coutumières!), M. David-Armand Gourd, président de Radio-Nord inc., fait lire un communiqué au public au sujet des émissions de Jean-Luc Godard.

Voici, succintement, l'essentiel de cette «mise au point»:

1. Jean-Luc Godard a l'entière responsabilité de ses émissions télévisées.
2. Le poste CKRN-TV et la direction ne partagent nullement les opinions émises durant ces émissions.
3. C'est une «équipe française de Paris» (sic), représentant le sommet dans ce domaine, qui réalise ces émissions.

148

4. L'équipe technique de CKRN-TV en profite pour faire des expériences de comparaison (re-sic) entre les méthodes françaises et canadiennes de travail en télévision.
5. Le public est invité à faire lui aussi de semblables comparaisons et à exprimer par lettre (non par téléphone) sa désapprobation des émissions de Godard.
6. Ceux qui aiment ces émissions devraient le dire aussi par écrit.

Il y a donc eu, depuis lundi, une sorte de revirement (ou de confirmation) dans l'attitude officielle de notre télévision du Nord-Ouest québécois. Godard n'est plus la vedette internationale dont on dore son blason en l'introduisant dans le studio maison, il est devenu, en quelques jours à peine, le baudet sur lequel une bonne partie de la région crie haro!

Les secousses ont été dures. À Matagami comme à Noranda, où les petits et les pauvres ont dit ce qu'ils pensaient des notables, les grognements se sont élevés et ont atteint la direction de CKRN-TV. Force lui est donc de désavouer ce que lundi elle avait béni. Le malaise va grandissant. Le dénouement approche.

Lundi, 23 décembre

Dernière émission de Jean-Luc Godard. Les étudiants du cégep de Rouyn-Noranda ont la parole (au Québec, depuis deux ans, les cégeps sont les nouveaux collèges d'État de l'enseignement général et professionnel pré-universitaire).

La discussion des étudiants a été préalablement enregistrée au collège sur un magnétophone UHER. Ce soir, on place le UHER devant la caméra; les étudiants parlent, pendant que le vidéo présente des scènes de révoltes et d'oppressions à travers le monde.

Le contrepoint s'établit entre ces images et les dires des étudiants du cégep: ils déclarent, entre autres, ne pas admettre la société actuelle, être souvent opprimés par elle. Enfin, ils souhaitent une révolution ou du moins une remise en question de la société contemporaine.

Encore ce soir, la technique est parfois défaillante. Ce qui passe sur le UHER est souvent inaudible. Mais le message de contestation, lui, passe, et ses effets sur la région sont catapultants. Le groupe d'étudiants du cégep, qui manifeste à cette occasion, on saura un peu plus tard, dans trois semaines à peine, qu'il aura déclenché une véritable crise au sein de l'administration du collège, comme les ouvriers de Matagami et de Noranda l'auront fait, à des degrés divers, chez les dirigeants de leur compagnie ou chez les commerçants qu'ils ont pris à partie.

Mais le vase déborde. Ce soir, c'en est fait de Godard et de ses équipes.

Le lendemain, ils sont partis. L'expérience n'aura duré qu'une semaine, alors qu'on en avait annoncé deux. Mais la fin couronne l'œuvre: arrivé par surprise dans notre hiver et notre télévision, Godard aura touché ici, comme on a essayé de le faire ailleurs, le point névralgique: que, comme le dit bien Jean-Marie Drot, «la télévision aurait dû créer le grand journalisme audio-visuel dont a besoin la sensibilité actuelle» (*Téléciné*, 147).

Il me fait plaisir de citer encore Drot pour résumer cette semaine de télévision Godard dans notre région:

Des individus, des groupes familiaux non prévenus, sont tout nus devant le message audio-visuel; on peut très facilement les duper.

Il faudrait arriver à déterminer une exigence vis-à-vis de la télévision et que ce soit cette exigence qui crée le rassemblement des téléspectateurs. Il faut partir d'une charte.

(...)

Ce que nous réclamons nous-mêmes, ce que nous demandons à tous les étudiants, à tous les ouvriers, à tous les téléspectateurs, à tous et à toutes, c'est avant tout de faire une télévision pour adultes, une télévision qui non seulement dise la vérité à l'heure du journal télévisé, mais encore ose en toute clarté transformer chacun de ses programmes en une prise de conscience, afin que le monde d'aujourd'hui, par-delà sa violence et son indifférence, soit éclairé, commenté, expliqué et qu'ainsi la télévision soit une fenêtre ouverte sur le monde, mais encore et surtout sur la réalité d'aujourd'hui avec tous ses problèmes, toutes ses difficultés et toutes ses contradictions.

Un dernier carton

Non loin du poste CKRN-TV, situé en campagne, en banlieue de Rouyn-Noranda, il y a un cimetière.

Une affiche curieuse, près de la clôture, a été posée par les municipalités:

PAS DE TRAVAIL DANS LE CIMETIÈRE

Laissons les morts ensevelir les morts!

Épilogue: vendredi, 27 décembre

Pour contourner les cris et les protestations qui affluent à la compagnie Radio-Nord inc., son président, M. David-Armand Gourd, a convoqué, pour ce soir, quatre personnes qui vont faire le point sur l'expérience télévision de Godard: un chef syndical, un animateur social, un étudiant, un prêtre sociologue.

Le refrain est encore le même. M. Gourd insiste sur le caractère «étranger» de l'équipe et suggère son inadéquation avec notre population. Camille Samson qualifie l'expérience de décevante et de dépravante, et rappelle que toute vérité n'est pas bonne à dire.

Par contre, Théo Gagné croit qu'on doit montrer les maladies sociales, que l'information gagnerait à se diversifier et à se décentraliser; enfin, que la vérité n'est pas toujours en haut de l'échelle sociale.

André Dudemaine, étudiant, veut qu'on change les faiseurs d'opinions qui manipulent la population au lieu de donner aux individus des outils pour qu'ils communiquent entre eux. Il est appuyé par René Rheault, qui signale le mécontentement comme un signe de la difficulté à accepter la recherche comme nécessaire pour découvrir l'homme de chez nous et à prendre les moyens de communication sociale comme des mécanismes de reflet d'une population qui remet en cause la société dans laquelle elle vit.

Photo : Guy Borremans

SÉQUENCE 9

Cinéma et télévision

Un des grands paradoxes de la cinéphilie enfantée par la Révolution tranquille est de s'être sectarisée dans la contemplation du pur format pellicule, et d'avoir répudié un de ses géniteurs, la télévision/vidéo.

On a tendance à l'oublier souvent, mais cette cinéphilie n'est plus celle des années 20 ou 30, qui fit émerger et construire le cinéma d'art, le dénommé «septième». Au contraire, la cinéphilie des années 50/60 au Québec, qui suit de peu celle de la France d'après-guerre, se construit au moment où la télé s'impose, et bientôt la vidéo légère, où le cinéma devient lui-même *histoire* et *archéologie*.

Pourtant, le «cinéma dur» a la vie pure (ou l'inverse). Encore aujourd'hui, on voit par exemple comment les revues de cinéma au Québec ont toutes les misères du monde à entreprendre une métamorphose qui aurait dû se déclencher il y a trente ans. Je ne peux m'empêcher de voir dans la persistance de cette position culturelle une sorte de cristallisation de type «pensée-Mao-Tsë-tung», plus tenace encore que nos virées idéologiques des années 70. Le stalinisme n'est pas toujours là où on pense.

Pour ma part, malgré l'amour fou du cinéma, j'ai toujours eu beaucoup de difficultés à séparer cinéma/télévision-vidéo; plus encore, à dissocier les composantes sons et images des industries audiovisuelles (radio, phonographie, cinéma, vidéo). Je ne veux pas jouer «l'enfant martyr», mais à cause de cela, que de beurrées de savon à goûter! On te dit que tu es naïf, que tu as un penchant (honteux!) à suivre les modes, que tu cèdes au consumérisme, à la théorie omnibus des communications. La plus cinglante insulte vient des universitaires: tu es *hors texte*!

À têtu, têtu et demi. J'ai essayé tant bien que mal de résister. J'avais comme appui intellectuel Rossellini et Godard, Claude Jutra, Michel Brault, Gilles Groulx, Denys Arcand et Arthur Lamothe, entre autres. J'en avais glissé un mot à Pasolini en interview, sa réponse arriva sans mauvais sourire.

Un de mes derniers textes à *Séquences*, en 1969, fait ainsi figure de petit testament et de manifeste. C'est une charnière dans mon parcours personnel. Ce collage suivait de peu un grand *Colloque sur les communications*, tenu à Amos, dont j'avais été l'un des organisateurs, et qui avait réuni par exemple Fernand Dansereau, André Ruszkowski, André Juneau, Jacques Guay, le film *Comment savoir* de Claude Jutra, des représentants du CRTC et des médias régionaux et... tous les cinéphiles de l'Abitibi-Témiscamingue.

Ce fut notre mai culturel de 1969. Il faudrait peut-être en préparer un autre pour 1999? En attendant, il est impératif de continuer à fouiller cette question complexe. J'en propose une deuxième trace, dans la revue *Copie zéro* de la Cinémathèque en 1986. Les autres, plus récentes, s'égrènent dans *24 images* et dans *Cinébulles*, ou à Radio-Canada. J'adore continuer de jouer au Petit Poucet, car un jour ou l'autre, il est toujours nécessaire de retrouver son chemin et ses racines, dans la géante et méchante forêt contemporaine des images et des sons.

Photo : Guy Borremans

Cinéma et télévision

Séquences, n° 58, octobre 1969

réflexions en forme de collage à partir
de textes
de photos
de films
de télé-reportages

> *Peu de gens savent que la télélévision s'avère être, de par sa nature, l'inversion quasi complète des modes cinématographique et photographique. Nous voyons des films à la télévision sans nous rendre compte qu'ils ont été complètement transformés par les techniques de transmission, et nous supposons, tout naturellement, qu'ils sont semblables à ceux des salles de cinéma. (...)*
>
> *Alors que le spectateur reste, au cinéma, relativement détaché, et regarde l'écran, le téléspectateur, lui, devient l'écran... la télévision a suscité chez les jeunes l'exigence inconsciente d'un engagement réel dans toutes les situations du quotidien, aussi bien à la maison qu'au sein de la vie sociale.*
>
> M. McLuhan, *Mutations 1990*,
> H.M.H., p. 66-67-71

Marshall McLuhan: utopies ou prédictions

Si Marshall McLuhan a raison, si une mutation aussi globale s'est déjà produite du consommateur d'images au téléspectateur, il apparaît presque inutile de se poser une série de questions qui ont toutes, plus ou moins, l'air de faux problèmes de dissertation de baccalauréat: établir un parallèle entre les médias cinéma et télévision; comparer leurs mérites et leurs défauts; dire si la télévision a tué le cinéma, et pourquoi, etc.

Même en changeant de démarche, toutefois, il reste indispensable d'essayer de situer ces deux canaux d'information dans notre contexte politico-culturel, ne serait-ce qu'à cause des nouveaux «patterns» économiques que leur interaction dessine, ne serait-ce aussi qu'à cause des bouleversements artistiques et culturels que cette «guerre des mondes» laisse comme une trace, sinon comme une piste.

L'intérêt réside alors dans l'examen, forcément rapide et empirique, de certains phénomènes percutants relativement récents et des chocs interrogatoires qu'ils suscitent encore, et qui peuvent se résumer à ceci: entre l'individu et le réel, les médias Cinéma et Télévision sont-ils des instruments de rapprochement ou d'éloignement? des pouvoirs de communication ou d'aliénation? Par rapport à eux-mêmes, Cinéma et Télévision sont-ils si différents qu'ils expriment deux univers (l'un détruit déjà, l'autre encore informe)? ou bien tendent-ils à se joindre pour un hypothétique futur de réalité globale?

La grande passion de Rossellini

Faut-il rappeler le manifeste historique de Rossellini? Le cinéaste de la trilogie (*Païsa, Rome, ville ouverte, Allemagne année zéro*) était déjà un réalisateur de télévision, celui de *La prise du pouvoir par Louis XIV*, quand, se proposant de faire ce que nul autre n'avait fait jusqu'à la Seconde Guerre mondiale, il déclarait vouloir et devoir travailler ET DANS LE CINÉMA ET DANS LA TÉLÉVISION:

...Nous voulons élaborer des spectacles, des programmes qui peuvent aider l'homme à apercevoir les horizons réels de son monde. Nous voulons lui faire connaître jusque dans les moindres détails, en illustrant de façon agréable mais toujours scientifiquement exacte tout ce que l'art ou les produits culturels diffusés par les moyens audiovisuels ne lui ont pas montré jusqu'à présent ou, ce qui est pire, ont ridiculisé, vilipendé.

Nous voulons reproposer à l'homme les fils conducteurs de son histoire et représenter, de façon dramatique, comique, satirique, les événements, les luttes, les tumultes et la psychologie des personnages qui ont créé le monde moderne, tout en observant un critère de synthèse entre le spectacle, l'information, et la culture.

Godard: cinéma et TV contestés

En suivant l'esprit de ce programme de travail, sinon le même engagement politique qu'il pouvait impliquer, Jean-Luc Godard a tenu rapidement dans son Opus cinématographique à appliquer la méthode rossellinienne. Avec cette différence toutefois que, au lieu de se battre sur deux fronts, Cinéma et Télévision, Godard a plutôt fait l'appliqué révolutionnaire: Télévision au Cinéma. Dans *Masculin-féminin*, cette méthode de substitution des modes particuliers d'un médium à l'autre apparaissait plus nette, transformant non seulement le découpage formel du film («synthèse entre spectacle, information et culture»), mais faisant de son discours un documentaire insolite et vivant, impliquant tout aussi bien le réel psycho-politique que le réel imaginaire. (À noter que cette saisie plus globale du réel est exprimée dans le paradoxe de Jean-Pierre Léaud, dans *La Chinoise*, quand il explique l'histoire des débuts du cinéma, Lumière faisant des films fantastiques, Méliès tournant des documentaires!)

La démarche de Godard vers les procédés de télévision l'a conduit, l'an dernier, à tenter des expériences directes: dans le Nord-Ouest du Québec avec CKRN-TV; avec *Le gai savoir* pour l'O.R.T.F., en faisant l'essai que la télévision «devienne un instrument au service du peuple exploité jusqu'à maintenant par ses propres instruments de libération».

Dans le Nord-Ouest, les équipes dirigées par Godard ont donné la télévision, outil de communication, au syndicat des mineurs de Matagami, aux ouvriers de la Noranda Mines, aux étudiants du cégep de Rouyn-Noranda. Godard était apparu lui-même, le lundi 16 décembre 1968, et avait fait la déclaration suivante:

> Ce que je viens faire dans cette région, c'est profiter de la chance unique d'avoir quelques heures de chaîne locale pour tenter une expérience nouvelle de télévision: dire d'abord au public qu'il ne possède pas cet outil de communication, plutôt entre les mains des «notables», mais qu'il pourrait s'en servir, si on lui en donne la chance, et dire ce qu'il veut y voir, comment il veut le voir.

> Cette expérience, elle est impossible à faire actuellement en Russie, ou en France, ou en Allemagne; au Canada, au Québec, j'ai appris, durant la «Semaine du cinéma politique» (au Verdi, à Montréal), qu'il y avait encore quelques chaînes privées de télé, et qu'une d'elles pourrait me donner carte blanche, pendant quelques heures durant quelques semaines, pour une expérience du genre...

> Quoi qu'on dise, la télévision aujourd'hui, dans le monde, n'est pas un outil libre de communication dont le public peut disposer. C'est au contraire un moyen de «canaliser» la liberté du public, dont se servent les «notables» qui ont argent et pouvoir de dire, de convaincre, de faire accepter...

Les réactions à cette expérience de communication populaire sont venues, de la part des «notables», avec violence, sarcasme, dédain. Les ouvriers et les étudiants s'étaient exprimés durement, et sans détour.

Pris en direct et communiqué comme tel, le message frappait comme une bombe, comme l'évidence de la vérité, surtout celle «qui n'est pas bonne à dire», semble-t-il, car bien vite, on a voulu enterrer ce mauvais souvenir de Noël.

Le gai savoir, refusé par l'O.R.T.F., interdit en France. Film-clé, non seulement pour Godard, mais pour tous ceux que préoccupe aujourd'hui l'éclatement des valeurs de tout discours et de toute sémantique audiovisuels. Par le morcellement analytique de tout langage sans signification («insignifiant»), il s'agit ici d'œuvrer jusqu'au degré zéro, c'est-à-dire jusqu'à la négation même de ce langage, puis de recommencer, tenter de nouvelles expériences, redécouvrir, à nu, l'une après l'autre, toutes les valeurs authentiques des images, des sons, puis de leur combinaison en modules. C'est là la défense même que contient *Le gai savoir*, et en même temps son illustration. Aussi, est-ce bien un des rares films (de cinéma ou de télévision? on ne peut plus le savoir, et c'est tant mieux!) que l'on ne puisse décrire par des mots, ni autrement. *Le gai savoir* est un discours cinégraphique qui se suffit à lui-même et porte toutes ses significations. Par là même, cet anti-film est un seuil prémonitoire du temps où le discours audiovisuel n'aura plus besoin des mots (littérature ou critique) pour être révélé, où le spectateur engagé verra et entendra enfin, directement, comme on disait déjà de quelqu'un qu'il savait lire!

* * *

> *Lorsque les satellites commencèrent à tourner autour de la terre, ils commencèrent à faire, non seulement de la télévision mais aussi de la planète, une forme d'art.*
>
> *Finalement, les gens se tourneront à nouveau vers la planète comme «le lieu de prédilection» où tout débuta. Lorsque la télévision cessera d'être le dernier environnement en date, et deviendra le contenant d'un nouvel environnement satellite, nous cesserons de nous en préoccuper comme s'il s'agissait de quelque sorte de cinéma.*
>
> M. McLuhan, *Mutations 1990*

McLuhan de nouveau

Déjà le problème *cinéma et télévision* s'estompe, dans la mesure où on en avait fait des médias antithétiques (parce que les intérêts industriels et commerciaux de leur installation se sont heurtés). Plutôt: cinéma, télévision, de même que «comic strips», affiches, transistors, satellites de communication, apparaissent mieux comme les parties, encore éclatées et non unifiées, d'outils de perception pouvant lier les sens de l'homme à tout son environnement, réel ou imaginaire: celui de notre planète, en elle-même, comme dans ce qui nous en éloigne ou nous en approche, suivant l'image-clé de toute orbite.

Dans ce sens, il suffit de poursuivre ce collage rapide d'expériences diverses, bien que convergentes malgré tout, pour voir que Cinéma et Télévision, loin de se heurter, cherchent ensemble un discours qui nous intégrera enfin à notre planète mieux comprise.

Le débarquement sur la Lune vient à peine d'avoir lieu, que déjà le microbiologiste français René Dubos parle de sa signification comme la découverte de la nécessité d'une nouvelle théologie de la Terre. Il n'y a là qu'une apparence d'antithèse et de paradoxe. Les vols extra-terrestres ne nous ont-ils pas enfin donné un point de vue idéal pour contempler la Terre? L'imaginaire de la science-fiction n'est-il pas un meilleur tremplin pour la contemplation de notre réalité terrestre? Il est à parier qu'au terme indéfini de l'exploration de notre cosmos solaire, nous ayons la meilleure de toutes les connaissances de notre planète, et que toutes ces envolées soient la bonne façon de mieux nous rapprocher de nous-mêmes. Dans ce sens, les images en télé-direct du débarquement sur la Lune ne sont pas tellement différentes de celles du film de Kubrick, *2001, A Space Odyssey*; ou encore: la conversation des astronautes, lors de la descente du module sur la Lune, dans son réalisme et son caractère fantastique mêmes, se rapproche du réalisme onirique (images et sons) de *La chambre blanche* de Jean Pierre Lefebvre.

Qu'est-ce que la Terre?

> *Oui, c'est fait: la Lune, on y est allé. Et de là, les hommes qui se sont rendus pour de bon à ce poste inhospitalier d'observation, c'est tout de même une nouvelle mesure de la Terre qu'il leur faut désormais prendre. La Terre, on l'a eue tout entière sous le regard, merveilleuse et diaprée, changeante, douillettement enveloppée de nuages comme un enfant de ses langes.*
>
> *Peut-être est-ce cela le plus important du voyage américain jusqu'à la Lune: une sorte de consécration grave de*

ce qu'il doit y avoir désormais de planétaire dans notre prise de conscience humaine de la Terre.

Dominique Dubarle,
«À la conquête d'un nouveau regard»,
in *Le Monde*, n° 1083

Dans l'extraordinaire roman que Arthur C. Clarke a tiré de son scénario pour le film de Kubrick, le voyage qui conduit David Bowman «par-delà la porte des étoiles» le transforme en enfant des étoiles, puis le ramène à son point de départ: «Là, devant lui, comme un jouet brillant auquel nul Enfant des Étoiles n'aurait pu résister, flottait la planète Terre, avec tous ses habitants.» (Éd. Laffont, p. 297) Cette conclusion apparemment romanesque et fantastique, est bien près de la réflexion critique de Dubarle.

Dans le film de Kubrick, les astronautes conversent familièrement avec l'ordinateur Hal. Si on suit les développements de l'électronique, cela n'est déjà plus de la science-fiction, pas plus que ces images directes, télévisées, des premiers pas sur la Lune; documentaire fantastique, qui nous parut bien vite trop familier!

Dialogue avec soi-même

Extraits des dialogues Eagle-Houston:

Eagle:	540 pieds... 400 pieds... Nous descendons joliment... 200 pieds... 100 pieds... 75 pieds, c'est toujours bon. Nous dérivons sur la droite un tout petit peu. O.K., moteurs arrêtés.
Houston:	Nous vous suivons, Eagle.
Eagle:	Houston, ici base de la Tranquillité. Eagle a atterri... Nous avons d'ici une vue magnifique de la Terre.
Aldrin:	(décrivant la Lune) C'est gris, c'est très blanc, un gris crayeux, quand on regarde en direction du Soleil, et c'est un gris sensiblement plus sombre, comme de la cendre, un gris cendre, quand on se tourne à 90 degrés du Soleil.

Ces bribes, que nous transmettait la télévision, ont une allure désarmante de simplicité, mais elles sont aussi riches que n'importe quelle poésie du cosmos. Par une coïncidence étonnante, mais non fortuite, elles reviennent en mémoire, suivies du cortège des images télévisées de la Lune en direct, quand on voit le poème filmique de Jean Pierre Lefebvre, *La chambre blanche*. Là aussi, recherche par l'image et le son d'une géographie nouvelle: neige ou poussière gris crayeux? homme et femme? Terre, continents, pôles, points cardinaux?

Notre réalité quotidienne, il faudra bien la redécouvrir un jour, dans toute sa splendeur concrète, avec la simplicité des mots de Aldrin et de Armstrong. *La chambre blanche* est une sorte d'action filmique de découverte de la réalité québécoise, une spiritualité (sinon une théologie, comme le disait Dubos) de notre Terre, de notre environnement; et son langage, aussi byzantin à première audition que la conversation Houston-Eagle, s'éclaircit à mesure qu'il découvre notre simplicité et notre richesse complexes.

La science-fiction a peut-être raison

Bref, le problème Cinéma et Télévision, comme on pourrait dire le problème Radio et Disques, Photographie et Affiches, ne sera toujours qu'un faux problème, si les médias sont seulement examinés l'un après l'autre, comme des entités complètes, distinctes, unilatérales.

Les théories généralement admises des canaux de communication illustrent surtout, a priori, le caractère interdépendant des éléments mis en liaison. La problématique, alors, en est une de contenu plutôt que de contenant. Et notre grande question actuelle, ce doit être celle qui nous permettra de dire si oui ou non sera réalisée cette tragique réflexion du Dr Heywood Floyd, dans le roman de Clarke:

> ...plus les moyens de diffusion se faisaient merveilleux, plus barbare, atterrant et choquant était leur contenu. Accidents, désastres, crimes, menaces de conflit, éditoriaux sinistres semblaient être les sujets principaux des articles qui se propageaient dans l'espace. (p. 72)

Cette réflexion, repérée par la méthode de la science-fiction, est datée de l'an 2001. Il est peut-être même possible de la vérifier immédiatement.

De la reproduction

Copie zéro, septembre 1986

> *Quand vous voyez une carte postale de Rembrandt,*
> *vous ne dites pas «c'est un Rembrandt», vous dites «c'est*
> *une reproduction de Rembrandt». Tous les films qu'on voit à*
> *la télévision, ce ne sont pas des films, ce sont des*
> *reproductions de films qu'on diffuse. Un film, c'est une*
> *projection qui est plus grande que soi, la télévision c'est une*
> *projection en plus petit. Il faudrait annoncer: une*
> *reproduction de tel film.*
>
> Jean-Luc Godard, «La littérature et le cinéma»,
> *Apostrophes*, 26 janvier 1986, TVFQ

Cette citation, j'ai pu la reproduire grâce au magnétoscope et à la vidéocassette. Elle nous installe d'emblée au cœur du sujet. La REPRODUCTION filmique et vidéographique: une technologie, une culture.

Que signifie la reproduction audiovisuelle? À qui et à quoi sert-elle?

Pour faire suite à la livraison spéciale de *Copie zéro* sur «Ce glissement progressif vers la vidéo», il m'a semblé utile (ou à titre de «curiosité») d'ajouter quelques remarques sur un des aspects de la vidéo plus rarement touché: la reproduction vidéographique, comme support et comme moyen pour l'analyse, l'enseignement et l'«acculturation» audiovisuelle.

Là comme ailleurs dans les industries culturelles, les fortes stratégies de marketing ont, une fois de plus, précédé «l'utilisation en profondeur». Repiquages domestiques, locations dans les vidéo-clubs, achats de vidéocassettes en librairies, dans les boutiques phonographiques, les pharmacies et les grands magasins, cette immense infrastructure de consommation a créé le commerce du *livre de poche filmique*.

Il n'y a pas de raison pour que cette technologie et cette infrastructure de diffusion ne servent d'autres fins que le profit pécuniaire attaché au produit culturel, comme par exemple l'utilisation systématique de la vidéocassette en éducation et en recherche audiovisuelles.

La vidéocassette permet un accès plus souple et plus rapide à quantité de films ou de vidéos, en particulier aux ouvrages qui, pour une raison ou une autre des règles commerciales de la distribution et de la diffusion, deviennent vite hors de portée («hors de la vue»), pour ne pas dire hors la loi, eu égard aux inextricables complications juridiques entourant les droits sur les films.

À une époque où, comme le note Hannah Arendt, chaque écolier, chaque étudiant peut porter dans son sac des reproductions de la mémoire culturelle[1], il a longtemps manqué à ce bagage la culture cinématographique. Jusqu'à l'arrivée récente de la vidéocassette domestique, on a mal réalisé comment, de tous les produits culturels, le cinéma et la vidéo ont été les plus difficiles d'accès, les plus éphémères, les plus voués à l'oubli. Non seulement les classiques du cinéma, mais quantité d'œuvres récentes qui, après le temps d'un festival, d'une rétrospective de cinémathèque, ou d'un rare passage à la télé[2], tombent pratiquement dans le néant. On pourra continuer si l'on veut à reprocher aux jeunes de ne pas lire les milliers de titres en bibliothèques, mais comment imaginer des reproches pour méconnaissance de films et de vidéos... inexistants?

En particulier, on comprend mieux aujourd'hui comment le cinéma québécois souffre de cette carence. Alors que tous les produits culturels nationaux de la littérature, de la chanson et de la musique, de la reproduction d'art circulent assez aisément, le cinéma et la vidéo du Québec sont une denrée rarissime. Les bibliothèques publiques ou scolaires, les maisons de la culture et tous les centres de documentation peuvent maintenant offrir un coin de librairie audiovisuelle, de ciné-vidéothèque ou de médiathèque; pour le cinéma québécois entre autres, c'est impératif pour éviter le black-out culturel[3].

Ce volet de l'utilisation de la vidéocassette, c'est celui qui permet l'«acculturation» large au cinéma, à la télé et à la production vidéo, dans un sens aussi ouvert que celui de l'accès libre à l'information. Sur ce vaste sédiment, se greffent des pratiques plus spécifiques, nommément l'enseignement et l'analyse filmiques.

En recherche audiovisuelle, cela peut paraître tautologique que de mentionner la vidéocassette comme instrument de travail. Mais il y a tout juste quelques années, ce champ d'études était piégé. Je n'en donne qu'un exemple, pour montrer le fossé qui sépare ces deux âges des supports filmiques et magnétoscopiques pour la recherche et l'enseignement. Il s'agit de remarques qu'écrivait en 1977 Pierre Sorlin dans sa *Sociologie du cinéma,* à propos de «quelques suggestions pratiques»:

Les débutants sont souvent arrêtés par deux problèmes: où trouver les films? comment les étudier? Chacun résout finalement les difficultés selon les orientations spécifiques de son enquête...

La conservation des écrits est parfaitement organisée dans les sociétés industrielles; celle des images ne l'est pas encore; le dépôt légal des films ou des réalisations en vidéo existe dans peu de pays et fonctionne rarement de manière satisfaisante...

On doit se rappeler que la situation commerciale du film n'a rien à voir avec celle du livre. Un volume est un objet individuel; une copie de film est un objet qui circule... La logique voudrait que les films disparaissent en fin d'exploitation et la conservation est un miracle ou une chance anormale...

Avant de s'adresser aux cinémathèques, on doit apprendre qu'elles ne fonctionnent nulle part comme des bibliothèques et que, d'un pays à l'autre, le même terme couvre des institutions très différentes. . .

La vision en salle, utile pour un premier contact, ne permet pas de faire un travail sérieux...

Avant de se précipiter sur le cinéma ou la télévision, le chercheur devra d'abord se demander: qu'est-ce que je cherche qui, en l'état actuel des choses, ne soit pas plus directement accessible dans une bibliothèque ou un dépôt d'archives?

Ces handicaps sont maintenant contournés grâce à la vidéo-cassette. L'hypothèque est levée. Par exemple, dans *Hors-cadre 3*, Michel Marie peut spécifier qu'il a effectué son analyse de *The Jazz Singer* à partir de la copie vidéocassette de Warner Home Video, United Artists, 1983.

Mais là où la recherche et l'analyse peuvent maintenant s'en donner (relativement) à cœur joie, puisqu'elles ne relèvent somme toute que de l'utilisation individuelle, de type domestique ou privé, l'usage de la vidéocassette pour l'enseignement est dans un cul-de-sac. La présentation d'un film à un groupe d'étudiants est juridiquement définie comme étant publique. Le produit doit donc être traité par le biais d'une tarification qui n'est pas du même ordre que celle de la location des vidéo-clubs. Actuellement cette tarification n'est pas arrêtée, pas plus que la désignation du détenteur des droits pour une telle location.

Cette situation rend illégale en classe (ou dans une salle culturelle) la diffusion d'une vidéocassette privée ou louée à un club; elle met du même coup l'enseignement du cinéma dans un état d'arriération culturelle indescriptible et intolérable, surtout qu'il est généralement admis, au Québec, que les nouvelles générations de cinéphiles sont issues pour une large part du vaste réseau des cours de cinéma dans les collèges et les universités.

Évidemment, l'enseignement du cinéma veut toujours privilégier l'utilisation des copies 16 mm (le 35 mm est plus rarement employé, moins pour des raisons de coûts de location que par manque d'installations techniques). Mais compte tenu que les bassins de copies 16 mm sont pratiquement à sec chez tous les distributeurs, et qu'il y a encore trop peu de vidéocassettes disponibles pour visionnements publics, il est impératif que les producteurs et les distributeurs de vidéocassettes règlent leur situation juridique et leur tarification pour ce type d'utilisation pédagogique et culturelle, tout autant que l'État fixe sur ce terrain ses propres paramètres pour la protection du droit d'auteur.

Le vide juridique sur l'utilisation de la vidéocassette en public, phénomène lié aux bouleversement généraux en cinéma, télévision et vidéo, a produit depuis quelques années, dans l'enseignement du cinéma et de l'audiovisuel, une crise beaucoup plus profonde qu'il n'y paraît à première vue. On a fait les gorges chaudes il y a quelques années sur le scandale des institutions scolaires et des professeurs qui étaient devenus les pirates modernes de l'audiovisuel (et, croyez-moi, ce tollé antipiraterie n'était teinté en rien de la fascination qu'exerce sur les esprits le récit des exploits des corsaires et des flibustiers d'antan!). On n'y a vu qu'un problème de terrorisme intellectuel vis-à-vis la création artistique, là où il fallait remarquer un profond malaise culturel. Malaise qui propulse l'étudiant et son magnétoscope domestique en avance sur l'institution scolaire et la maison de la culture; malaise qui offre en milliers d'exemplaires les films pornos, d'horreur et de violence, tout en maintenant dans l'illégalité chronique le produit historique, culturel, art et essai; malaise enfin qui a rendu la presque totalité des films québécois inexistants, alors qu'il est de bon ton d'accuser les professeurs d'être les fossoyeurs de ce même cinéma.

Les industries culturelles de production-reproduction ont toujours eu ceci de fascinant: la technologie propulse la culture, qu'elle ne crée pas, ou si peu, mais qu'elle fait irradier.

En cela, la vidéocassette a déjà opéré un bouleversement majeur. Elle rend toute la culture cinématographique réellement accessible, même si c'est souvent encore dans le mode potentiel. Par là, non seulement elle ne tue pas le cinéma, la télé et la vidéo, mais elle les régénère et les revitalise.

164

Notes

1. «...Il n'y a pas eu d'époques avant la nôtre où l'ancien, le plus ancien et beaucoup de choses depuis longtemps oubliées par la tradition sont devenus bien de culture universelle mis dans la main de chaque écolier, à des centaines de milliers d'exemplaires...» (Hannah Arendt, «Walter Benjamin», dans *Vies politiques*, Paris, Gallimard, Les Essais CXC, 1974)

2. Les télés et les systèmes de câblodistribution ne jouent encore qu'un rôle accessoire dans la diffusion organique et cohérente de la culture cinématographique historique et actuelle. Si on excepte les efforts (réels mais encore modestes) des télés éducatives, la situation est assez lamentable, y compris à la télé d'État canadienne, qui répudie le rôle de leadership qu'elle devrait assumer en la matière.

3. Il y a quelques années, j'avais participé, avec une quinzaine d'autres cinéastes, professeurs et critiques, à une consultation de la Cinémathèque québécoise sur un projet d'une «collection historique de films québécois en vidéocassette». Une première analyse avait été menée à partir d'une liste de cent films allant de 1937 à 1970 (longs, moyens et courts métrages). En reprenant ce travail aujourd'hui, il faudrait y ajouter quinze autres années, qui ne sont pas les moins riches. Ce corpus rêvé existe maintenant à l'état embryonnaire, puisque le centre de documentation de la Cinémathèque a récemment démarré sa collection de vidéocassettes.

SÉQUENCE 10

Un chaman montagnais à l'accent de Pagnol

Arthur Lamothe est un exemple vivant, emblématique, de la transculturalité, cette passion de la revue *Vice versa*, et son intelligence. Passer du Midi de la France au Saint-Maurice des «bûcherons de la Manouane»; confronter sur le même territoire l'émergence de la nation québécoise à celle des Montagnais du Nord-Est; bâtir des traverses entre le documentaire et la fiction sans détruire ni l'un ni l'autre; fusionner le vieux fonds judéo-chrétien avec le chamanisme: le sentier culturel d'Arthur Lamothe est anti-cartésien par nature et par choix. Il s'inspire plutôt des circonvolutions, des cercles, des rêves, des ondes de tambours de l'épicurisme millénaire de la culture amérindienne.

Un seul outil, talisman ou technique magique, pouvait permettre un tel parcours: le cinéma. Lamothe fait la démonstration que le film — tel l'os de caribou calciné du sage André Mathieu — devient, si on sait bien le lire et l'interpréter, révélateur d'un métissage dosé de rêve et de réalité, de nourriture physique des bêtes et du fantasme de leurs migrations.

Cinéaste sacré chaman, Arthur Lamothe a été reconnu à sa juste valeur par les Montagnais, mieux que par tous les autres. Ces Amérindiens comprennent plus en profondeur que nous le cinéma, son pouvoir magique comme composante intrinsèque du réel. «La nature n'est pas naturelle», dit Pasolini au début de *Medea*. La technologie du cinéma n'est pas techniciste non plus.

J'ai un peu mieux compris ce cinéma après avoir entrepris de remonter, avec mes collègues Gérald Pageau et Johanne Lessard, une partie des routes filmiques montagnaises de Lamothe, de Sept-Îles à Schefferville, plus précisément de Maliotenam à Matimekosh. Une route peuplée de cauchemars et de démons, mais traversée de luminescences, comme certain soir, devant la fantastique beauté de la rivière Mistashipu, en contre-jour d'un coucher de soleil nordique rutilant de couleurs, étincelant comme une Arche d'alliance.

Devant cette Arche montagnaise, j'ai vu, je vous le jure, danser un jeune roi David.

Mémoires battantes

Format Cinéma, n° 31, 15 novembre 1983

Cet automne, dans le cinéma québécois, se promènent des signes de nouveaux contacts entre générations. Quelques flashes à l'heure du loup, qui font peut-être reculer l'échéance de la grande noirceur.

Les *Rendez-vous d'automne* ont trop souvent manqué de places; c'étaient des jeunes qui en demandaient. Le débat sur le documentaire était plein à craquer, et là aussi beaucoup de nouvelles et de nouveaux.

Aux ateliers de l'Association des études cinématographiques, tu prévois 40 ou 50 personnes, il en vient 125; les jeunes s'y assoient, majoritaires, pendant deux jours et demi.

Et puis, il y a ce programme de Radio-Québec, qui donne enfin en *prime time* une série de films des années 60: *À tout prendre, Le révolutionnaire, La vie heureuse de Léopold Z, Le festin des morts, Où êtes-vous donc bande de câlisses*, etc., ces «classiques» de cinéastes toujours au travail ou presque. Comme disait Claude Blouin: «C'est pas croyable, nos cinéastes classiques québécois n'ont que 40 ou 50 ans... des CLASSIQUES!»

C'est peut-être un heureux sort historique que la jeunesse du cinéma québécois soit toujours si vive, et qu'elle semble se prolonger chez les vingt ans. S'il n'y a pas de quoi pavoiser (et quel drapeau faudrait-il prendre, puisque le cinéma n'en a pas?), on peut minimalement s'en réjouir.

Il y a donc, à ce carrefour étroit, une jeunesse nouvelle du cinéma québécois, et cette autre jeunesse son aînée, sa «quarantaine», comme Ettore Scola ses personnages de *La terrasse*. Cette autre jeunesse vient de s'illustrer une fois de plus. Je pense à deux exemples, *Au pays de Zom* de Gilles Groulx, et *La mémoire battante* d'Arthur Lamothe.

Zom dont l'ONF semble avoir honte depuis plus d'un an, peut enfin être vu. Film brillant, film impossible, à la limite fait de tant de rigueur et de maîtrise, d'alliages forcés, que le portrait de ses contradictions en devient insoutenable. C'est un opéra certes, et un beau, mais dont le protagoniste et le langage, loin du lyrisme attendu dans ce genre musical, forment au contraire un libretto quotidien, banal, contemporain!

Zom, opéra cinématographique sur le capitalisme québécois agonisant, est l'équivalent du *Blues du businessman* de Claude Dubois. *Zom* ne se raconte pas; c'est de l'audiovisuel filmique presque à l'état pur, abstrait; comme du Straub mais dépouillé de toute symbolisation ésotérique et maniérée, tellement simple que c'est désarmant, tellement inhabituel aussi, au bord de l'obscur.

Imaginons Paul Desmarais transformant, du jour au lendemain, *La Presse* en édition de ses propres poèmes!

Gilles Groulx est allé dans ce film à la limite extrême de sa dénonciation du capitalisme par l'utilisation même de la forme artistique la plus extravagante, la plus forcenée, la plus coûteuse et fascinante de la bourgeoisie: l'opéra.

De son côté, Arthur Lamothe, dans ses trois heures de *La mémoire battante*, accomplit la synthèse et le dépassement de tous ses films antérieurs sur les Montagnais, leur ré-actualisation. Lamothe sort du matériel inédit sur la spiritualité, la culture et la vie sociale des Montagnais, montre ces traits culturels en opposition avec le colonisateur d'autrefois et l'oppresseur d'aujourd'hui: la persistance du racisme envers les Indiens, leur exclusion sociale, leur sédentarisation forcée dans les réserves...

Lamothe relie toutes ces images montagnaises à son témoignage personnel; il se montre à la caméra, se re-situe aujourd'hui en remontant jusqu'à ses premières images d'Indiens dans *Le train du Labrador*. De plus, par dramatisation fictionnelle, Gabriel Arcand joue la rédaction angoissée et lucide de certaines pages des *Relations* du jésuite Lejeune sur les Indiens.

Tous ces éléments ensemble, passé et actualité, fiction et documentaire, témoignage subjectif du cinéaste québécois et objectivité de la survie culturelle montagnaise, sans compter le fait de présenter la monteuse Nicole Lamothe au travail sur ces films, et le cameraman Jérôme dal Santo, tous ces éléments sont réunis en une synthèse vivante et vibrante de la *Chronique des Indiens du Nord-Est du Québec*.

Chronique des Indiens
du Nord-Est du Québec

«Vues sur le cinéma québécois. Colloque de l'Association canadienne des études cinématographiques», *Copie zéro*, n° 11, 1981

Anne André, une Montagnaise de Schefferville et de Sept-Îles, quand elle a écrit son livre *Je suis une maudite sauvagesse*[1], a précisé qu'elle entreprenait ce travail «pour se défendre et pour défendre la culture de ses enfants» (Préface). De son vrai nom indien An Antane Kapesh, elle a aussi participé aux films de la *Chronique des Indiens du Nord-Est du Québec*, comme des dizaines d'autres Montagnais, jeunes et vieux, dans le même esprit: en faire des films de lutte, un cinéma de défense des droits des Montagnais. Ce qui justifie pleinement Arthur Lamothe, principal artisan-réalisateur de ces films, de les avoir appelés «films montagnais» (et non «films québécois» au sens strict). Ce n'est pas un jeu de mots ni une fantaisie ethnologique. Ces Montagnais, comme la majorité des autres peuples et nations autochtones au Québec et au Canada, n'ont décidément pas le temps ni le besoin d'écrire, de participer à des films ou à d'autres manifestations culturelles pour enrichir la mosaïque du «multiculturalisme» du pays. S'ils le font, c'est bien plutôt pour témoigner de l'oppression dont ils sont victimes et des luttes qu'ils mènent de plus en plus ouvertement pour la reconnaissance de leurs droits nationaux et culturels.

Personne n'ignore plus, depuis quelques années, ne serait-ce qu'aux États-Unis et au Canada, le nombre et la diversité de ces luttes. On a encore en mémoire les affrontements armés de Wounded Knee, de Akwesasne (St-Régis), la mort suspecte de deux Montagnais à la Moisie en 1977[2], celle plus récente de David Cross à Kahnawake, et chaque jour de plus en plus de manifestations d'Inuit et de divers groupes d'Indiens avec ou sans statut, de Métis, de femmes indiennes, etc. À l'été 1980, la plus spectaculaire de ces démonstrations fut «le train de la Confédération», où Trudeau avec mépris refusa de rencontrer les participants, tout occupé qu'il était à renégocier une constitution canadienne de deux peuples fondateurs.

* * *

Au moment de mettre la dernière main à ce texte, viennent d'éclater les événements scandaleux de la réserve Micmac de Restigouche. Les 11 et 20 juin 1981, la Sûreté du Québec (SQ), obéissant au gouvernement du PQ qui jugeait les droits de pêche au saumon violés, a envahi la réserve avec force, y faisant des dégâts et des blessures, insultant les Indiens et y suspendant les libertés de circulation. Ce qui a conduit Joe Stacey, président de la Confédération des Indiens du Québec, à écrire à René Lévesque le télégramme où il dit notamment:

> Tout indique que vous êtes prêt encore une fois à semer la violence en territoire Micmac, afin de faire respecter les directives de pêche que votre gouvernement entend imposer aux Indiens. Comme tactique de négociation, le recours à la force est inacceptable, légalement et moralement, dans toute société civilisée. Et la Confédération des Indiens du Québec continue d'affirmer son droit à son territoire et à sa souveraineté politique, économique et culturelle. Vos présentes tactiques ne vous rapporteront rien si ce n'est la flétrissure de votre réputation, tant au pays qu'à l'étranger. (*La Presse*, 17 juin 1981)

* * *

Car justement, il s'agit bien de «droits nationaux» et non de vagues revendications de culture artistique. Il est clair maintenant que pour la majorité des Inuit et des Autochtones du pays, la survie passe d'abord et avant tout par le droit politique à l'autodétermination, ainsi que par sa matérialisation dans les droits territoriaux, le mode de vie, la langue, l'école, etc.

Ces dossiers nationaux sont maintenant partout: à Ottawa, à Québec, dans toutes les autres provinces, à la Ligue des droits et libertés[3], en Grande-Bretagne, aux Nations unies. Cela force même certains députés à évoquer le fait aux Communes, comme par exemple Bob Rae, néo-démocrate, qui déclarait récemment:

> L'histoire des relations des gouvernements canadiens et des Autochtones est remplie d'exemples d'injustice et de discrimination dont il n'y a pas lieu d'être fier...

> Il est tragique que de nombreux Canadiens, à cause du comportement de leurs compatriotes, aient pu avoir le sentiment d'être tolérés au Canada au lieu d'y être acceptés de plein droit. Il est très inquiétant de noter certains indices d'une renaissance du pire genre de discrimination raciale avec la résurgence du Ku Klux Klan et d'associations analogues au Canada[4].

Il n'y a donc pas que les Québécois et les francophones hors Québec qui revendiquent l'égalité de leurs droits nationaux et culturels. Les Inuit et les Indiens le font de plus en plus, ils sont décidés à lutter jusqu'au bout. On ne pourra plus reculer dans l'histoire. Rémi Savard, l'anthropologue qui a collaboré aux films d'Arthur Lamothe, déclarait il y a deux ans:

> Je le prédis sans fierté aucune: nous aurons bientôt sur les bras une crise d'octobre autochtone(...) J'irais encore plus loin: tant que ne sera pas réglé le contentieux (québécois) avec les autochtones sur la base de l'égalité réciproque, nous ne réussirons pas à nous définir parfaitement comme peuple[5].

Plus récemment, Savard commentait ainsi les événements de Restigouche:

> Contrairement à ce qui est généralement véhiculé par les médias, ce ne sont pas les Indiens qui se refusent au partage des responsabilités et des ressources, mais bien le gouvernement du Québec. Dans le cas de Restigouche, et en l'absence de toute espèce d'insurrection appréhendée, ce gouvernement a décidé de régler un problème constitutionnel par un déploiement policier de type octobre 70. (*Le Devoir*, 17 juin 1981)

Personne ne peut plus donc feindre l'ignorance ou l'apolitisme vis-à-vis de l'oppression et de la discrimination des Autochtones du pays, au Québec comme ailleurs. *Le mépris n'aura qu'un temps*, disait déjà un autre titre de film d'Arthur Lamothe. Car, toute proportion gardée, le fait autochtone, c'est l'apartheid du Canada, même si ça n'en a pas toutes les formes racistes politiques et juridiques comme en Azanie (Afrique du Sud).

C'est dans ce contexte que se situe la *Chronique des Indiens du Nord-Est du Québec*. Même si cette série de films n'a pas eu comme objectif d'illustrer tous les aspects des luttes politiques, juridiques, sociales et culturelles des Montagnais, on peut dire qu'il s'agit d'une des plus importantes contributions cinématographiques à avoir été produites au Canada et au Québec pour décrire le problème autochtone et s'associer à son mouvement de luttes.

Dans cette communication, je vais d'abord décrire les principaux thèmes des films touchant les questions de la culture et des droits montagnais (I, II, III); ensuite, je tenterai de dégager l'importance de cette *Chronique*... dans les tendances contradictoires actuelles du cinéma québécois (IV); en conclusion, je soulèverai quelques éléments sur la question d'un cinéma autochtone au pays.

La *Chronique...* est, dans son état actuel, un ensemble de 12 films de long métrage, dont la production par les Ateliers audio-visuels du Québec a débuté en 1973 et n'est pas encore achevée. La première série (1974-79), *Carcajou ou le péril blanc*, comprend 8 films, et a été produite avec l'aide de Radio-Canada; la seconde série, *Innu Asi/La terre de l'homme* (1979), est formée actuellement de 4 films, dont la première diffusion vient de se terminer à Radio-Québec.

I. KAUAPISHIT MIAM KUAKUATSHEU ETENTAKUESS/*Carcajou ou le péril blanc*
  — MISTASHIPU/*La grande rivière*
  — NTESI NANA SHEPEN/*On disait que c'était notre terre* (1, 2, 3, 4)
  — KUESTETSHESKAMIT/*L'autre monde*
  — PATSHIANTSHIUAPA MAK MISTIKUSSIUPAPA/*Le passage des tentes aux maisons*
  — PAKUASHIPU/*La rivière sèche*

II. INNU ASI/*La terre de l'homme*
  — PUKUANIPANAN/*Campement d'hiver où est tendu le filet*
  — MUSHUAU INNU/*L'homme de la toundra*
  — INNIUN NIPATAKANU/*Ethnocide délibéré?*/A Calculated Extinction?
  — NINAN NITASSINAN/*Notre terre*

Malgré son ampleur et son importance, cette série de films est encore très mal connue. Elle a déjà circulé un peu en Europe, a reçu un accueil chaleureux en France. Au Canada anglais, on vient tout juste de la découvrir, par la présentation de *A Calculated Extinction*? au dernier festival *Canadian Images* de Peterborough. Au Québec, elle subit les avatars de tant de films québécois «parallèles» depuis quelques années, à savoir qu'elle est ignorée de presque tout le monde à toutes fins pratiques. La diffusion de la première série *Carcajou ou le péril blanc* à Radio-Canada, il y a quelques années, avait été mal programmée (le dimanche soir un été, ou en reprise le lundi soir très tard en saison), puis avait subi des difficultés et l'amputation de l'avant-dernier film *Le passage des tentes aux maisons*. Ce n'est que tout récemment, avec la nouvelle série *Innu Asi*, d'abord en avant-première à la *8e Semaine du cinéma québécois* (oct. 80), puis dernièrement à Radio-Québec, que le travail de ces films commence à émerger.

Dans l'opinion publique, cependant, il n'y a pas eu grands débats autour de ces films. Malgré tout, récemment, un échange de lettres, dans les journaux locaux de la Côte-Nord, est peut-être un signe de déblocage. D'abord, une lettre indignée, que vient de faire paraître une ex-enseignante de Schefferville à propos de *Ethnocide délibéré?*, attaque violemment Arthur Lamothe en le traitant quasiment de «pauvre type» et elle essaie d'expliquer tout le dévouement des Blancs qui, comme elle, ne demandent qu'à «faire sortir les Indiens de leur torpeur»! À cela, neuf jeunes Montagnaises ont répliqué:

> ...C'est vous qui faites pitié de vouloir décider à notre place ce qui est bon pour nous. Vous vous trompez quand vous dites que le film n'est pas un bon film. Nous sommes contentes d'avoir eu la chance de dire ce que nous pensons de l'école... Par son film Arthur Lamothe nous permet de faire comprendre aux Blancs ce que nous avons senti pendant nos années à l'école... Arthur Lamothe nous comprend et par ses films d'autres Blancs peuvent nous entendre et nous comprendre.

Le plan général des films est le suivant. Première série: le film d'ouverture, *Mistashipu*, décrit, dans le cadre de la rivière à saumon la Moisie, quelques exemples actuels et historiques de discrimination, ainsi que de dépossession des droits territoriaux et de pêche.

Le deuxième titre, *On disait que c'était notre terre*, subdivisé lui-même en quatre films, donne des exemples de formes de pensée et de discours montagnais; des exemples aussi de système de communication en forêt, de piégeage, de chasse à l'ours, tout en rappelant encore quelques faits historiques de perte de droits, de spoliation de la nature par les industries (coupe des arbres); enfin on présente des exemples de résistance des Montagnais pour conserver quelques-uns de ces droits: luttes pour garder la réserve à Sept-Îles dans les années 50, ou encore pour avoir droit de passage sur les chemins de la compagnie Quebec Cartier Mining et accéder aux territoires de chasse.

Ensuite, le sixième film, *L'autre monde*, en rappelant au passage la question des «clubages» des rivières à saumon, montre surtout la pratique ancienne (à la fois hygiénique et spirituelle) de la *tente à suerie*, sorte de sauna des Montagnais. Le septième, *Le passage des tentes aux maisons*, fait intervenir Rémi Savard expliquant le changement forcé des habitations des Montagnais, avec un exemple, celui de la réserve La Romaine depuis 1971; c'est aussi dans la conclusion de ce film que Savard explique la forme et le sens des regroupements collectifs de lutte des Montagnais pour la défense de leurs droits. Enfin, *La rivière sèche* explique la vie dans les tentes et la cuisson du porc-épic[6].

Dans la seconde série *Innu Asi*, le premier film: *Campement d'hiver où est tendu le filet*, traite de la pêche au filet sous la glace, puis du rituel du repas de poisson; le deuxième, *L'homme de la toundra*, illustre la fabrication de la raquette; le troisième, *Ethnocide délibéré?*, décrit le racisme et la discrimination à l'école, et s'interroge sur l'avenir de la jeunesse montagnaise; enfin, le dernier, *Notre terre*, trace le portrait détaillé et documenté des droits territoriaux des Montagnais.

Pour l'essentiel, il y a trois groupes de thèmes qui sont présents dans ces films:

a) la question de la culture et des modes de vie montagnais;
b) les faits d'oppression (dépossession) et de discrimination;
c) les luttes du peuple et l'avenir des enfants.

Ces thèmes ne se présentent pas selon cet ordre dans les films; ils s'y recoupent plutôt, s'entrecroisent, même si parfois tel ou tel film aborde un sujet plus spécifique. Je pense qu'il est néanmoins plus aisé de les regrouper ainsi pour la clarté de l'exposé.

I. Le territoire, c'est notre sang

> *«The Land is our flesh», expression d'une Indienne dans le film* We Can *sur les revendications des Métis de la Saskatchewan*[7].

Les revendications territoriales des bandes attikamèques et montagnaises pour leur part sont intitulées: *Notre terre, nous l'aimons et nous y tenons*.

La question des conditions de vie et de culture des Montagnais est basée avant tout sur la conception autochtone des territoires, à laquelle se rattachent la fonction de la chasse et de la pêche, puis, par voie de conséquence, les formes de nourriture et les types d'habitations. De tout cela, enfin, la musique et certains rites donnent une expression symbolique de caractère spirituel.

Un des grands mérites de la *Chronique...* est de nous offrir, surtout par le témoignage direct de vieux Indiens, une description très détaillée de ce système social et de son lien avec la nature.

De tous ces éléments, la signification des *territoires* est primordiale et tous les autres en découlent. Le territoire est cette portion de terre dont l'Indien connaît les ressources et les richesses (dont «il a fait l'inventaire»), et dont il peut faire une utilisation rationnelle pour les besoins de la vie, les besoins de l'homme (Indien et autres). Sur cette base de connaissance, la vie autochtone, à travers les siècles et jusqu'à tout récemment, avait développé une somme incroyable de moyens de communication, d'aliments et, si on peut dire, d'utilisation de «matières premières» pour la confection de certains objets utilitaires (exemple: la raquette, faite de bois et de peau de caribou, ou encore le tambour). Pour sa part, la nourriture, basée principalement sur la viande «des animaux des Indiens», s'est constituée de poissons, de caribou, perdrix, ours, porc-épic, etc.

Ce n'est qu'en comprenant cet ensemble et les liens qui le tissent qu'on peut saisir le caractère essentiel du concept autochtone du *droit au territoire*, qui n'est en rien la propriété privée d'un lieu et de ses richesses, et encore moins leur utilisation à des fins de profit, mais bien l'utilisation de la nature pour la vie. Dans ce sens, les Montagnais rappellent qu'ils n'avaient nul besoin d'aller posséder ou conquérir le territoire d'un autre peuple; bien plus, quand d'autres sont arrivés, les Indiens ont toujours voulu *partager*, dans la mesure où ils n'avaient pas de biens personnels à défendre, mais pouvaient simplement continuer d'utiliser avec d'autres la terre de l'homme. Avant les réserves, rappelle-t-on, les Indiens et les Canadiens vivaient ensemble; les Indiens ont aussi servi de guides indispensables pour conduire à l'ouverture de postes de traite; ils ont aussi aidé à découvrir le minerai de fer. Ils avaient ouvert assez de routes et de sentiers, que les Blancs se sont servis naturellement de ces tracés pour le chemin de fer du Labrador.

Ce droit au territoire, ainsi conçu, implique le droit à la chasse, à la pêche et au piégeage, comme nécessité de subsistance (nourriture et outils de base). Ce droit implique aussi la nécessité du nomadisme en tant que moyen d'utilisation de la nature. On comprend mieux ainsi comment la mise sur pied de la «réserve» et son intégration forcée, violente, n'est que le bout d'une chaîne qui nie tous les autres droits, territoriaux, ceux de chasse et pêche, nourriture, habitation, et dépossède au bout du compte les Autochtones de leur base matérielle de vie.

De leur côté, la danse et la musique montagnaises (tambour et chant) sont toujours exprimées comme l'aboutissement de cette logique du territoire, de la nourriture, de la vie. Par exemple, une chanson dans *La rivière sèche* rappelle les pièges à visons; dans *L'autre monde*, François Bellefleur explique: «Lorsqu'on cherche de la nourriture, et qu'on consulte le tambour, ils apparaissent sur la peau du tambour, ceux qu'on va tuer. Celui qui chante, c'est celui qui voit.» Dans *Mistashipu*, après un an de routes autrefois, on rappelle que les Indiens se retrouvaient à l'embouchure de la Moisie pour manger du caribou et danser.

Malgré tous les aspects positifs de cette description des territoires et de la vie des Montagnais, on pourrait souhaiter que la *Chronique...* ait pu donner plus d'éléments et être plus explicite sur les habitudes nouvelles intégrées historiquement dans le mode de vie indien, par exemple la traite des fourrures, certains types de nourriture, les maisons. Quand on donne l'exemple du fusil, on se rend compte que l'Indien l'avait adopté comme outil de progrès, certes, mais qu'il en était devenu plus dépendant par rapport au fournisseur de munitions qui le forçait au trappage et lui soutirait un profit de l'échange.

Malgré tout, jamais les Montagnais ne vont décrire leur ancien mode de vie de façon idyllique; au contraire ils relatent souvent comment dans le passé ils ont eu de la misère, qu'ils ont souffert de la faim, et été en danger de mort! Ils soulignent cependant qu'ils étaient libres, heureux et qu'ils ne connaissaient pas la peur. Ce qui amène à comprendre que, pas plus qu'ils n'ont été contre le partage des territoires, les Autochtones n'ont été contre le progrès. Ainsi, dans l'habitation, les aspects positifs des maisons (chaleur, confort) n'effacent pas le fait que les Autochtones y ont été mis de force, dans un sédentarisme qui excluait automatiquement le droit à la chasse. («L'autre jour, on a écouté parler Jean Chrétien. Jean Chrétien a dit: "Les territoires des Indiens dans le bois, astheure, c'est pas à eux autres, ça appartient à la Reine..." On a entendu dire à Ottawa, dans un "meeting": "Ils ont pas besoin de ça, la chasse, aujourd'hui."[8]»)

Cela excluait aussi tous les autres droits d'un coup. Cette exclusion nous amène au cœur même de l'oppression des Autochtones et de la discrimination faite à leur endroit.

II. «Ça existe en fait la discrimination... Entendez-vous, là, les Blancs?» (*Ethnocide délibéré?*)

La violence exercée contre les Autochtones au Canada compte maintenant plus d'un fait historique tragique, dont celui de l'écrasement, par l'armée (la troupe) fédérale, du gouvernement manitobain des Métis et la pendaison de Riel, de même que l'extermination à Terre-Neuve des Indiens Béotuk. Dans ce dernier cas, comme le rappelle le film *La rivière sèche*, quelques membres auraient réussi à traverser le détroit de Belle-Île et à se réfugier chez les Montagnais de la Côte-Nord du Québec.

Les Montagnais eux-mêmes sont victimes de discrimination systématique et de spoliation, surtout depuis le développement industriel accéléré, commencé il y a quelques décennies, du Grand Nord québécois: travaux hydro-électriques, bois et papier, mines et industries afférentes. Tout y a passé: droits territoriaux, droits de chasse et pêche, libre circulation, etc. Il est difficile de voir autre chose que de la violence, non seulement dans la dépossession des droits nationaux cités, mais encore dans le passage *forcé* des Montagnais au sédentarisme, leur mise en enclos dans les réserves, dans le passage non moins forcé des tentes aux maisons, à l'école des Québécois, à la langue française, et jusqu'à la confirmation écrite dans une convention collective de travail du maintien des Indiens dans les plus basses catégories d'emplois[9]!

Nul besoin que la violence soit toujours celle des armées, de la police ou de la peine de mort des tribunaux pour apparaître comme telle. Comment qualifier des traités illisibles qu'on fait signer à des Autochtones? des lettres en langue étrangère aux Indiens pour réclamer des trop-perçus d'allocations de bien-être social? un enseignement forcé dans une langue étrangère? Mais aussi le ségrégationnisme subtilement mais *réellement* présent à l'école, en ville, dans les hôtels (à l'église aussi, autrefois, pas de bancs pour les Indiens, ils étaient obligés de s'asseoir sur le plancher) et, par-dessus tout, le mépris pour tout un peuple (les «sauvagesses», les «Pictawish», les «ça pue», etc.), c'est-à-dire, pour utiliser un mot presque tabou au Québec et au Canada, le racisme!

Ici, il faut aborder quelques instants cette question du racisme au Québec, d'autant plus que, pour beaucoup, il y a eu longtemps le sentiment que le racisme ne pouvait pas exister au sein d'une nation (d'un peuple) qui subit elle-même une oppression dans le Canada, et dont les droits fondamentaux ne sont pas encore reconnus. Il a fallu effectivement la résistance et la révolte des Autochtones pour révéler ce phénomène objectif qui dépasse, et de loin, la connaissance et la conscience qu'en ont bien des gens, même parmi certains démocrates et progressistes. Dans la *Chronique...*, une des révélations les plus claires s'avère l'existence de ce racisme et de cette violence multiforme exercée sur les Montagnais dans tous les aspects de leur existence: politique, sociale, linguistique et culturelle. La *Chronique...* a permis enfin aux Montagnais d'exprimer fermement et sans détour, sans rancœur mais avec audace, cette dramatique condition de discrimination qui leur est faite, en tant que travailleurs, assistés sociaux, étudiants, sous-citoyens de réserves, et en plus, comme si ce n'était pas assez, en tant qu'*Indiens* tout simplement. C'est un des grands mérites et un point d'honneur de cette série de films que d'être le tribunal de cette dénonciation.

III. «Je me défends tant que je peux... ils devraient nous traiter tous pareils. Je ne veux pas m'accaparer des droits de mes semblables. Je veux seulement mes droits[10].»

La réappropriation par les Montagnais de leurs droits fondamentaux ne peut se faire qu'à travers une lutte incessante. Pour récupérer leurs droits politiques et culturels, les Autochtones ont eu, surtout depuis quelques décennies, à résister et à lutter dans un cadre bien particulier, celui du contexte de la grande industrialisation des territoires nordiques du Canada et du Québec, et ils ont eu à affronter de plainpied la convergence d'intérêts des monopoles et des gouvernements.

Ainsi, dans *Mistashipu*, les Montagnais, privés de leurs droits de pêche au saumon dans la Moisie, doivent-ils s'opposer au barrage armé et aux tirs des gardes de sécurité des clubs privés. Les discours politiques québécois expliquent de leur côté que les industriels américains ont investi dans ces clubs pour protéger rationnellement le patrimoine de pêche. Dans ce contexte, la lutte des Montagnais pour récupérer leurs droits de pêche se heurte à la propriété privée de richesses naturelles, à la loi qui fixe cet interdit, à la spoliation du patrimoine («les Américains des clubs ne mangent pas le poisson, ils l'enterrent»), au racisme qui appelle cette lutte un «danger des sauvages contre les clubistes» comme disent des journaux régionaux; d'autre part, quand on leur permet de pêcher, les Montagnais doivent parfois payer 6 $.

Autres exemples: Marcel Jourdain doit lutter contre l'interdiction qui lui est faite de son droit de circulation, aux barrières de Quebec Cartier Mining, ou encore contre la défense d'être photographié aux portes de l'Iron Ore. Ces interdits sont l'occasion pour Jourdain de rappeler aussi les luttes des années 50 pour conserver la réserve de Sept-Îles, qu'on a voulu déplacer plus à l'est, hors de la zone de développement de cette ville industrielle. D'ailleurs, c'est à Sept-Îles qu'éclate en 1975 le scandale des travailleurs montagnais, la grève antidiscrimination des ouvriers indiens de l'Iron Ore.

D'autres luttes importantes sont faites dans le domaine de l'école, de la langue et de la culture. Dans *On disait que c'était notre terre IV*, Mme Jourdain exprime son appui aux jeunes qui se battent pour conserver leur langue indienne, et dans *Ethnocide délibéré?*, le comité éducatif analyse la situation de discrimination dans une école québécoise de Schefferville et explique la nécessité de développer l'école montagnaise.

Ainsi, petit à petit, apparaît la forme collective d'organisation de la résistance et de la lutte: occupations des rives de la Moisie, grèves, actions des comités de parents ou d'associations pour les questions scolaires et domiciliaires, administratives, etc.

Aujourd'hui, par le biais des représentants nationaux des Attikamek-Montagnais, on est passé à la lutte politique générale pour le droit à l'autodétermination et à la renégociation des droits sur la base de l'égalité et du partage équitable. Même s'ils n'apparaissent pas dans les films, on peut citer ici, à titre d'exemple, quelques passages du manifeste du Conseil Attikamek-Montagnais (créé en 1975), manifeste envoyé en 1979 au ministre des Affaires indiennes et du Nord, et qui affirmait entre autres:

>...Après avoir longtemps réfléchi et examiné sous différents angles notre situation actuelle au point de vue territorial, économique, politique, social, culturel, nous avons conclu que nous ne pouvions plus la laisser se détériorer davantage suite à l'incurie séculaire de notre tuteur légal, le gouvernement du Canada, envers la défense de nos droits face à des gouvernements provinciaux accapareurs de nos territoires et de leurs ressources au profit des entreprises privées. Pour l'avenir de nos peuples, de notre culture et de nos enfants, nous avons le devoir de tout mettre en œuvre, d'utiliser toutes nos énergies pour obtenir la reconnaissance de nos droits autochtones, de nos droits indiens, de nos droits de peuples souverains, afin de construire sur cette base un avenir acceptable pour les générations futures. Nous savons que nous n'avons plus le choix; il nous faut agir maintenant ou accepter de dépérir au sein de la société dominante. (...)
>
> Nous ne comprenons pas non plus pourquoi la notion de propriété privée de la terre qui est la vôtre doit primer sur la notion de propriéte collective qui est la nôtre. L'appropriation privée de la terre et de ses ressources nous apparaît à la base d'un système fondé sur l'exploitation de l'homme par l'homme que traditionnellement nos ancêtres ont toujours refusé. Nous sommes les représentants de sociétés communautaires dans lesquelles la répartition des ressources s'est toujours faite sur des bases égalitaires et nous voulons consacrer ce principe de base. (...)
>
> Nous avons toujours été d'abord et avant tout des chasseurs vivant en étroite dépendance de la nature et la respectant, puisqu'elle est notre mère, dispensatrice de tous les biens nécessaires à notre survie... Nous affirmons bien haut que nos droits aboriginaux sont des droits de souveraineté, car comment aurait-il pu en être autrement dans notre situation aboriginale de complète autonomie économique, sociale, politique, culturelle et religieuse. Nous étions les maîtres absolus des terres et de leurs ressources, des lacs, des rivières et des forêts qui nous assuraient notre subsistance dans une interdépendance totale avec la nature[11].

180

IV. Films montagnais, cinéma de guérilla?

Le processus de production d'une série comme la *Chronique*..., qui met en évidence la mémoire de la culture montagnaise, sa destruction violente et rapide pour les besoins de l'industrialisation du Québec, ainsi que la résistance et les luttes des Indiens pour regagner leurs droits nationaux, nous ramène au cœur même du caractère du cinéma québécois et de sa fonction historique et sociale.

Au seuil des années 80, il y a de nettes tendances dans le cinéma québécois à vouloir faire le *post mortem* du cinéma de la Révolution tranquille des années 60. Ainsi, a-t-on vu l'an dernier la sortie des *Bons débarras* saluée comme le glas du documentaire québécois et l'accession à un pattern de cinéma commercial de fiction spécifiquement québécois.

Dans ce contexte, il n'y a qu'un pas pour que des films encore récents comme ceux de Gilles Groulx et d'Arthur Lamothe, ainsi que plusieurs autres, apparaissent comme les derniers souffles d'une agonie. D'ailleurs, dans la jeune génération des cinéastes, techniciens, étudiants en cinéma, la lutte est parfois dure entre les tenants d'un cinéma québécois de type commercial et ceux du cinéma d'engagement, qu'il soit de fiction ou documentaire. Comme le disait Bernard-Richard Émond, «le style *National Geographic* est plus "spectaculaire, vendable et rentable" que, par exemple, le "style Lamothe"[12]».

La *Chronique*... serait-elle rétrograde par rapport à cette tendance du cinéma québécois d'aller vers les patterns du commerce? Se pourrait-il aussi que cette *Chronique*... soit doublement rétrograde, par rapport aussi au cinéma québécois direct qui, sous la poussée des gains politiques du nationalisme, ces dernières années, s'est beaucoup cantonné dans la «québécitude», et a conduit à ce qu'on appelle parfois le «cinéma-macramé» ou le «cinéma-sirop d'érable», ce qui a fait dire à Bernard-Richard Émond: «Si un spectateur étranger visionnait, au hasard, une dizaine de documentaires tirés de la production récente, il aurait peut-être l'impression que le Québec est une société rurale et traditionnelle et que les Québécois passent leur temps à giguer, turluter, labourer et tisser des ceintures fléchées[13].»

De fait, la *Chronique*... se démarque de ces deux tendances et, en ce sens, elle est bien dans la continuation du direct québécois des années 60 qui, tout en s'inscrivant dans le mouvement national de la Révolution tranquille, liait à ce mouvement des droits nationaux le constat ou le mouvement des revendications populaires et ouvrières[14].

Aujourd'hui, faire la *Chronique...* en mettant en évidence les droits nationaux culturels des Montagnais du Québec, c'est objectivement questionner, même par l'implicite, son rapport avec les droits nationaux du Québec. Rapport d'unité ou rapport contradictoire? Sans le dire expressément, sans en faire la démonstration explicite, la *Chronique...* donne la réponse de l'unité nécessaire. C'est bien d'ailleurs pourquoi ces «films montagnais» font partie du «cinéma québécois», ils se rejoignent sur le même terrain de l'unité et de la lutte contre la discrimination, sans tomber dans le chauvinisme national.

Cette qualité prédominante, qui fait la force et l'impact de la *Chronique...*, n'empêche pas qu'il y ait quelques faiblesses à la série, encore que ce soit secondaire par rapport aux mérites de base.

La première difficulté réside justement dans l'*implicite*, qui est lié, je crois, à une conception plus ou moins *empiriste* du cinéma direct où, sous prétexte de laisser la parole aux intervenants, de ne pas «mettre en scène» la réalité qu'on veut décrire, on finit par ne plus se permettre d'intervention trop visible (dans le montage, les commentaires, les liaisons musicales, etc.).

Pour ce qui est du contenu lui-même, dans l'ensemble, je crois qu'il aurait pu être utile de donner une vue plus précise des organisations populaires et politiques de défense des Montagnais. C'est évoqué dans *Le passage des tentes aux maisons*, c'est montré un peu plus par le Comité consultatif dans *Ethnocide délibéré?*, mais le fait que c'est pratiquement absent, ou non mentionné en commentaires, laisse un peu plus de place et d'effet à la dimension triste ou tragique de l'évolution du peuple montagnais. Dimension réelle, certes (accentuée dans le montage par les liaisons musicales de Jean Sauvageau), mais qui est toujours dépassée par l'esprit de résistance et de lutte, comme en témoignent tous les discours de Marcel Jourdain, ou encore comme on peut le voir dans cet exemple de la fin de *Ethnocide délibéré?* où An Kapesh explique: «Les jeunes disent dans leur chanson: on ne voit rien pour l'avenir.» Puis elle ajoute: «Mais si on pense comme il faut, *on trouvera peut-être une solution.*» Si la *Chronique...* avait donné une idée plus tranchante encore de la continuité historique de cet esprit de lutte, jusqu'à ses formes actuelles d'organisations sociales et politiques, nous aurions eu une meilleure compréhension de l'état actuel du problème de survie du peuple montagnais, son rapport avec celui des autres nations inuit et autochtones, et, par-dessus tout, son rapport avec la société des Blancs. Sur ce dernier point, en plus de montrer les effets dévastateurs de la spoliation de la nature par les monopoles des Blancs, il aurait été intéressant d'avoir quelques données sur la dégradation humaine et sociale engendrée par ce système des Blancs chez les Montagnais: situation des femmes, alcoolisme, effets négatifs du sédentarisme, etc., à la manière dont par exemple les problèmes d'identité chez la jeunesse sont abordés à la fin de *Ethnocide délibéré?*. La seconde difficulté, liée toujours à cet empirisme, est de l'ordre de la construction (composition, structure) des films. Dans *Carcajou...*, cette composition — qui s'est voulue surtout symphonique, les thèmes s'entrecroisant d'un film à l'autre, le tout faisant un bloc —, cette structure est difficile à saisir et on ne voit pas toujours l'articulation entre la description culturelle du passé et les revendications actuelles.

Ce double défaut, sans enlever en rien la justesse des descriptions des Montagnais, en atténue jusqu'à un certain point l'impact et rend plus difficile la saisie de toute la richesse des matériaux documentaires. Idéalement, il faudrait voir la série en continuité, et au complet, ce qui est très difficile dans les conditions ordinaires de diffusion télé ou dans les salles. Ce défaut a d'ailleurs été corrigé pour l'essentiel dans *Innu Asi*, où chaque film a un sujet central, presque unique, et permet une vue plus claire de chaque aspect, sans rien enlever à l'ensemble.

Conclusion: À quand un cinéma des Inuit et des peuples autochtones?

Pour terminer, on peut soulever la question même de l'accession des Autochtones à leur cinéma, à leur contrôle de l'audiovisuel, de la télévision, etc. L'existence même de la *Chronique...* renvoie à ce problème, parce que, dans son projet même, donner la parole aux Montagnais, cette série, qui devient document et archives de la culture montagnaise, est la preuve formelle que les Autochtones n'ont pas accès à ce moyen moderne de communication.

Au dernier festival *Canadian Images* de Peterborough, un film comme celui de la Nation Déné[15], ainsi que la table ronde sur le cinéma inuit et autochtone, ont soulevé ce problème. On a pu remarquer alors qu'il devient plus clair que l'accès à l'audiovisuel doit maintenant faire partie des revendications des Autochtones; car en 1981, dans un pays comme le Canada, ou encore le Québec, que les Autochtones n'aient pas ou peu de presse, pas de cinéma et de télévision qu'ils puissent contrôler, c'est les priver d'un outil important d'information, de revendication et d'affirmation.

Dans ce sens, il faudrait, dans la profession cinématographique et dans les médias, chez les enseignants et les critiques, chez tous les démocrates et les progressistes, réfléchir un peu plus maintenant à ce que Willie Dunn[16] disait à la table ronde de *Canadian Images*: il faut associer les Inuit et les Autochtones aux mêmes revendications que beaucoup de cinéastes canadiens-anglais, québécois, acadiens font actuellement d'un meilleur contrôle du cinéma et de l'audiovisuel, et de leur utilisation pour les intérêts des couches populaires, les droits démocratiques, etc.

Cette proposition de Willie Dunn n'est pas un vœu innocent, au moment même où on est en plein cœur des débats du *Comité d'étude de la politique culturelle fédérale*, dit comité Applebaum-Hébert. Rappelons que ce *comité* a bien tenu à préciser, dans son guide de débats, qu'une des principales tendances des politiques culturelles de l'État fédéral depuis plusieurs années a été, entre autres, «de favoriser l'expression créatrice et les choix culturels compte tenu de la *dualité linguistique* de notre pays, de ses *diversités régionales et autres*» (je souligne).

Il n'y a donc pas de place, dans ces orientations, pour les diversités *nationales* au Canada, particulièrement celles des divers peuples autochtones.

Est-ce à dire que, là aussi, comme dans le projet constitutionnel, les Autochtones sont déjà exclus du débat?

Notes

1. Montréal, Leméac, Collection Dossiers, 1976. «Note de l'éditeur: ce témoignage n'engage que la responsabilité de son auteur.» (sic)
2. Voir *Mistashipu. La rivière Moisie. La mort suspecte de deux Montagnais et les sophismes du ministre de la Justice.* Par le Comité pour la défense des droits des Autochtones, Ligue des droits et libertés, Montréal.
3. Voir aussi: *Les Autochtones et nous: vivre ensemble.* Par le Comité d'appui aux nations autochtones de la Ligue des droits et libertés. Contient:
   — Présentation de la situation des Autochtones au Canada
   — L'administration des Affaires indiennes
   — L'autodétermination politique des Autochtones
   — Le développement du Nord canadien et les Autochtones
4. Le 22 avril 1981, dans le cadre du dernier débat sur le projet constitutionnel de Trudeau avant son acheminement pour examen par la Cour suprême. À noter que Rae dit auparavant: nous, les Canadiens «en tant que *nation*» (donc, une seule nation au Canada); par ailleurs, les Inuit et les peuples indiens sont inclus dans le vocable «Canadiens».

184

5. Dans *Destins d'Amérique. Les Autochtones et nous*, Montréal, l'Hexagone, 1979. Extrait de l'Appendice 2: «Associés ou ennemis?».
6. Pour une analyse détaillée des films de la série *Carcajou*..., voir la brochure de Jean-Daniel Lafond et Arthur Lamothe, *Images d'un doux ethnocide*, 1979, publiée par les Ateliers audio-visuels du Québec. Les Ateliers ont aussi publié un résumé en anglais des films de toute la *Chronique*.
7. *We Can*, 27 min, 1980. Réalisé par Don List, sous l'égide de la Donner Canadian Foundation. Distribution: University of Regina.
8. Dans *Mistashipu*.
9. Ce cas de discrimination est expliqué en détail dans la quatrième partie de *On disait que c'était notre terre*.
10. *On disait que c'était notre terre IV*.
11. *Notre terre, nous l'aimons, et nous y tenons*. Dans *Recherches amérindiennes au Québec*, vol. IX, n° 3, 1979, p. 171 à 182.
12. Dans *Recherches amérindiennes au Québec*, vol. IX, n° 3, 1979, p. 265.
13. «Passé composé, présent indéfini. Le documentaire québécois envahi par le patrimoine», dans *Vues d'ici et d'ailleurs*, 8e Semaine du cinéma québécois, oct. 1980.
14. Quelques exemples: les films de Gilles Groulx, *Golden Gloves* et *Le chat dans le sac*; d'Arthur Lamothe, *Bûcherons de la Manouane*, *Le mépris n'aura qu'un temps*; de Denys Arcand, *On est au coton* et *Québec: Duplessis et après*.
15. *Dene Nation*, 30 min, 1979. Réalisation: René Fumoleau, distribution: DEC Films.
16. Chansonnier Micmac, et cinéaste pour deux films de l'ONF: *Ballad of Crow-Foot*, 1968, 10 min; et *The Other Side of the Ledger: an Indian View of the Hudson's Bay Company*, 42 min, 1972, film non distribué pendant quatre ans.

SÉQUENCE 11

Film noir

Le début des années 80 fut difficile à plusieurs égards. L'effondrement du mouvement progressiste socio-politique, de pair avec la régression du premier nationalisme québécois et la montée d'une vague ethnocentriste, sans compter la déclassification socio-culturelle des enseignants et des cours d'arts, toutes ces morts déclenchèrent une volée de cloches qui sonna le glas de la fin de la Révolution tranquille.

Après, un long silence.

C'est dans ce contexte que parut ma «lettre ouverte aux professionnels du cinéma», que *Le Devoir* mit en bonne place. Ce texte fut un cri du cœur en faveur d'un enseignement du cinéma de plus en plus décrié, voire méprisé par une sorte de collusion entre l'État et les commerçants professionnels du cinéma. Enseignants et critiques en cinéma étaient parfois désignés comme parasites de la création, ou *pirates* de films. «Rude journée pour la Reine», titrait René Allio.

Pourtant, tout n'est pas toujours sombre, même dans le film noir américain. Durant cette période, le travail avec les camarades cinéastes de *Format Cinéma* était un réconfort et une amitié, tout en me servant de seconde école de cinéma. Les chargés de cours (involontaires) de cette université rédactionnelle ont été de bons profs, sans le savoir, ce qui est toujours mieux comme ça, quand l'intérêt et l'amour du cinéma passent avant la tâche de l'enseigner. «Adieu monsieur le professeur»: Jacques Leduc, Luce Guilbeault, Jean Chabot, Yolaine Rouleau, Louise Murchison, François Dupuis, Pierre Hébert, Paul Tana, Tahani Rached, Simon Goulet...

Format Cinéma, entre autres lieux des années 80, fut une sorte de marmite à préparer les métissages à venir, qui se montrèrent avec le renouveau déclenché par *Le déclin de l'empire américain*, et par une kyrielle d'autres films qui se profileront au chapitre de la *Séquence 12*.

Pour en rester aux débuts plus noir et blanc de la décennie 80, je donne quelques notes inédites de visionnement du *Journal inachevé*, écrites sous la forme d'une lettre à Marilù Mallet.

Lettre ouverte aux professionnels du cinéma québécois
Faut-il tirer sur les professeurs de cinéma?

La première partie publiée en version réduite dans *Le Devoir* du 1er juin 1982; la dernière, «Sur les enseignants-pirates et les flibustiers pédagogiques», dans *Format Cinéma*, n° 17, 15 mai 1982

Le 12 mars dernier, les professeurs de cinéma des cégeps étaient convoqués à leur rencontre annuelle de coordination provinciale. Il y a été décidé, entre autres, de donner une place plus large aux films québécois dans la cinémathèque provinciale de l'enseignement du cinéma, pour contourner des aberrations comme celles de cette année, où cette Cinémathèque n'a pu offrir que deux films des années 60, dont *À tout prendre* «en version anglaise»! De plus, et surtout, il a été convenu à l'unanimité de créer un deuxième cours de *Cinéma québécois*, parce que nous considérons que la jeunesse des années 80 a besoin de plus d'un cours pour apprendre à connaître vingt-cinq ans et plus de cinéma national.

Le même jour, toutefois, nous apprenions que c'était la dernière réunion de ce genre. Le gouvernement veut mettre fin à ces coordinations provinciales de professeurs. On coupe, suivant le jingle de Parizeau, «dans le gras»!

Couper la coordination provinciale de cinéma, c'est mettre fin (malgré les limites et les imperfections réelles de cette instance) à quinze ans de travail de mise au jour et d'élargissement de culture cinématographique dans le réseau collégial. Se souvient-on encore où on était avant cette «mini-Révolution tranquille»? Soit dans les limbes du duplessisme, soit dans le purgatoire des ciné-clubs d'églises...

Et s'il n'y avait que ça! Ce n'est pas si simple. Voilà pourquoi, pendant le débat du 12 mars, plusieurs professeurs ont posé la question: «Est-ce que cet arrêt des coordinations de cinéma n'est pas le prélude à des coupures plus importantes, à des limitations plus sérieuses? Ne vise-t-on pas tout bonnement les cours de cinéma en dernière instance?»

Question farfelue peut-être? anxieuse? paranoïaque? Pas tant que ça, et je vais essayer de montrer un peu pourquoi, à la lumière de ce qui se brasse dans les milieux du cinéma au Québec depuis plus d'un an.

Et d'abord, parlons d'argent!
Pourquoi l'Institut québécois du cinéma et la CÉCA tiennent
tant à la priorité du problème de l'enseignement du cinéma?

Déjà en 1980, avant la Commission d'étude sur le cinéma et l'audiovisuel (CÉCA), «le sous-comité qui a étudié le fonctionnement de l'Institut, composé des membres du conseil d'administration de l'Institut, a recommandé la création d'une École nationale de cinéma et *souhaite normaliser les programmes d'enseignement du cinéma* dans les diverses institutions d'enseignement au Québec en collaboration avec le ministère de l'Éducation». (*Le Devoir*, 4 juillet 1980. Je souligne.) Et puis, quelques mois plus tard, Guy Fournier, président de la CÉCA, confirme que dans les priorités à traiter, se retrouve cette question de l'École nationale de cinéma: «Il nous faut rencontrer les gens du ministère de l'Éducation...» (*Le Devoir*, 14 mars 1981)

Comme la relance du cinéma québécois, par les temps qui courent, a bien des chats à fouetter, je ne peux m'empêcher d'être intrigué par le rappel régulier de cette soi-disant «priorité»!

En assistant plus tard à des séances publiques de la CÉCA, j'étais plus qu'intrigué, je suis devenu abasourdi. Des commissaires ont parlé avec désinvolture de l'anarchie et de la multiplication des «ÉCOLES DE CINÉMA» (sic) au Québec depuis plusieurs années, désignant par là quelques cours de base de production dans les universités et les concentrations de cinéma dans certains cégeps.

Je n'en suis pas encore revenu! J'expliquerai tantôt le «mal-fondé» de ce soi-disant cancer des écoles de cinéma, mais pour le moment je veux insister sur la logique de tous ces raisonnements.

Si d'un côté on veut, de «façon prioritaire» toujours, *rationaliser*, NORMALISER les programmes, voire les faire contrôler par l'Institut («toute intervention gouvernementale en matière de cinéma devrait passer par l'Institut», disaient les sous-comités d'avant la CÉCA); si, d'autre part, on donne comme allant de soi que les «écoles de cinéma» se sont multipliées de façon débridée au Québec, il ne reste plus que quelques équations à tirer pour faire rentrer le tout dans l'ordre:

HYPOTHÈSE 1: Une (1) seule École nationale est souhaitable, «il faut fermer les autres», en rapatriant les budgets dans un seul noyau, ou encore en partageant les budgets ainsi ramassés entre l'École et la production, qui en a bien besoin, ou l'aide à la diffusion.

HYPOTHÈSE 2: Pas d'École nationale, on ne peut se la payer, mais on ne peut se payer trop de cours, donc il faut *concentrer* les affaires quelque part; ainsi, tout l'enseignement du langage et de la création cinématographiques se concentre en un ou deux endroits, on ne garde aux autres que quelques cours «culturels» et d'analyse (du «software»), en n'oubliant pas le *Cinéma québécois*, bien sûr, puisqu'on ne touche pas au patrimoine!

Je ne peux comprendre autrement la normalisation, en temps de crise économique, que par une telle logique. Je souhaiterais me tromper, et que quelqu'un démontre qu'avec les mêmes objectifs administratifs on peut arriver à des hypothèses différentes.

Par ailleurs, n'oublions pas que ce n'est pas nouveau. Ne demande-t-on pas d'injecter à l'industrie privée les budgets de production des télévisions d'État, de fermer l'ONF pour les mêmes raisons?

À force de «rapatrier» quelques millions par-ci, d'autres piastres par-là, et en plus, «pour une poignée de dollars» les cours de cinéma, n'arrivera-t-on pas à se faire ainsi des fonds de production?

Culture et profession s'opposent-elles?
Au Québec, on n'a pas créé des écoles de cinéma,
on a démocratisé la culture cinématographique.

Si la logique de normalisation paraît tenir en elle-même, elle s'écroule quand on constate que ses prémisses sont fausses. Ce qui s'est produit au Québec depuis quinze ans, et que peu de pays industrialisés ont réalisé, c'est qu'on a sorti la formation en cinéma des ghettos d'Église qui la limitaient à la seule formation morale/esthétique de l'analyse des films (c.-à-d. «former de bons spectateurs»); qui la coupaient pratiquement de toute compréhension des processus de production/distribution, des conditions de financement et de marketing; qui ne se préoccupaient pas de lier la *pratique* des films à la théorie de leur compréhension; enfin, qui avaient méprisé le cinéma québécois et l'avaient relégué à un quelconque sous-produit intellectuel des *Cahiers du cinéma*.

Les cours de cinéma dans les cégeps et les universités (et même quelquefois dans certaines écoles secondaires) ont voulu rompre avec ce «duplessisme culturel» qui s'opposait à un cinéma national et progressiste et se sont placés d'emblée dans le sillage des meilleurs acquis du cinéma québécois des années 60, tourné à la fois sur le produit national et international, branché à la fois sur le cinéma pratique et la théorie.

C'est pourquoi il s'est fait un certain nombre de cours pratiques: langage et création cinématographiques, entre autres, qui offrent aux étudiants des exercices en super-8 mm, ou en vidéo légère, et qui les initient aux bases des processus de production, depuis le synopsis jusqu'à la diffusion du film.

Si cela a permis à quelques étudiantes et étudiants de vouloir prolonger ces études de base et accéder à une véritable formation professionnelle de métier en cinéma, il n'en reste pas moins que ces programmes ont eu comme premier impact, je crois, de *généraliser* la pratique et l'étude des films à des centaines et des milliers de jeunes, en toute logique de la *démocratisation de l'enseignement*. Pourquoi s'en plaindre? Pourquoi ce bien social et culturel serait-il différent en cinéma que ce ne l'est dans les arts plastiques (à travers lesquels tous peuvent «s'exprimer» depuis la maternelle), ou encore en musique, ou en écriture dramatique, etc.? A-t-on jamais vu les musiciens professionnels se plaindre que trop de jeunes s'initient à la guitare sèche ou à la flûte? A-t-on entendu les graveurs, sculpteurs, peintres avoir peur à leurs jobs parce que trop de jeunes passent des heures dans les ateliers d'arts plastiques? Trouve-t-on qu'il s'écrit et se joue trop de pièces de théâtre étudiant dans les cégeps, qu'y germent trop de recueils et nuits de poésie?

Non seulement ce n'est pas trop, mais ce ne sera jamais assez sans doute! Que je sache, le *Rapport Rioux* sur l'enseignement des arts n'est encore appliqué qu'à la graine, et déjà il s'en trouverait pour «fermer les vannes»?

J'ajoute un mot sur le cinéma québécois dans ces programmes de cégep. On a vu plus haut que ce ne serait pas trop de deux cours. Mais le seul qui ait existé jusqu'ici (encore là, malgré toutes ses imperfections et ses limites) aura, je pense, réussi à faire comprendre à des milliers de jeunes toutes les contradictions et la complexe réalité de la survie de notre cinéma national. Il aura aussi permis à cette jeunesse (qui n'a pas vu de Gaulle au balcon du maire, ni assisté à la censure de *On est au coton*) d'avoir parfois un contact plus direct avec la profession cinématographique.

Pour mémoire, je rappelle ce qu'à mon lieu de travail, le collège Montmorency à Laval, on a essayé de faire dans ce cadre:

— des visites «hors les murs», dans la mesure du possible: ONF, Sonolab, Musée du cinéma, lieux de tournage de certains films...

— des invitations «intra-muros» à des représentants de diverses professions, par exemple: Gilles Groulx, Luce Guilbeault, Arthur Lamothe, Jean-Claude Labrecque, Christian Rasselet,

Jacques Blain, Claude Héroux, Sylvie Groulx, Pierre Hébert, Micheline Lanctôt, Robert Vanherweghem, France Capistran, François Dupuis...

Il ne s'agit pas ici de faire des palmarès ou d'avoir l'air de cueillir des médailles, mais de montrer que les rapports entre toutes les forces vives de la profession et les programmes d'enseignement sont possibles, souhaitables, enrichissants, et ce... pour des milliers d'étudiants.

Dans le même esprit, ces rapports sont aussi nécessaires avec la distribution cinématographique, et je suis convaincu qu'une bonne majorité des professeurs de cinéma y sont favorables.

Un mot sur les enseignants-pirates et les flibustiers pédagogiques

Les révélations et les poursuites de la Société pour l'avancement des droits en audiovisuel (SADA) ont allumé depuis plusieurs mois de vives polémiques. Les professeurs de cinéma et plusieurs autres ont reçu à ce sujet nombre d'invectives, et on se demande s'ils ne sont pas voués à la bastonnade!

Non seulement considère-t-on que les professeurs de cinéma sont déjà, à l'instar des critiques, des sortes de parasites de la production, mais on découvre avec consternation que ce sont en plus des délinquants culturels: «Repiquer, c'est voler!» *O tempora! O mores!* (Ne vous étonnez pas trop de quelques mots latins dans mon texte; si je suis né au cinéma avec la Révolution tranquille, c'est que j'avais étudié avant sous Duplessis et à l'ombre du Vatican!)

J'essaie d'être le plus clair possible dans cette affaire désagréable. Je crois que la plupart des professeurs reconnaissent le droit strict aux créateurs culturels d'être payés (et si possible bien payés) pour leurs productions. Personnellement, je considère les poursuites de la SADA fondées, et il n'y a qu'à souhaiter que producteurs et distributeurs reçoivent de l'État ce qui leur est dû.

Malgré cela, je suis encore perplexe à l'idée que, par exemple, des articles comme ceux parus dans *Format Cinéma* sur ce sujet (nos 9 et 10) mettent une bonne partie des torts sur le dos des enseignants, sans compter que l'argument principal est d'ordre moral. Pour moi, le piratage n'est pas un problème moral; et surtout pas le problème principal de la conscience civique des enseignants. Pourquoi, par exemple, ne verse-t-on pas au dossier des questions comme celles-ci:

— quel est le rôle et quels sont les intérêts des multinationales dans la fabrication et le marketing des appareils reproducteurs?

— pourquoi l'État du Québec, et le ministère de l'Éducation en particulier, ont-ils investi tant de millions, depuis plusieurs années, dans l'installation de ces systèmes reproducteurs (sans compter tant de studios télé devenus de véritables éléphants blancs)?

— pourquoi ces derniers ont-ils mis tant d'énergie dans des *politiques systématiques de repiquage* pour les cégeps?

— pourquoi les professeurs ont-ils dû se battre, année après année, pour des augmentations de budgets de location/achat de films, et pourquoi ces budgets baissent-ils de plus en plus depuis quelque temps?

— pourquoi le ministère de l'Éducation et les cégeps travaillent-ils actuellement à implanter des services nationaux et régionaux de copies de films et autres outils pédagogiques, dans une optique de concentration qui ne pourra être que préjudiciable à l'expansion des budgets pour acheter ou louer des produits audiovisuels?

Autrement dit, si les producteurs et les distributeurs sont déjà sous-payés par les télévisions d'État, ne risquent-ils pas de l'être aussi sur le terrain du marché scolaire, si on rationalise et normalise les contrats à quelques pièces et à quelques soumissionnaires?

Les enseignants ont des droits à défendre dans le choix des films

Il y a une autre chose, aussi, qui préoccupe les professeurs. Des services nationaux ou régionaux de documents audiovisuels et écrits, même si le principe en est correct, risquent *en pratique* d'être un des canaux par lesquels le ministère de l'Éducation pourra s'assurer un plus grand contrôle de l'enseignement, au niveau des choix d'instruments pédagogiques. Imagine-t-on par exemple des cours de cinéma québécois ou des «jeunes cinémas nationaux» pour lesquels «on» aurait pré-sélectionné (loué ou acheté) quelques dizaines de copies de films? Le professeur, face à son administration, s'entendrait dire que, vu les coupures budgétaires pour les locations de films, il n'a qu'à aller puiser dans la «banque centrale»... Ne lui disait-on pas il y a quelques années que, faute d'augmentation budgétaire pour l'achat et la location de films, on pouvait fort bien utiliser les repiquages sur vidéocassettes?

Sur ce terrain du choix pédagogique des films, comme des autres aspects des programmes et des cours, les professeurs vont continuer de se battre pour préserver les libertés académiques, au même titre que les cinéastes et autres travailleurs culturels ont toujours lutté pour le plein exercice de la liberté d'expression.

Pour les enseignants de cégep, il est inacceptable que le ministère de l'Éducation règle son contentieux avec la SADA en en profitant pour implanter un nouveau régime de contrôle des films.

C'est pour toutes ces raisons et ces questions sur le piratage qu'il faut, à mon avis, s'éloigner du moralisme et de la méthode «à-bras-raccourcix» sur le dos des professeurs. Non pas pour nier qu'ils aient leur responsabilité là-dedans; ils doivent la reconnaître, la peser à sa juste valeur, accepter les critiques de la profession quand elles sont justes et valables. Mais prendre les enseignants comme cible principale dans ce dossier, c'est frapper sur le mauvais clou. Parce qu'on est en droit de poser une dernière question: «Quand les factures de la SADA seront payées, et que les professeurs auront fait leur *mea culpa*, que va-t-il se passer à la prochaine étape?»

Le cinéma québécois n'a pas besoin d'une «nuit des longs couteaux»

Le cinéma national vit une période extrêmement difficile. Le pessimisme prend souvent le dessus, les jobs sont rares, l'argent manque pour la production; la distribution vole bas, et son *low profile* ne s'est pas fait remonter le visage avec l'existence de la piraterie dans les milieux pédagogiques. Par ailleurs, quand on regarde les ciné-clubs étudiants, où pourtant il n'y a aucun piratage, on s'aperçoit que ce n'est pas leur réseau qui lèverait le petit doigt pour aider le cinéma québécois! Autre problème à creuser...

Au bout du compte, on finit par constater que les universités, cégeps et collèges québécois sont un enjeu non négligeable dans la zone restreinte du cinéma québécois. C'est un marché modeste mais relativement important pour le marketing des films; c'est un niveau pédagogique pour la formation au cinéma, générale et spécialisée; c'est enfin un terrain culturel pour la relève des spectateurs.

Un bilan reste certes à faire des quinze dernières années, mais d'ores et déjà, et surtout en période de crise économique et culturelle, je ne crois pas que c'est en se poussant du coude, ou encore en se pointant comme coupables du marasme qu'on va voir clair dans la définition et le partage des diverses responsabilités. Pour ma part, comme pour bien d'autres enseignants et professionnels, je crois que seul un débat franc et ouvert, des revendications fondées sur les droits respectifs et le respect mutuel, vont aider à clarifier les divers rôles qu'on peut jouer dans le redressement de la cinématographie nationale.

Lettre à Marilù Mallet

Inédit

Montréal, 8 février 1983

Chère Marilù Mallet,

J'ai vu ton film hier soir à l'Outremont, *Journal inachevé*, durant la première tempête de l'hiver, moins forte que la large tempête sociale et politique, celle du Front commun des employés publics contre l'État, contre l'autoritarisme et l'antidémocratisme du PQ.

Je suis enseignant de cégep en grève actuellement, je ne donne pas mes cours de cinéma. Et pourtant ton film, qui devrait faire partie de mon cours de *Cinéma québécois*, je le trouve très à sa place dans la grève que je fais, dans ce Québec du début 83 qui n'en finit pas ses mutations, qui en est tout crampé!

Dans ton *Journal inachevé*, tu doutes de ton degré de politisation actuelle; tu t'étonnes d'être une exilée chilienne qui s'enracine au Québec, ou qui y a semé un fils avec toutes les images horrifiantes, encore fraîches, du 11 septembre 1973 (presque dix ans déjà!); tu t'insurges contre les cinéastes qui veulent à tout prix maintenir la distinction rationnelle entre documentaire et fiction; et puis tu pleures de t'être forcée à te compromettre dans ton film, devant la caméra que tu diriges...

Bien sûr, tu aurais pu te débarrasser de la séquence de tes larmes, en interrompre le tournage ou la jeter au panier du montage... Mais cette mise à nu, ce sacrifice, tu l'assumes pour aider le nouveau cinéma à émerger, et les nouveaux rapports entre l'émotion personnelle et le politique. Je viens de réaliser que ces larmes sont aussi les miennes.

C'est un peu pour tout ça que ton film fait partie de ma vie actuelle, de la grève que je fais la rage au cœur, et du cinéma que je veux défendre, y inclus le cinéma québécois menacé. Pourquoi risquer de perdre tout cela? Ne faut-il pas se compromettre (même un peu) actuellement pour briser le silence devant les menaces d'État à la démocratie, aux droits des femmes, à l'enseignement public, au cinéma créateur et libre, pour casser le silence et la haine?

Si tu veux m'en croire, Marilù, ton film n'est pas la voix qui crie dans le désert, ni les larmes qui sèchent aux yeux. Et je suis sûr que tu n'es pas seule; nous ne sommes plus seul-e-s ni au Chili, ni à Beyrouth, ni au Québec, ni dans toutes les langues populaires du monde et les dialectes, ni entre femmes et hommes.

Et puis, comme ce sont des femmes qui font les meilleurs films actuellement au Québec (je pense aussi au *Futur intérieur*), je suis progressivement devenu assuré qu'il y a de l'avenir, et des lendemains avec musique...

Grève au collège Montmorency, 1982-1983. Photo : Marc Degryse

INTERMEZZO 3

Qui est le chef
de la bande sonore filmique?

Chantal Akerman, *Golden Eighties*. Coll. Cinémathèque québécoise

Trois strophes sur les films musicaux de Chantal Akerman

Inédit, 1991

1. *Golden Eighties*

1983/1986. Ce film eut d'abord une ouverture. En forme de maquette. *Les années 80*, dans lequel des girls modernes participaient à des tests pour une comédie musicale.

Golden Eighties, ensuite, installe son opéra dans les boutiques chic enfouies sous les buildings. Derrière les vitrines. «Un espace qui fait de chacun le spectateur de tous les autres et un acteur malgré lui», note Akerman. Décor contemporain du nouveau *musical*, distancié comme le fut pour le genre le *Miracle à Milan* de De Sica, ainsi que toute l'œuvre de Jacques Demy. Ne restait qu'à confier la musique à Marc Hérouet, goguenard et grave complice, fabricant adroit de ces «musaks perverties par la volonté d'Akerman».

2. *Les trois dernières sonates de Schubert*

1989. L'essentiel de cette musique, comme l'explique et la joue Alfred Brendel, est d'éclairer la transfiguration du musicien. Il n'est plus à la solde de Beethoven. L'opus 42 en la mineur, le 20 en la majeur, le dernier en si bémol dessinent enfin, à travers la maladie et la mort proche, l'authentique Schubert.

Ici, en 46 minutes vidéo, travaillant pour la série *Opus* de l'INA (direction Mildred Clary), Chantal Akerman renouvelle son flair de la distanciation filmique, cadrages fixes et plans-séquences pour laisser s'illuminer toute la musique, et la musique seulement, en images et en sons.

3. *Trois strophes sur le nom de Sacher*

1989 encore. Vidéo toujours, en format plus cristallisé. Treize minutes, denses et luisantes. Cette pièce pour violoncelle solo, de Henri Dutilleux (en hommage au mécène Paul Sacher), la cinéaste la fait jouer par Sonia Wieder Atherton dans un cadre fictif, la nuit, dans un appartement, quand la musicienne rentre d'une soirée. En arrière-plan, derrière des fenêtres muettes, trois danseurs esquissent des figures fragmentaires de narration chorégraphique. Akerman trace ainsi une stylistique filmique renouvelée de l'interprétation musicale en direct: la transgression fictionnelle.

* * *

Cette audace d'écriture révèle une piste pour adhérer à la grande force des films musicaux d'Akerman. C'est tout son cinéma (sa vibration, sa rythmique, sa structuration) qui puise au fond dans *la musique*, qui est d'abord et avant tout cinéma/musique. Distancié du théâtre, du récit romanesque, de la photographie. Quand la musique y entre à son tour, quels que soient le genre, ou le format, elle y est déjà installée à demeure.

Une récente illustration de la musicalité filmique d'Akerman est fournie par son *Nuit et jour*, supportée à nouveau par le compositeur complice Marc Hérouet.

Une clé pour ce film est donnée à deux reprises, par la musique, justement. Une première fois: Julie seule dans son lit. La musique du film, dans laquelle Hérouet fait dominer le violoncelle, cesse alors d'être celle du musicien pour faire entendre *Après un rêve* de Fauré, je crois. Tout à coup, Julie chantonne cette musique! Elle nous fait comprendre qu'elle l'entend, que cette musique est la sienne, qu'elle fait corps et esprit avec elle. Audacieux exemple où un personnage communique avec la musique de la bande sonore, en une rare symbiose à faire rêver les universitaires, parce que s'y conjuguent le diégétique et l'extra-diégétique.

Plus loin, Julie marche seule dans Paris, la nuit, souriante et relaxe. Elle se met alors à fredonner une chanson, qu'elle déroule *a cappella*, sans que les passants ne s'en étonnent. Évidemment, puisque nous sommes ici en plein *musical*, comme jadis dans *Golden Eighties*.

Au fond, sans en avoir l'air ni le genre, *Nuit et jour* est une comédie musicale, même quand il n'y a pas de musique chantée ou dansée: les personnages dialoguent leurs rêves comme en chansons, et multiplient leurs rencontres comme dans une chorégraphie; Paris filmé en direct devient un décor («ces taches de couleur, feux rouges ou néons, qui déchirent la nuit», écrit Claude-Marie Trémois).

Et puis il y a ceci: les trois personnages d'arrière-plan des *Trois strophes...* étaient peut-être déjà ceux de *Nuit et jour*, comme en un prélude.

Qui est le chef de la
bande sonore filmique?

24 images, n° 47, janvier-février 1990

> *Avec Martin Scorsese, j'ai discuté pour la première*
> *fois du projet en 1983 [*The Last Temptation of Christ*]...*
> *Scorsese est un excellent réalisateur, avec un sens musical*
> *développé... travailler avec lui a été une expérience*
> *enrichissante.*
>
> Peter Gabriel, *Préface* au disque *Passion*[1]

Les années 1980 ont à coup sûr marqué une spectaculaire revalorisation de la bande sonore dans le cinéma, autant dans la production et la création que dans les modes de diffusion. Dans cette foulée, si le développement de la musique apparaît en avant-plan, on peut constater aussi une transformation qualitative intéressante du côté de l'utilisation des voix, des ambiances et des effets spéciaux sonores.

Ces changements se déploient sous une poussée technologique tous azimuts combinant les forces des industries discographiques, informatiques, tout autant que celles du cinéma. Là où, toutefois, on serait tenté de ne voir qu'un gigantesque marketing de quincailliers audiovisuels, se profile un fort courant culturel dans lequel la *phonographie*[2] impose ses paramètres, irréversiblement.

Les ingénieurs du son comme nouvelle génération de stars

La mise en spectacle de la technologie sonore, durant la dernière décennie, s'est d'abord imposée comme une bonification matérielle de ce qui semblait avoir plafonné dans le son optique et les seules enceintes sonores à l'arrière de l'écran. Par la production-diffusion de la stéréo Dolby, puis avec le système THX et l'utilisation de pistes magnétiques, avec les divers systèmes de son «surround» et les prévisions de la «3-dimensions sonore», l'industrie cinématographique joue la carte «audio» au même titre que les divers bonds visuels du cinémascope, du cinérama, des écrans multiples, du 360 degrés et du 3-D, maintenant de l'IMAX et de l'OMNIMAX. Si *Indiana Jones* et compagnie en ont profité, ces systèmes sonores ont aussi servi l'*Amadeus* de Forman, le *Bird* de Clint Eastwood, le *Rattle and Hum* de Phil Joanou...

Par ailleurs, les interactions médiatiques jouant de plus en plus, il apparaît que le foudroyant épanouissement du disque compact, bientôt sans doute celui du vidéodisque au laser, a poussé le cinéma à «normaliser» en quelque sorte le statut de sa bande sonore à l'aune de la production phonographique, à assurer la multiplication des supports et des écoutes à partir d'une seule matrice, pour donner l'impression d'un voyage sans heurt entre la salle et le salon, et vice versa.

Un autre facteur, enfin, qui accentue la «musicalisation» des composantes de la bande sonore filmique: l'apparition des machines à fabriquer les sons. Les diverses générations de synthétiseurs, entre les mains des compositeurs recyclés, non seulement ont diminué la présence des musiciens pour l'interprétation des partitions, mais sont capables de réduire considérablement les différences usuelles entre effets spéciaux sonores et musiques. D'où l'émergence de larges compositions techno-soniques, neuves floraisons de «Switched-on-Bach» filmiques et vidéographiques. Le synthétiseur Moog de *Clockwork Orange* a fourni une abondante progéniture.

Ce premier tableau laisse deviner que ce sont peut-être les ingénieurs du son qui sont devenus les nouveaux chefs d'orchestre du sonore filmique, comme en témoignent par exemple les travaux de Rick Altman sur les premiers âges du cinéma sonore (voir *Iris* de 1985 et 1986).

La citation musicale et sonore

Un des phénomènes les plus fascinants de la phonographie des années 1980 est qu'elle se distingue moins par la généralisation de nouvelles technologies dans la production, par exemple l'enregistrement audionumérique, que par la reproduction d'anciens enregistrements analogiques sur supports numérisés.

Le stock des archives sonores, devenu immense, a pratiquement généralisé la *citation* comme trait culturel d'écriture et de caractérisation. Guy Scarpetta décrit ainsi ce courant dans l'ensemble phonographique:

> Tout est désormais susceptible d'être enregistré, mémorisé, recomposé, diffusé dans l'instant (la capacité électronique à produire du simulacre ne fait que commencer)... la distinction opératoire n'est plus entre le «réel» et la «représentation», mais entre les degrés de présence

différents, pouvant se mêler, se mixer, s'enchevêtrer, jusqu'à produire une nouvelle polyphonie: systèmes *live*, systèmes transformés en direct (simultanément enregistrés, déformés, découpés et diffusés), systèmes préenregistrés (citationnels)[3].

La citation musicale, en particulier, est florissante. On sait que la pub en use *ad nauseam*, de même que plusieurs films commerciaux. Mais ce paramètre culturel traverse, voire construit de nombreux films d'auteurs. Milos Forman insiste: la musique est un personnage au même titre que ceux de Mozart et de Salieri, et ce «personnage» de *Amadeus* n'est-il pas une longue suite de citations mozartiennes? De même fonctionnent *Prizzi's Honour* de Huston, les *Radio Days* et *Zelig* de Woody Allen, quelques séquences de *Good Morning Babilonia*, le générique de *Raging Bull*, *Distant Voices*, *Still Lives* de Terence Davies, etc., pour ne donner que quelques références en vrac. Dans le cinéma québécois, Denys Arcand, Léa Pool, Michel Langlois, par exemple, ont fait ainsi usage de musiques existantes ou préenregistrées.

Ces citations, dans les meilleurs cas, sont le choix du réalisateur, elles s'imbriquent étroitement au scénario, y tiennent une position sémantique articulée[4]. Cependant, dans les trop nombreux exemples de sur-utilisation commerciale, de banalisation du patrimoine phonographique, de qui relèvent-elles? Sinon du réalisateur, soit du compositeur, soit possiblement du monteur sonore, à qui est dévolue la recherche des bruitages et autres effets spéciaux, et dont les citations musicales peuvent être considérées comme des fragments à verser au montage sonore. Quoi qu'il en soit, les fonctions du musicien et du monteur sonore apparaissent elles aussi comme pouvant influencer en profondeur le style et le ton de la bande sonore filmique.

L'inconnue de la conception sonore

Éblouissante de parures technologiques, musicalement fascinante, la bande son filmique n'en est pas moins encore très problématique. On discute toujours de la spécificité des «cadrages» et des champs sonores, le montage des matériaux phonographiques n'est certes pas un équivalent de celui des plans, le rôle du compositeur musical est mal défini dans le processus de production, enfin la place du mixeur méconnue, sinon sous-estimée. Lors de sa venue aux *Rendez-vous du cinéma québécois* en 1987, Ignacio Ramonet fit remarquer que Hans Peter Strobl était une des figures les plus importantes du cinéma québécois: «Il a mixé presque tous les films[5]!»

Par ailleurs, dans la diffusion, si personne n'est contre la vertu des progrès du son magnétique en multipistes et de la meilleure acoustique des salles, force est de reconnaître les faiblesses des pseudo-théories du «surround» et celles de la tridimensionalité sonore. Souvenons-nous de la piètre chevauchée des disques quadraphoniques!

Non seulement n'est-il pas clair où serait l'emplacement souhaitable des divers métiers créatifs du son dans le processus de production (pourquoi pas déjà dans la pré-production?), mais plus encore ces fonctions n'ont pas de direction définie. Pourrait-on imaginer la fabrication d'un disque sans chef ingénieur du son?

Or, le processus filmique n'a pas, à l'instar du chef opérateur ou du directeur artistique, de directeur ou de concepteur sonore ayant à diriger à la fois la prise de son, le choix et/ou la production des autres matériaux soniques, le montage, la musique et le mixage. On pourrait peut-être expliquer cette carence par un développement historique des habitudes justifiant du contraire, toujours est-il que les plus récents bonds en avant technico-culturels de la phonographie appellent à l'émergence d'une telle direction. Non seulement pour mettre un peu d'ordre dans la pléthore «audio» des produits commerciaux, mais encore pour améliorer la fonction de la bande sonore dans l'écriture des films art et essai.

Par-dessus tout, la bande sonore a visiblement un grand besoin d'*auteurs*, de réalisateurs. Car de gré ou de force, en l'absence d'une direction spécifique du sonore, le produit fini relève du réalisateur. Or, il n'est pas évident que tous les réalisateurs puissent suppléer à l'absence d'un chef de la bande son. Il n'est pas assuré non plus qu'il puisse y avoir une compréhension toujours unifiée entre la réalisation et la présence d'un concepteur sonore, quand elle existe. À cet égard, le témoignage récent de Claude Beaugrand sur son travail dans *Les matins infidèles* est significatif:

> Je peux dire que c'est un bon film, que c'est sans doute le film qu'ils [Jean Beaudry et François Bouvier] voulaient, mais que ce n'est pas le film que je pensais que cela serait. De mon point de vue, la matière permettait plus: plus de jeu, plus de création sonore, plus d'expériences, avec le texte en «off», l'écriture du roman, l'arrêt sur l'image et le temps qui passe par le son. Il faut comprendre que lorsque j'aborde le montage sonore, je me dis qu'on exige beaucoup de moi et que je devrai en faire beaucoup. Alors, lorsqu'il reste peu de création sonore à la fin du travail, je suis dans une position où je me demande si c'est moi qui n'ai pas réussi ou si c'est le réalisateur qui ne m'en demandait pas tant. Il y a plusieurs façons de faire les choses. On peut d'abord faire un film où tous les sons sont au «bon

endroit», le mode «clean», qui va donner un film où le son y est sans y être. On peut aussi faire un film en mettant le synchronisme de côté, procéder par vagues, par correspondances, par substitutions. On peut faire du son comme on fait de la musique, de la poésie. Il se peut que tous les pas d'un film ne mènent nulle part et que le bruit d'un train au loin nous ramène à nous-mêmes. Et tous les films se prêtent à un travail poussé du son. Il n'y a pas de film qui refuse ce mode d'écriture. En soi, il n'y a que des gens qui ont peur[6]!

«Je veux écrire mon scénario en notes de musique[7].»

Ce souhait, ce rêve de Marie Décary symbolise la prise en charge par le réalisateur de la totalité de la bande sonore et de ses significations contrapuntiques avec l'image. Maîtrise envisageable dans le sens où Michel Fano conçoit cette trame sonore comme une immense partition musicale[8].

Conception qui est l'aboutissement des balises historiques posées par des Eisenstein, Welles, Pagnol et Bresson, ou encore par Hitchcock demandant à Bernard Herrmann de superviser (diriger) la bande sonore de *The Birds*, par Robbe-Grillet et Godard, Norman McLaren, Maurice Blackburn, Claude Jutra, Gilles Groulx et Pierre Hébert... Je pense aussi à cette séquence des *Possédés*, où Wajda met en interaction serrée des fragments du dialogue et de la musique, donnant ainsi à la figure biblique des pourceaux une dimension percutante.

La clarification de la direction du réalisateur sur la bande sonore ne peut conduire, semble-t-il, qu'à celle d'une prise en charge unifiée des tâches nécessaires à la production de cette bande. Sur ce terrain, l'articulation n'est pas aisée, puisqu'elle suppose l'harmonisation entre ingénieur du son (au sens large de superviseur de toutes les opérations sonores) et musicien, ces pôles qui apparaissent comme les plus susceptibles de direction. Si le musicien compositeur semble parfois l'emporter, de par ses capacités à concevoir l'articulation structurée de tous les sons (voix, bruits, musiques), il est difficile d'imaginer que la production de la bande sonore puisse se passer du contrôle de l'ingénieur du son, puisque l'on est sur le terrain de la phonographie. C'est pourquoi il est pensable que le triumvirat mis en place par l'industrie discographique moderne serve de modèle à la production filmique. Réalisateur, ingénieur du son et directeur musical formeraient alors la direction collective et interactive d'une trame sonore ayant ses propriétés spécifiques, mais surtout sa dialectique obligée avec le flot visuel. Ici la technologie n'est plus une force en soi, un mirage de «bidules électroniques bizarres[9]», mais l'outil d'un enjeu plus décisif, plus fondamental, que Maurice Blackburn formulait ainsi en 1971:

> Il faut sensibiliser les cinéastes aux problèmes de la conception sonore, c'est-à-dire d'une trame élaborée, tant au niveau des idées qu'au niveau de la ou des techniques utilisées dès la mise sur pied, dès la préparation du film, alors que trop souvent celle-ci est livrée à l'improvisation constante au fur et à mesure que se déroulent les différentes opérations du film (tournage, montage, enregistrement, etc.). D'où, trop souvent: qualité souvent discutable du son de location. Effets sonores «collés» à la dernière minute. Musique dont la fonction est uniquement de boucher les trous. Banalité des rapports dialogues/effets/images[10].

Ainsi, un bref mémo interne à l'ONF exprime-t-il une problématique historique irrésolue à l'aube des années 1970, et qui est encore à l'ordre du jour dans l'industrie filmique d'aujourd'hui.

Notes

1. RealWorld/Virgin Records RWCD1, 1989.
2. Dans le sens que lui donne Evan Eisenberg: l'art de faire de la musique et des sons par l'enregistrement et le disque. Voir *Phonographies. Explorations dans le monde de l'enregistrement*, Aubier, 1988.
3. *L'impureté*, Grasset, «Figures», 1985, p. 32.
4. «Un matériau significatif existant», dit Scarpetta dans l'ouvrage cité, p. 86.
5. Rapporté par Michel Coulombe, directeur des *Rendez-vous*.
6. Dans Jean Beaudry et François Bouvier, *La réalisation d'un film. «Les matins infidèles»*, Éditions Saint-Martin/Les Productions du lundi matin, Montréal, 1989, p. 170-171.
7. «La chaise du réalisateur n'est pas confortable», dans *Imaginaires du cinéma québécois, Revue belge du cinéma*, n° 27, automne 1989, p. 15.
8. Voir «Musique de cinéma», dans *Encyclopedia universalis*, vol. 4, p. 521-522.
9. Yves Daoust, «Atelier sonore: idéologie - orientation - politique», 1977, Archives de l'ONF.
10. Mémorandum du 19 avril 1971, Archives de l'ONF.

SÉQUENCE 12

Métamorphoses du direct québécois

L'une des questions les plus tordues, depuis l'émergence du cinéma québécois, est celle de son identité culturelle *nationale*, mais sans penchant pour l'ethnocentrisme. Une autre difficile cohabitation de contraires. Autrement dit: un cinéma national, surtout quand il a à affirmer son identité, voire son ethnicité, peut-il être progressiste, ouvert, «métissable»?

C'est une question que j'ai eu souvent l'occasion d'exposer, soit dans des articles généraux, soit à travers des réalisateurs ou des films spécifiques. L'abondance de mes articles et conférences sur le sujet, tout comme celle de la littérature sur le cinéma québécois, indique bien la complexité du sujet. Surtout que tout le cinéma québécois lui-même est une question, une réalité irrésolue, à l'instar du Québec.

Un mort-né? L'image peut paraître excessive et morbide, mais pas tant que ça, puisque le meilleur cinéma québécois, quand il fait la preuve de son ouverture, de sa transculturalité, détruit en même temps le trop-marqué de son ethnicité. La naissance du cinéma québécois, fin 50/début 60, se produit paradoxalement au départ d'une universalisation plus poussée de l'audiovisuel, à l'aube du postmodernisme, qui sont (ou veulent être) autant de fossoyeurs de l'ethnocentrisme.

Voilà pourquoi, quand Tom Waugh m'a demandé de participer à l'ouvrage américain sur le documentaire progressiste, j'ai intitulé l'article du Québec: «Un mort-né?».

Que le cinéma québécois ait toujours été en crise est non seulement naturel, mais exprime son état de question vivante, sa position inconfortable appelant une résolution toujours repoussée, ce qui le rend justement si dynamique, ouvert à la métamorphose, si peu enclin à se statufier. Qu'est-ce que le cinéma national

québécois? Il est là, certes, mais insaisissable, et niant pratiquement, à chaque bon coup, sa propre existence. Typique, peut-être,
des objets culturels de fin de millénaire.

Une tentation de suicide qui ne passe jamais à l'acte, ce qui
est à la fois sa frontière et sa respiration.

Le cinéma de nos deux maisons

Inédit en français, janvier 1983. Extrait du texte «Committed Documentary in Quebec: A Still-Birth?», paru dans *Show Us Life. Toward a History and Aesthetics of the Committed Documentary*, Tom Waugh ed., The Scarecrow Press Inc., Metuchen, N. J., and London, 1984

(...)

Du 29 septembre au 3 octobre 1982, renaissaient, après des déboires de près de deux ans, *Les rendez-vous d'automne du cinéma québécois*, sur les cendres des huit précédentes semaines annuelles. À la dernière semaine, dans l'essoufflement et le désarroi, les cinéastes avaient déclaré: «Il ne s'agit plus d'être contre le cinéma américain ou contre ses succédanés, il faut ÊTRE POUR UN CINÉMA NATIONAL!»

On craignait le pire, et avec raison. Aussi, les récents *Rendez-vous d'automne* ont-ils redonné une certaine confiance après la fête des retrouvailles. Pour le documentaire progressiste, ce fut surtout une révélation, puisque trois films en particulier se sont détachés du programme, pleins de promesses pour l'avenir. Il s'agit de *Albédo*, *Souvenirs de guerre*, et *Futur intérieur*. Ce sont des films qui ont des caractéristiques communes, non seulement de contenus humains et sociaux percutants (dégradation du tissu urbain, enfants et guerres, histoire du féminisme), mais de renouvellement formel, de mélange de types et de styles cinématographiques. Ces films marquent déjà, concrètement, que le documentaire québécois est sorti de ses impasses.

Albédo traite de la dégradation industrielle du quartier montréalais de Griffintown, ainsi que du suicide de David Marvin, un de ses historiens, photographe et archiviste. Le film de Jacques Leduc mélange et relie fiction, fiction documentée et documentaire, et si sa construction est un peu trop complexe, le film joue positivement sur les richesses de recoupements de contenus et d'audiovisuel, dont les spectateurs doivent faire la synthèse, comme devant un collage.

Souvenirs de guerre va encore plus loin, comme Pierre Hébert avait commencé de le faire avec *Père Noël* et *Entre chiens et loup*. *Souvenirs de guerre* utilise deux types d'animation (gravure sur pellicule et papiers découpés), expérimente de nouvelles couleurs sur la caméra optique, insère du documentaire de prises de vue réelles dans et autour d'images animées. Ce film est un poème violent et exacerbé sur l'avenir des enfants dans un contexte où la guerre et la militarisation s'amplifient de tous côtés. Une vieille complainte d'origine populaire demande de temps en temps: «Aurons-nous jamais la liberté?» Dans sa présentation aux *Rendez-vous d'automne*, Pierre Hébert écrit aux spectateurs:

«Que te dire d'un film fait la rage au cœur,
hors tout format toute filiale tout critère
animé seulement d'un impérieux déchirement?
Dire que ces *SOUVENIRS DE GUERRE*
après 20 ans de cinéma et l'abandon répété du cinéma,
ramassent ce qui en reste, épars,
et qui certes était déjà là au début:
l'indicible plaisir de tracer les images et les mots,
l'idée, obstinée contre toute évidence, qu'il est utile et nécessaire
de parler en toute liberté
te parler d'un film fait pour conjurer le désespoir,
le désespoir du cinéma en premier lieu,
une fois de plus, contre tous ces «discours officiels»
avec des mots surprenants que, dit-on, personne ne comprend,
une fois de plus, tant de travail pour un film dont le destin
le plus probable est de ne pas être vu,
une fois de plus, faire malgré tout son métier
pour conjurer surtout le désespoir de ce monde injuste et violent
dans lequel nous jetons nos enfants...»

Le futur intérieur, enfin, ose pour la première fois sans doute au Québec, poser l'histoire québécoise et internationale du féminisme dans ses rapports avec le politique, le politique qui est toujours la guerre au bout du compte, en liant cette violence sociale générale à celle que les femmes vivent tous les jours, la «violence dans le coton», comme dit l'une d'elles la voix brisée...

Le futur intérieur est un film important, un film-charnière pour les années 80 dans le documentaire progressiste québécois. Il prend l'allure d'un véritable *manifeste*, soutenu par ce texte de Virginia Woolf:

...l'univers de la vie privée et celui de la vie publique sont inséparablement liés. Les tyrannies et les servilités de l'un sont aussi les tyrannies et les servilités de l'autre... Car telle sera notre ruine, si dans l'immense espace abstrait de notre vie publique, vous oubliez l'image intime; ou si nous oublions, dans l'immensité de nos émotions intimes, le monde extérieur et public. Nos deux maisons seront détruites, l'édifice public et la demeure privée, la matérielle et la spirituelle, car elles sont inséparablement liées.

Le documentaire progressiste québécois en est rendu actuellement à ce tournant. Bien sûr, il ne pourra plus être comme avant, et c'est tant mieux. Mais il n'a pas à repartir à zéro. Le cinéma québécois a accumulé ses expériences, ses échecs, *il a acquis son indépendance et affirmé sa souveraineté culturelle*, il a balisé pour l'essentiel ses contours progressistes qui le rattachent à d'autres courants internationaux. Le tracé de la route est posé, même si ses assises sont fragiles et menacées.

Pour qu'il survive, quelques conditions me paraissent nécessaires: maintenir l'ONF et le soutien d'État; ne pas négliger toutefois le recours à toutes les formes de financements collectifs non étatiques (syndicaux, populaires, culturels, etc.); nécessité pour les cinéastes de maintenir leur indépendance de pensée et de travail, malgré les contradictions rencontrées (à cet égard, la leçon de dépendance politique et culturelle au PQ, à laquelle trop de cinéastes se sont soumis, doit servir de repoussoir); enfin, pour éviter les pièges de l'enfermement dans l'ethnocentrisme et le nationalisme chauvin, continuer de travailler des sujets nationaux ouverts à l'internationalisme, ou des sujets internationaux. Comme l'a dit et démontré le cinéaste breton René Vauthier, un cinéma national progressiste n'a pas nécessairement besoin d'un État-nation pour s'affirmer et survivre.

Ces dernières semaines, sur des tables de montage à l'ONF, une équipe travaille un film sur les camps de réfugiés à Beyrouth [*Beyrouth, à défaut d'être mort*]. Dans cette équipe, une Québécoise émigrante, Tahani Rached, un routier de la première équipe française onéfienne, le monteur Pierre Bernier, un cameraman-réalisateur de la seconde génération, Jacques Leduc...

Quand le cinéma documentaire québécois va comme ça, on peut continuer de mettre «le cap sur l'espoir», comme aurait dit en 1970 le titre censuré d'un film. Car, interdit ou pas, il y a un cinéma qui doit se faire. Et, comme on chantait à Paris en mai 68, si possible le faire en 35 mm, sinon en 16 mm, sinon en super-8, en vidéo, en diaporama, avec polaroïd; sans caméra, s'il le faut, avec stylets ou pinceaux...

La caméra se promène-t-elle encore dans les pâquerettes?

Cinémas du Québec. Au fil du direct, dossier composé par
Patrick Leboutte, Éditions Yellow Now, 1986

C'est Jean Rouch, explique Michel Brault à Radio-Québec le 18 février dernier, qui avait trouvé cette jolie expression pour désigner la caméra baladeuse québécoise des années 60.

Au-delà de cette anecdote, j'ai surtout relevé comment, en ce début de 1986, était faite à la télé la présentation «historique» de Michel Brault, à titre de leader du cinéma direct québécois et mondial. Je cite le texte de l'animatrice, en soulignant certains termes:

Cette *école du documentaire*, connue sous le nom de cinéma-vérité, attira l'attention... Mais les nouveautés n'ont qu'un temps et le cinéma-vérité passa bientôt *de mode*, bien que certains de ses acquis soient restés parmi les *techniques* désormais utilisées: tournages en extérieurs, et caméra à l'épaule...

Voir ainsi aujourd'hui, dans un tel raccourci, le cinéma direct québécois, scelle rapidement la question, et nous envoie à d'autres sujets. Il n'en est heureusement rien. Une réalité plus complexe montre plutôt que, au premier chef, le terme même de «cinéma-vérité» n'est plus utilisé depuis vingt ans pour décrire le *direct*, que le direct ne fut ni une école du documentaire ni une mode passagère, et jamais réductible à ses seules techniques.

Le direct, en tant que phénomène de transformation radicale de la production cinématographique et télévisuelle, d'approche différente des contenus, des méthodes et des techniques, a touché autant ce qu'il est convenu d'appeler le «documentaire» que la «fiction», allant même jusqu'à pousser à leur *fusion*, à en accélérer le processus.

Des films récents aussi différents et aussi polymorphes que *Le dernier glacier, Étienne et Sara, Journal inachevé, La femme de l'hôtel, Passiflora, La mémoire battante, Jacques et novembre, Caffè Italia, Montréal, Au pays de Zom*, etc., sont tous tributaires et porteurs de la révolution/mise au monde du direct québécois et international, ils en sont comme la seconde ou la troisième génération, méconnaissables certes, mais disons «génétiquement» repérables.

Cette régénération du direct, à l'aise tout autant dans le documentaire/reportage que dans la fiction commerciale, le journal intime et l'animation, l'opéra et la culture populaire italo-québécoise, surgit en ligne droite des premières renaissances que le direct avait fait germer durant les années 70, autant dans la vidéo légère que dans des films commerciaux marquants comme *Mon oncle Antoine, Gina, Les ordres, Les bons débarras, Mourir à tue-tête...* en passant par des dizaines de courts et de longs métrages.

Cette dynamique du direct remonte en fait jusqu'au courant novateur des années 60, qui fut tout sauf du «cinéma-vérité documentaire», mais qui brassait plutôt certains tabous de fond du cinéma. On voit mieux aujourd'hui, par exemple, comment *Pour la suite du monde* (1963) ne pouvait se détacher des fictions en direct (documentées) qu'étaient *À tout prendre* (1963), ou encore *Le chat dans le sac* (1964).

Ces tabous, je crois, étaient de deux ordres, et ce n'est peut-être que depuis peu qu'ils ont éclaté de façon plus nette, tout en ayant leur propre histoire dans la courte histoire du cinéma québécois:

1) le tabou du folklore duplessiste, de l'ethnocentrisme;
2) celui d'une division radicale et artificielle entre documentaire et fiction.

Ces tabous exprimaient, expriment encore, au fond, la contradiction fondamentale d'une cinématographie nationale, petite et marginale (industrie d'État et non privée), mais à signification, à dimension internationale et universelle.

Dès sa naissance tumultueuse dans les appareils d'État fédéral de l'Office national du film (ONF) et de Radio-Canada, le direct québécois a cruellement vécu ses contradictions entre l'ethnocentrisme et l'universel, entre la célébrité internationale pour sa valeur «documentariste» et son rêve de fiction hollywoodienne. Là-dessus, des comparaisons entre *Le festin des morts* (1964) et *Le chat dans le sac*, par exemple, sont significatives, de même qu'entre *Pour la suite du monde* et *Les bûcherons de la Manouane* (1962).

Le long métrage de Fernand Dansereau, *Le festin...*, est une lourde machine, scénarisée à l'avance dans le détail, jouée et produite suivant les critères du film de studio, alors que *Le chat...* de Gilles Groulx fait éclater tous ces poncifs, métisse le reportage et la fiction, le journal personnel et la chronique sociale du Québec en pleine éruption socio-culturelle, bref se sert du direct comme mode de production et d'écriture pour briser ce tabou de la division documentaire/fiction, tout comme il rompt avec l'ethnocentrisme, très présent dans l'épopée de

Dansereau, en faisant de Barbara, juive anglophone montréalaise, le personnage central aux côtés de Claude, l'intellectuel québécois «qui se cherche». De même, là où *Pour la suite du monde* s'enfermait dans la «québécitude», *Les bûcherons*... d'Arthur Lamothe présentaient, sobrement mais de façon incisive, les Indiens «Tête-de-Boule» à côté des forestiers québécois, premier portrait qui allait donner naissance à la grande fresque de la *Chronique des Indiens du Nord-Est*, que le réalisateur a conclue récemment avec son admirable *Mémoire battante*.

Ainsi, d'aujourd'hui jusqu'à sa source, le direct québécois est-il marqué de son caractère dérangeant de lutte contre tous les cinémas standards, y inclus le cinéma «national» ethnocentriste. Cette caractéristique contradictoire, on la retrouve donc à la naissance du cinéma québécois, ce qui répudie une certaine image mythique d'un nouveau cinéma national unifié dans son élan initial.

Les recherches récentes de Pierre Véronneau sur la place des Québécois (des Canadiens français) dans le cinéma canadien, à l'ONF en particulier, depuis la Seconde Guerre mondiale, montrent de façon très nette que les premiers noyaux actifs de cinéastes tenaient davantage au cinéma de fiction et de mise en scène qu'au direct, et que le succès marquant d'un film comme *Les raquetteurs* allait jusqu'à un certain point à l'encontre de la volonté créatrice de plusieurs cinéastes (voir en particulier le chapitre 3 de *Les Canadiens français à l'Office national du film de 1939 à 1964*, thèse de doctorat en histoire, Université du Québec à Montréal).

Mais l'histoire a montré que c'est le direct, non le documentaire, qui l'a emporté, emporté lui-même par le mouvement socio-culturel de la Révolution tranquille, donnant ainsi son acte de naissance au cinéma québécois. Dans ce contexte de profondes divisions, le cinéma québécois fut donc, dès sa venue au monde, une sorte de bâtard qu'on s'empressa de reconnaître, mais dont plusieurs cinéastes regrettèrent l'absence de «légitimité».

Aussi, ne faut-il pas s'étonner qu'à la fin des années 70, parmi les porte-parole les plus farouches contre ce premier cinéma québécois des années 60, cinéma direct à caractère social, plus souvent à base de documents et de reportages, se trouvent des cinéastes comme Fernand Dansereau et Claude Jutra. Leur attitude avait-elle vraiment changé depuis la fin des années 50, et ce, bien qu'ils aient utilisé eux-mêmes parfois le direct dans toute sa force? Claude Jutra déclare il y a quelques années «qu'il n'est pas du genre militant, et qu'il ne croit pas à l'édification d'un cinéma national québécois». Fernand Dansereau précise: «On était loin du spectacle... cette dimension essentielle a été maintes fois écartée au profit d'un cinéma drainé par le combat national et social... Au début, nous voulions faire de la fiction, mais c'est le climat social qui nous a poussés vers le documentaire.» Le grand souffle mythique des années 60 autour du direct ne doit pas faire écran à ce problème congénital.

Ceci nous amène directement au second tabou: celui de l'ethnocentrisme. Le direct, propice à créer l'album cinématographique des Québécois, servit rapidement de miroir de reconnaissance, mais son image grossissante devint l'arbre qui cache la forêt. Le «Québécois pure laine» proliféra *ad nauseam*, dans le folklore lénifiant et l'hagiographie. Le succès de *Pour la suite du monde* créa même un circuit touristique à l'île aux Coudres dans le comté de Charlevoix (aujourd'hui relayé par celui de la série télé de Radio-Canada, *Le temps d'une paix*), il s'inventa dans ce sillage un mini-star-system: dans les boutiques d'artisanat de l'île, on trouvait des cartes postales du film de Perrault, gros plan autographié de Marie Tremblay.

Dans cette exaltation nationaliste, on avait oublié d'écouter attentivement une remarque caustique d'Alexis Tremblay dans une de ses rares interviews: «Ces gars des vues, au fond, ils vous font dire ce qu'ils veulent», marquant par là que *Pour la suite du monde* était peut-être au fond du cinéma de fiction, et que le folklore, même l'authentique et très attachant des Tremblay de l'île aux Coudres, ne gagne rien à être détaché de la réalité contemporaine.

Il ne faut pas oublier que, dès le début des années 70, Denys Arcand, dans son admirable *Québec, Duplessis et après*, avait fait scandale en faisant parler René Lévesque avec la voix de Duplessis! On avait crié au scandale, à la profanation, au terrorisme maoïste! Arcand n'avait fait que pressentir ce qui est l'évidence aujourd'hui, qu'une des raisons profondes de la déconfiture générale du Parti québécois est la liquidation plus marquée, plus incisive, de son idéologie postduplessiste. Idéologie qui eut son plus haut niveau d'expression dans les grandioses plans quinquennaux de politiques culturelles, qui gonflèrent toutes les formes de «québécitudes» jusqu'au point d'éclatement.

Il est d'ailleurs symptomatique que, profitant de la disparition du PQ et du courant ultra-nationaliste, ce que rejette aujourd'hui le cinéma québécois le plus dynamique, ce n'est pas l'héritage du direct, mais bien l'ethnocentrisme qui l'avait caricaturé; ce ne sont pas les acquis du documentaire et du film à caractère social, mais bien l'étroitesse des vues politiques qui les asphyxiaient, en particulier celle d'une industrie culturelle cinématographique québécoise capable, croyait-on, de se hisser au niveau de compétitivité des grosses locomotives hollywoo-diennes ou françaises.

Maintenant, les Québécois non francophones parlent, revendi-quent, critiquent. Un de leurs leaders est la revue *Vice versa*, trilingue et multiculturelle, initiée par des Italo-Québécois. Le cinéma québécois s'en trouve régénéré. Les derniers *Rendez-vous du cinéma québécois* en ont été la preuve éclatante, et le prix de la critique est allé à un Montréalais anglophone. Ce que disent maintenant ceux qu'à tort on appelle des « Néo-Québécois», c'est tout simplement: «J'étouffais dans l'ethnocentrisme francophone, je suis québécois moi aussi, je participe de la culture québécoise, et j'ai le droit et le goût que cette culture parle aussi créole, italien, anglais ou espagnol, que mon imaginaire *québé-cois* puisse avoir d'autres racines et d'autres attaches que le seul sirop d'érable. Puis-je vous servir un cappuccino montréalais?»

D'autre part, les cinéastes québécois francophones, délestés du nationalisme étroit, renouent avec les racines d'un direct polymorphe, ouvert, québécois mais universel, ce courant qui fait que Gilles Groulx peut en 1985, à juste titre, gagner le prix Ouimet-Molson; ce même courant qui, il y a quelques années, faisait du film d'Arcand *Le confort et l'indifférence* (sur le référendum de 1981 sur la souveraineté du Québec) une réponse *à l'avance* au film d'aujourd'hui de Hughes Mignault, *Le choix d'un peuple*, long métrage déphasé et inintéressant par l'ethnocentrisme dont il suinte, et par l'utilisation aplatie du direct documentaire dont il fait preuve. Ce double cadre des tabous du ci-néma québécois, Arcand le faisait éclater par la fiction d'un irrésistible Machiavel qui, du haut de la Place Ville-Marie, commentait cynique-ment les résultats du référendum québécois, ou encore par des mon-tages vigoureux dont, par exemple, le chant du «Ô Canada», sous la forme d'un clip surréaliste, finissait par être une réflexion utile sur le vide politique québécois-canadien, camps du «oui» et du «non» con-fondus. À côté de cela, *Le choix d'un peuple* n'apparaît plus que comme un mauvais remake de *L'appel de la race* du chanoine Lionel Groulx.

Le direct métissé

Le cinéma québécois aujourd'hui, comme tous les cinémas et toutes les industries culturelles audiovisuelles, est brassé au courant de multiples interactions: technologiques, stylistiques, culturelles.

En surface, on a pu croire que la solide expérience du direct s'est trouvée perdue dans cette mutation. Non seulement son apport ne fut pas détruit, mais le direct a été le ferment principal, essentiel de ce que les métissages culturels ont initié de meilleur et de plus régénérateur.

Ce faisant, le dynamisme de ce métissage a su préserver les vraies valeurs du direct. Celles-là mêmes qui luttaient déjà, à la fin des années 50, contre les conceptions étroites d'un cinéma lourd, préparé à l'avance sur le papier jusqu'au moindre détail, et soi-disant bien départagé entre le documentaire et la fiction. Cette dynamique du direct qui engloba rapidement la vidéo légère, bien avant l'explosion récente des fusions vidéo-cinéma, a passé bien près de sombrer sous les sarcasmes méprisants de «documentaires ennuyeux», d'intellectualisme de salon suivant l'évangile des *Cahiers du cinéma*, ou encore, pour reprendre l'expression sans appel de Gilles Carle, de «cinéma de basse définition» (sic), dont les cinéastes québécois devaient se départir, afin de se professionnaliser dans le cinéma de «haute définition» en 35 mm!

Heureusement, le cinéma direct québécois a survécu. Il est encore vivant de cette sorte de mystère créatif qui l'a fait naître il y a vingt-cinq ans, contre toute attente et toute volonté, politique et culturelle. Il est déjà le lendemain de l'ultra-nationalisme, continuant à préserver une culture nationale, enrichie cette fois de la critique de l'ethnocentrisme et d'apports ethniques multiples, pratiquant la fusion des genres et maniant toutes les ressources du multimédia.

Cela vaut bien sans doute les objectifs d'un Denis Héroux qui, depuis les bureaux de son nouveau trust de Alliance Entertainment Corporation (siège social à Toronto), rêve, comme il l'explique dans les pages économiques du *Devoir* (8 février 1986), de répondre à la demande des Américains de produire un western au Canada, puisque «les Américains ont perdu la touche magique pour faire des films western»!

SÉQUENCE 13

Le cinéma par lui-même

Fascinante question, qui ouvre sur celle de la crise du sujet dans les arts. Théâtre dans le théâtre, opéra sur l'opéra, le cinéma se tournant lui-même, atelier du peintre dans son tableau, roman sur le roman s'écrivant: depuis des siècles, tout semble concourir à tuer le sujet au profit du moyen d'expression.

Shakespeare l'a fait, et Molière, et Corneille. Travaillant sur *Don Quichotte*, Pierre Hébert me signale que Cervantès y a touché pour l'écriture romanesque... La question, au fond, est peut-être celle de la croyance lucide en l'illusion («ni avec toi ni sans toi»). Devant un magicien, n'aime-t-on pas autant la réussite de l'illusion du trucage que la résolution de la question: «Comment avez-vous fait?»

Si j'avais à apporter sur l'île déserte un seul film, je crois que je choisirais *Huit et demi* de Fellini, parce que c'est un chef-d'œuvre sur un film qui ne peut se faire, à qui il manque non seulement un titre mais un sujet «objectif», son propos ne portant que sur un film en perdition, sans existence. Je songe aussi parfois à ce fascinant Bunuel, *L'ange exterminateur*, qui construit une immense pochade sérieuse sur la force d'une illusion, métaphysique et religieuse. Les images de ce film, dit son auteur, «comme celles du rêve, ne reflètent pas la réalité, elles la créent» (cité par Sadoul, *Dictionnaire des films*, Seuil, 1965, p. 13).

Voilà la clé. Créer du rêve, de l'illusion, rester lucide et critique en n'étant jamais dupe du caractère magique de cette création et de ce jeu, en allant s'il le faut jusqu'à démonter sa mécanique. Ainsi font les nombreux «making of» si populaires.

Comme on ne peut faire indéfiniment des films sur le cinéma sans risquer de lasser, eh bien! on fait des films sur de soi-disant sujets, sur des semblants de réalité, dont l'impact peut être très fort, à condition de ne pas prendre ces rêves pour du vrai. Hitchcock répétait sans cesse, devant un échec ou un triomphe: «*After all, it's only a picture!*»

Magiciens cinéastes, faites vos tours, montrez-nous vos trucs, on en redemande toujours.

Buster Keaton dans *The Cameraman*, 1928

Faire un film ou Un cri contre le vent

Notes pour le scénario

Inédit, décembre 1983. Ce vidéogramme a été présenté à Radio-Québec, avec les films Souvenirs de guerre *et* Étienne et Sara, *sous le titre générique de* Pierre Hébert, cinéaste à la première personne

Le propos initial de ce vidéo reste inchangé. Il a pour objectif principal de montrer la fabrication progressive d'un film, en suivant un cinéaste en train d'en faire un. Par fabrication d'un film, il faut comprendre l'ensemble du processus et non seulement l'étape du tournage comme on en voit beaucoup c'est-à-dire tout autant les étapes décisives de la pré-production que celles de la post-production et de la diffusion. Le film choisi à l'automne 1982 le fut en accord avec Pierre Hébert (Studio de l'animation française de l'ONF), qui accepta de faire suivre en vidéo la fabrication et la progression de son prochain film.

Cependant, depuis un an que ce projet de vidéo a pris naissance, il y a eu un facteur important de transformation. Pierre Hébert voulait d'abord faire un film sur le suicide des jeunes adolescents, *Jeunes en sursis*, d'environ 30 minutes, avec mélange de cinéma d'animation et de cinéma de fiction en prise de vue réelle avec dialogues, comédiens, etc. Projet de bonne envergure, qui devait se terminer en 1985 pour l'Année internationale de la jeunesse. C'est ce projet que nous avons suivi pendant quatre mois, de février à mai 83, dans son étape de recherche et scénarisation, ainsi que de préparation générale.

Or, durant l'été, Hébert a mis ce projet de côté, pour revenir à un projet antérieur, plus court et modeste, sur son fils Étienne. Ce projet est devenu le film *Étienne et Sara*; sa fabrication forme maintenant le sujet central de notre vidéo, et s'est faite sur une période plus courte, d'août à décembre 83, pour s'achever en janvier 1984.

Fallait-il donc laisser tomber nous aussi le matériel vidéo tourné sur la scénarisation de *Jeunes en sursis*?

Non. Pour deux raisons. D'abord, même en suivant ce projet sur le suicide des jeunes, nous avions déjà de la documentation sur le projet initial d'*Étienne*, qui aurait montré que Pierre Hébert avait bifurqué d'un projet à l'autre, en sens inverse, si on peut dire.

L'autre raison est plus importante. Il s'agit de ne pas cacher qu'un film, à une étape donnée de la carrière d'un cinéaste, n'est pas quelque chose de décidé une fois pour toutes. Un projet vivant, dynamique, c'est un matériau en progrès, avec ses hésitations, ses zigzags, allers-retours, explicitations, coupures et ajouts, etc. Pierre Hébert, plus que tout autre, n'est pas un cinéaste «pré-programmé», dont un projet s'en irait en ligne droite. Il y a beaucoup de place chez lui pour la création spontanée, pour certaines marges d'improvisation et d'expérimentation techniques et artistiques, pour lui comme pour ses assistantes, collaborateurs, etc. Si cette attitude vaut pour la fabrication d'un film, elle vaut aussi d'un film à l'autre, d'un projet à l'autre.

Il me paraissait donc primordial de montrer que notre vidéo sur le travail de Hébert commence par *Étienne*, bifurque vers *Jeunes en sursis*, puis revient à *Étienne*. Ainsi, si notre vidéo reste centré maintenant sur *Étienne*, je garderai une séquence témoignant du détour par le sujet du suicide des jeunes. D'ailleurs, ce qui apparaît aujourd'hui comme un «détour» ne l'était pas pendant les quatre mois où nous avons suivi la scénarisation du projet. Il faut garder une trace (au présent) de ce moment-là.

Faire voir le temps

Cette dernière remarque m'amène à un autre facteur primordial pour notre vidéo, pour sa structure et son filon conducteur: le facteur temps.

Dans deux sens. Un film évolue dans le temps (au niveau de sa fabrication), donc avec des courbes, des sinuosités, des lenteurs et des frénésies, plutôt qu'en ligne droite, rapide et uniforme; mais aussi un film prend du temps à être fait, surtout en animation, sa fabrication est longue et ardue, pleine de scories, de doutes, d'essais plus ou moins avortés, etc. (À l'inverse, beaucoup des «making of...» qui sont produits donnent l'impression qu'un film se fait assez vite, de façon toujours claire et nette, et qu'il réussit du premier coup dans son tournage, ses effets spéciaux, etc.)

Vu l'importance de ce facteur «temps», je pense que la forme *chronique* s'impose à notre vidéo comme ossature générale, puisque cette forme permet de voir se dérouler, avec dates, les diverses étapes de la fabrication d'un film et tous ses aléas. Je préfère cette forme à celle, plus subtile (et moins explicite, plus abstraite), des thèmes, par exemple le scénario, les techniques de cinéma, les étapes de fabrication d'un film, l'ONF, les collaborateurs, etc.

Au contraire de cette forme plus structurée, je crois que la forme «chronique» est plus respectueuse du fait que notre vidéo vise à témoigner de la fabrication d'un film et non pas à en être un commentaire critique du processus, ou une analyse savante.

Un tel type d'analyse, par exemple, voudrait toucher aussi à des questions comme celles de la situation de l'ONF, de son Studio d'animation française, ou encore le rôle du producteur, de même que les explications techniques détaillées des diverses sortes de cinéma utilisées, de certaines étapes de la production comme le montage et le mixage, ou bien l'expérience historique en cinéma des divers intervenants dans le film, etc.

Il me semble que ces divers sujets doivent plutôt se trouver dans les documents d'accompagnement (écrits et audiovisuels) du vidéo, pour servir dans des ateliers ou des cours, et ne pas encombrer le sujet central, qui serait noyé dans l'amoncellement des données. D'où l'idée d'une chronique-témoin des sept-huit mois de la fabrication de *Étienne et Sara*, entrecoupée des quatre-cinq mois de *Jeunes en sursis*.

Deuxième point par rapport au temps. Il faut montrer, physiquement, matériellement la longueur des opérations, surtout en animation. Pour rendre ce travail sensible, j'ai prévu de faire voir, en équivalent de quelques minutes pour chaque cas, des séances de travail de dessin (pour image fixe), de dessin d'animation, et surtout de gravure sur pellicule. Outre l'originalité de montrer de telles techniques de création filmique dans leur ralenti de fabrication, cela va servir à éclairer le contraste assez fort entre le temps de fabrication d'une ou plusieurs secondes d'animation et leur temps réel dans la projection. De plus, ces séquences ou parties de séquences de travail graphique feront des zones «de repos» (sinon de silence) par rapport à l'ensemble du vidéo qui contient beaucoup d'explications verbales. Il ne faut pas que le vidéo soit seulement une suite de discours!

Trouver un ton pour la chronique

Ces moments de travail lent et patient, dans le calme et la méditation, apportent par ailleurs un caractère d'*intimité* au vidéo.

Je me rends compte aussi que ce facteur a fini par englober toute notre chronique. Le cinéma d'animation se prête bien à ça, puisqu'il n'est pas secoué par les grands remue-ménage des plateaux encombrés.

Aussi le sujet du film *Étienne et Sara*, qui est la confidence poétique de deux pères devant leurs enfants.

Ce qui fait que s'est vite imposé de mettre en évidence ce ton de confidence, d'intériorité presque, de tout ce que nous avons pu suivre en témoins. À la nécessité de l'usage de très gros plans pour les séances de travail graphique, j'ai toujours demandé que les cameramen cadrent les interviews en gros plans serrés, de même que les échanges de Hébert avec les jeunes pendant la recherche sur le suicide. Cette approche, qui est une contrainte parfois embarrassante du travail en vidéo, s'est révélée pour notre sujet un excellent outil, pour une chronique détaillée portant sur une forme cinématographique qui est l'art du détail même.

Par extension de cette même ambiance, j'utilise le ton plus intime pour laisser place à cette sorte de longue confidence qui caractérise la démarche de Pierre Hébert depuis quelques années, non seulement dans ses films ou dans les ateliers d'animation qu'il a dirigés, mais aussi dans les efforts de diffusion et d'explication qu'il a entrepris de son travail; pour rompre avec le silence entourant le cinéma d'animation en général et la «solitude désespérante» de ses cinéastes. Écrire, présenter, discuter, «rage excessive» de communiquer, toutes ces activités se répercutent dans le vidéo.

Pour compléter et visualiser cela, j'ai cru qu'avaient aussi leur place dans cette atmosphère des éléments comme des textes-poèmes, des lettres, dessins, photos, qui peuvent à leur façon témoigner aussi de la démarche et s'inscrire dans le ton général de la confidence.

Donc, chronique d'un processus de production pour l'ossature d'ensemble, mais pas un bottin froid ou un programme abstrait; au contraire, chronique d'une ou de plusieurs confidences autour d'un film et du cinéma. Avec ce type d'explications-confidences, je veux surtout éviter de donner à ce vidéo un ton «didactique», comme on dit plat, froid et monocorde.

Quel cinéma fait Pierre Hébert, et avec qui?

Une des particularités du travail de Hébert vient du type de collaboration qu'il entretient avec les assistantes et les techniciens. Je voudrais refaire ici en vidéo l'équivalent du reportage sur l'*Album-photos de la famille Hébert*, paru dans *Format Cinéma* (n° 24). Outre l'intérêt de montrer ces collaborateurs et collaboratrices d'expérience, leurs témoignages éclairent une particularité du travail de Hébert comme réalisateur. Dans des projets et des structures somme toute assez définis, les films de Hébert laissent aux autres collaborateurs de bonnes marges de créativité, d'expérimentation et de participation critique. Par exemple, le film *Étienne et Sara* a un scénario précis et structuré, mais pas de découpage technique ni de «storyboard».

Outre cela, le cinéma de Hébert, surtout depuis *Père Noël*, fait progressivement éclater les cadres du cinéma d'animation, en mettant dans chaque film plus d'une technique d'animation et en joignant à l'animation de la prise de vue réelle, soit en *stock shot* préexistant, soit comme dans *Étienne et Sara*, en tournage spécifique.

Dans ce dernier film, l'éclatement est plus poussé encore, puisque les parties en animation n'y sont pas les plus importantes; cela explique en bonne partie pourquoi le film a pu être fait si rapidement. Mais c'est l'éclatement du cadre «animation» qui est le plus frappant, et l'utilisation de plusieurs éléments qui, bien que traités par la caméra d'animation, n'en sont pas moins étrangers au processus de l'«image par image». Ces matériaux: dessins, photos, feuilles de contact, film familial, textes de poèmes, tout ça concourt à relativiser le travail d'animation et à amener Hébert à en faire son profit en sortant de certaines contraintes de l'animation. Cela l'a amené aussi jusqu'au tournage en prise de vue réelle.

La profusion de tous les matériaux: images, films, vidéos et sons utilisés dans *Étienne et Sara* font de ce film une mosaïque-poème plus poussée, plus composite que dans les films antérieurs, plus dégagée aussi des linéarités des sujets.

Enfin, ces expérimentations cinématographiques ne doivent pas faire oublier le caractère social prononcé des films de Hébert depuis *Père Noël*, caractère qui n'est pas coutumier dans les films d'animation.

Dans le monde violent, menacé perpétuellement de guerres et d'extinction, la pertinence, la place et l'avenir des enfants est une question angoissante. Ce sujet, déjà présent dans *Souvenirs de guerre*, se prolonge dans *Étienne et Sara*, comme il était inhérent aussi dans *Jeunes en sursis*.

La naissance de Sara à Bruxelles, puis à Montréal la découverte par Étienne des possibilités et des libertés de son corps, tous ces sourires et toutes ces colères, ces douleurs et ces joies s'inscrivent dans la géographie pacifique et aisée de l'Occident, dans l'amour des pères. Cet Occident relativement protégé est mis en contraste brutal avec la malnutrition, la faim et la souffrance du Tiers-Monde (enfants africains) où, malgré l'avenir incertain, barré, se dessine un espoir, via le poème de Serge Meurant, *Heureux les doux qui ne plient ni ne supplient...* Sur une des dernières images, les enfants africains sourient et s'enlacent, en marchant dans la poussière dorée du soleil.

«Le propos du film, écrit Hébert dans son scénario, c'est donc la difficulté de ce regard simultané sur nos enfants et sur le monde, l'affirmation de la volonté et du désarroi de vivre de sang froid face au chaos, l'effort de ne pas détourner le regard.»

Pour appuyer cette optique des films de Hébert et du dernier en particulier, la chronique de fabrication de *Étienne et Sara* peut se terminer sur une courte généralisation de la pratique du cinéaste dans le cinéma québécois, cinéma qui, à son meilleur, «tire son origine d'une vision libre de conventions», «un cinéma expérimental qui veut s'adresser à tout le monde».

Le cinéma par lui-même
éloigne-t-il de la vie?

Février 1984. Publié, sauf la dernière partie inédite sur *Étienne et Sara* et Serge Meurant, dans *Format Cinéma*, n° 38, 20 janvier 1985

Pour Wim Wenders, le cinéma en tant que sujet, comme il l'a pratiqué pour ses quatre derniers films avant *Paris, Texas,* éloigne effectivement de la vie et conduit au désabusement (*Libération*, 31 janvier 1984).

Wenders s'était déjà inquiété de ce problème dans ses deux courts métrages de 1982: *Quand je m'éveille* et *Chambre 666*. Paul Morrissey lui avait alors expliqué que s'il se fait depuis quelques années tant de films sur le cinéma, ou des films se référant à d'autres films (making of..., remake, «à la manière de...», etc.), c'est que *le cinéma est dépassé*, tout comme le roman: on ne croit plus aux capacités des récits, des personnages, des stars, des recettes dramatiques, de témoigner de la réalité ou du réel vraisemblable, mis en scène...

Hypothèse intéressante, qui montre que le cinéma a beau progresser dans ses capacités de faire sentir la vie, la réalité, il se bute toujours à une certaine saturation de son langage, de ses capacités de vraisemblable et de conviction, que ses ficelles finissent toujours par se laisser voir et par ennuyer. Pourquoi alors ne pas montrer plutôt le cinéma lui-même, en train de se faire, découvrir son potentiel créatif, même avec ses limites?

Mais alors, qu'est-ce qui est intéressant dans ce sujet, le cinéma par lui-même? et jusqu'où peut-il prolonger l'intérêt? (La même question vaut aussi pour toutes les autres industries culturelles.)

Pourquoi, à montrer des cascades, des tournages, des trucages et des effets spéciaux; pourquoi, en suivant des créateurs en difficulté (*Huit et demi, L'état des choses*, par exemple), ne peut-on prolonger l'intérêt?

Je crois que la raison de cette paralysie réside dans le fait que, même en prenant le cinéma comme sujet, *on reproduit la même façon* de montrer ce réel que dans le cinéma. Autrement dit, en décrivant l'envers des films ou de l'appareil de production, on passe encore par les mêmes schémas usés dont on voudrait s'éloigner: on dramatise comme dans le mélo, on mystifie comme dans le star-system, on trompe comme dans le cinéma, justement. Sauf exceptions, par exemple chez Vertov, ou chez Godard; ou encore, dans le cinéma québécois, dans le *Gina* de Denys Arcand, dans le film collectif *C'est pas grave, Suzanne*, dans *Le cinéma en question* de Jean Chabot, dans *La première chance* d'Alain Cornaud. Voir aussi: *Frances, Cinéma mort ou vif* et, pour d'autres industries culturelles, *Network, The Rose, All that Jazz, Zelig*...

Autrement dit, le cinéma, en se tournant vers lui-même, c'est-à-dire littéralement *en se tournant lui-même*, se prend à son propre piège. Ainsi, on ne montre pas beaucoup plus que ce que la mythologie du cinéma a appris aux spectateurs à connaître: la magie des tournages, des trucages, des stars (comédiens ou réalisateurs).

On ne montre jamais, par exemple, les phases complexes de pré-production et de post-production. Même quand on montre les tournages, on évacue le travail de préparation fastidieux, long, mécanique; on n'enquête presque jamais non plus sur les métiers obscurs du cinéma, leurs définitions, leurs fonctions dans l'appareil. Bref, c'est *le travail créateur*, le travail tout court dont on ne cherche pas à témoigner, ni non plus ce qui dans la création est hasardeux, conjoncturel, subjectif, autant dans le choix des sujets que dans leur traitement et leur production, dans leur diffusion. La créativité apparaît trop souvent comme innée, se propulsant en ligne droite dans ses certitudes et ses vérités pour aboutir au chef-d'œuvre, ou aux effets spéciaux bien rendus, aux trucages sans bavures, etc. Dans cette optique, le «chef-d'œuvre» de cette représentation du cinéma dans et par la mystification cinématographique reste *La nuit américaine* de Truffaut.

Et encore, que ne cache-t-on pas dans le cinéma? L'oppression des femmes, les règlements de comptes, l'argent, le financement, les modes de vie du milieu, les avocats, les politiques, la technique des machines et des laboratoires, les aléas de la distribution, sans parler du marketing, du corporatisme et du syndicalisme des métiers de création et des métiers techniques... Si on n'en parle pas, «tout va bien», dirait justement Godard, qui s'empresse de filmer l'aphorisme: *Tout va bien.*

Pour toutes ces raisons, on ne doit pas considérer, me semble-t-il, que le cinéma dans le cinéma soit un sujet usé. Au contraire, je crois qu'on n'a même pas commencé à en montrer la richesse contradictoire, la vie justement, la vie tout court mêlée à la vie de la création des industries culturelles. Quand osera-t-on filmer, par exemple, le magistral *Picture* de Lillian Ross, ou le *Indecent Exposure* de David McClintick, ou encore *Notes sur la scénarisation* de Gilles Groulx?

C'est en pensant à ces questions que j'ai cru intéressant de laisser une trace de la fabrication du dernier film de Pierre Hébert, *Étienne et Sara*, et de tout (ou presque) ce qui a entouré la réalisation de ce film. Je me suis aussi inspiré de ses textes, dont *Réflexions à haute voix sur un cinéma improbable*, publié par l'Office national du film à l'occasion de la sortie de *Souvenirs de guerre*, ainsi que du texte calligraphié *Spectateur, mon semblable, mon frère...*

Ces réflexions sur le cinéma (la vie dans les métiers du cinéma) m'ont conduit à une autre problématique complémentaire, bien exprimée par Serge Meurant, poète belge, lors de sa collaboration à *Étienne et Sara* et à notre vidéogramme, c'est-à dire le caractère relatif, l'improbabilité du discours dans l'art, de la «vérité» même de l'art.

Comme je n'ai pu à ce jour, faute d'espace, incorporer ces propos de Meurant dans notre montage, je les donne ici à lire. Dans mon scénario «improbable», ces réflexions se placent quelque part dans la dernière séquence de *Faire un film*:

Il y a peu de films où finalement il y a un mélange d'imaginaire et un discours qui ne soit pas un discours théorique sur les choses. Comment, par exemple, un enfant s'accommode dans un espace, comment se fait cette étape d'une vie où un bébé devient enfant...

Aussi, cette absence de préjugés de ce qui peut être la beauté d'une chose ou d'une autre, c'est important.

On ne supporte plus dans le discours (même si c'est un discours positif), ce qui est dépossession de la parole en soi.

Par exemple, j'en parlais dans le texte lu à *Poésie, ville ouverte*, où je rappelais que mon père avait fait partie avant guerre d'un mouvement de poètes, qui écrivait des choses faites pour être dites en principe en public massif, des poèmes anti-fascistes (écrits entre les années 30 et 40), dont certains ont été lus dans les usines.

Récemment, j'ai été amené à relire l'ensemble de ces textes. Un certain nombre d'entre eux avaient perdu, non pas leur rythme, leur facture, mais leur puissance d'émotion, parce que mon père probablement y avait mis trop ce qui pouvait à l'époque apparaître comme une parole commune, mais qui relevait quand même dans sa dialectique du discours révolutionnaire/humaniste, qui a été très déconcerté d'ailleurs à la fois par le stalinisme, et à la fois par le fait que dans ce groupe d'écrivains, avec la même idéologie, certains sont devenus résistants, d'autres collaborateurs...

Enfin, c'est un peu le problème aussi de l'esthétique. Où chacun peut-il trouver quelque chose qui à la fois peut être partagé, tout en demeurant du registre de la parole, avec les obscurités et aussi les clartés propres à la parole de chacun?

Je ne crois pas qu'il existe un discours général qu'on puisse tenir sur les choses, en fonction duquel on puisse choisir certains éléments qui puissent être reconnus et valorisés, et d'autres qui ne devraient pas l'être. C'est un peu pour ça que j'aime bien les mélanges. Je ne crois pas qu'il y ait une esthétique qui puisse naître d'éléments choisis...

FINALE EN NOCTURNE

Je voudrais conclure sur... une conclusion. Une que j'ai ratée avant le départ de *Séquences*, à propos de la ciné-fiche du *Bal des vampires* de Polanski.

J'avais adoré cette manière ambiguë du cinéaste de traiter du morbide en rigolant, ce qui fait de ces *Vampire Killers* un des films les plus graves sur le sujet, malgré les formes du comique et de la farce. Les grands auteurs et compositeurs possèdent cette force de passer du *buffa* au *seria* sans heurt, sans le corset ou les œillères des genres, du même souffle souvent, en création libre et libre symbiose.

Voilà pourquoi il m'avait alors semblé juste, pour ce film, de faire intervenir Edgar Poe en conclusion. Léo Bonneville m'annonça qu'il avait coupé ce finale: «Manque de place, pas vraiment nécessaire non plus.» J'étais très déçu. Ce type de guillotine éditoriale cache parfois un jugement plus sec, à courte vue.

J'ai donc le malin plaisir d'offrir ici, *finalmente*, l'édition «complète et définitive» de ce texte et de son existentielle conclusion. C'est un geste sérieux, qu'il faut évidemment prendre à la légère.

After all, it's only a film analysis!

Le bal des vampires

Séquences, n° 56, février 1969

> *C'est le beau risque mis en marche,*
> *la plongée dans la nuit, la poésie.*
> Françoise Mallet-Joris,
> *Trois âges de la nuit (histoires de sorcellerie)*

L'auteur

Réalisateur d'origine polonaise, Roman Polanski, après quelques courts métrages, tourne, avec des moyens de fortune, son premier long métrage, qui le fait connaître: *Le couteau dans l'eau* (1962). *Le dictionnaire des cinéastes* (éd. du Seuil) analyse ainsi l'auteur: «D'une fantaisie entraînante et un peu ricanante, avec un excellent sens du gag poétique...» C'est, avant le temps et bien qu'en très bref, ce qui convient le mieux au *Bal des vampires* (1967).

Mais cela ne décrit pas les productions anglo-américaines suivantes: *Repulsion* (1965), *Cul-de-sac* (1966) et *Rosemary's Baby* (1968), où Polanski raconte des histoires inquiétantes de névroses modernes, films d'horreur au sens fort du terme, où le sang, le sexe, la violence, la peur, en séquences serrées et mordantes, composent la matière obsessionnelle de sujets traités en maître, avec une lucidité démoniaque et une hypersensibilité craquante.

Scénario

Dans la version originale anglaise, il y a un dessin animé en pré-générique (dessin supprimé dans la version française), où les deux protagonistes du film, dans un cimetière, essaient les remèdes classiques anti-vampires: crucifix, gousses d'ail, lumière du soleil... contre un monstre à face verte. En enchaîné, les deux compères tombent dans le sigle de la compagnie M.G.M., où non seulement le lion rugit mais fait voir deux crocs «vampiriques» et une goutte de sang qui tombe dans le générique, puis rebondit, tantôt en larme, tantôt en flamme, tantôt en chauve-souris, d'un nom à l'autre.

Le générique déroule son programme de bas en haut, sur un fond tournoyant gris bleuté, qui se détache en dernier par un zoom arrière, et fait apparaître une lune glaciale sur un paysage d'hiver de la Transylvanie subantarctique, au cœur des Karpates . . .

Le professeur Ambrosius et son disciple Alfred y arrivent, à la recherche de vampires authentiques. Ils approchent du but. En effet, l'auberge de Shagall, où ils descendent, offre plusieurs indices: gousses d'ail suspendues aux poutres, terreur des villageois de révéler un château des environs, et, surtout, apparition d'un monstre: le valet Koukol.

Les intuitions d'Ambrosius sont justes. Quelques heures plus tard, les événements vampiriques se précipitent: d'abord la fille de l'aubergiste, Sarah (dont Alfred s'est épris), se fait vampiriser par le comte Von Krolock; puis Shagall lui-même qui, à son tour, «initie» une servante de l'auberge, sa maîtresse.

De fil en aiguille, au milieu de péripéties burlesques, les deux compères parviennent au château démoniaque, où ils ratent leur chance de détruire le vampire Von Krolock et son fils Herbert, vampire homosexuel qui tente plus tard de croquer Alfred!

Sarah est prisonnière de Von Krolock, grand-prêtre du vampirisme scientifique et idéologique, qui veut offrir la belle en menu au bal annuel des vampires, troupe macabre qui sort justement du cimetière du château. Mais les astuces d'Ambrosius et d'Alfred vont délivrer Sarah de ce milieu pestilentiel.

La fuite est réussie... jusqu'au moment où, dans le traîneau à clochettes, Sarah vampirise Alfred. Ainsi, grâce au professeur Ambrosius, le mal qu'il voulait détruire pourra-t-il se répandre librement à travers le monde . . .

Une histoire extraordinaire

On pourrait dire que Polanski, auteur de films, est sorcier, si la sorcellerie, comme le dit Françoise Mallet-Joris dans son livre déjà cité, «est essentiellement technique, bricolage, mise en œuvre de l'incompréhensible». Comme *Repulsion*, comme *Rosemary's Baby*, *Le bal des vampires* est un assemblage de matériaux nocturnes, bien que, de prime abord, on soit plutôt tenté de n'y voir qu'une comédie de bons drilles, une pochade habile, ou même un canular.

Cependant, le comique, dans ce film, est bien ce qu'il y a de plus faible ou plutôt de plus mince, puisque, situé dans une autre perspective, *Le bal* s'ingénie à camoufler, derrière le rire simple et sans prétention, la lourde sécrétion des vapeurs vampiriques, sortes d'eaux glauques où l'esprit, le cœur et la chair se laissent aspirer avec délices et horreur (un peu, en somme, comme le spectateur naïf qui rit, «de peur» de révéler sa peur).

Ici, Polanski nous donne (ou nous enlève) d'avance cette arme défensive contre les appréhensions du fantastique, et cette astuce est déjà le signe que le réalisateur ne se détachera pas de son vrai sujet: la nuit possible des monstres. Dans un récent et passionnant entretien dans *Téléciné*, Polanski déclarait: «Je suis fier d'être un nomade. J'ai toujours pensé à aller ailleurs.» (n° 147) C'est là la démarche même entreprise dans *Le bal des vampires*, où il s'agit, malgré tout (le rire, le sarcasme, l'ironie, le scepticisme amusé), d'aller dans cet ailleurs certain de l'imaginaire, ce pays intérieur où existe toute l'histoire «extra-ordinaire» (au sens baudelairien du terme) du vampirisme, son pays, son habitation, ses morts-vivants, ses désirs de sang, la perpétuité de son incarnation, sa réalité. Je suis tout porté à croire que *The Fearless Vampire Killers* soit plus près de Chagall que d'Abbott et Costello!

Excusez-moi: vos dents sont dans mon cou

Voilà donc cette toile de Polanski, comme si c'était un Chagall dont elle a les sourires et les extravagances poétiques, les couleurs en fusée et les parties en mosaïque éclatée: paysage d'hiver en Transylvanie, lune et neige, clochettes de chevaux impassibles; savant gelé, l'œil de verre tourné vers le progrès inutile, et puis son apprenti timide et pâle. Les loups s'avancent et reculent.

Une auberge grasse. Patronne énorme et mari gringalet. Fumée, saucissons aux poutres, chapelets d'ail. Sarah, la fille du patron (Yoine Shagall!), est somptueusement belle et aime les bains fréquents. L'aubergiste a une maîtresse, une servante blonde et dodue, logée au grenier.

Dans la cour, l'élève Alfred termine un bonhomme de neige. Le visage fin de Sarah dans le rond dégelé d'un carreau de fenêtre.

Koukol, le valet-monstre de son Excellence, attaque un loup, l'égorge de ses dents et boit son sang, au détour d'un sentier d'hiver.

Sarah prend un bain de mousse et de chaleur. D'une lucarne ouverte, la neige se met à tomber. Le comte Von Krolock, superbe vampire, descend légèrement et magnifiquement dans le bain. Puis met ses dents dans le cou blanc de l'héroïne... Quelques gouttes de sang sur la mousse de savon, et Sarah n'y est plus.

Le château de Von Krolock: voûtes, dalles sonores, candélabres à demi calcinés, tapisseries lourdes et délavées, portraits des monstres de famille. Toiles d'araignées partout.

La crypte du château. Grille de fer ouvragé. Cercueils en noir d'ébène et décorations d'or. Œil-de-bœuf pour laisser entrer le soleil et la lune.

Le bal, le plus beau bal de vampires jamais filmé. Cinquante figurants, tous plus hâves les uns que les autres. Clavecin, menuet ou gavotte, costumes anciens défraîchis par de trop longs séjours dans les tombes.

Paysage d'hiver en Transylvanie, lune et neige, clochettes de chevaux impassibles; savant gelé. Sarah, nouveau vampire, met ses dents dans le cou d'Alfred.

Vampirisme et poésie

Anne de Chantraine, une des sorcières de Mallet-Joris, est une enfant dont la lucidité est extraordinaire: «Déjà elle sait que l'humilité cache souvent la haine, que l'objet le plus rassurant a d'effrayantes ombres. Mais que l'ombre elle-même ait son visage de pitié, son instant de douceur, cela aussi est vrai.» (p.12)

De même, le comte Von Krolock, père des vampires, est-il au fond de lui-même un enfant mélancolique, quand, au milieu de l'or pourri de son lieu des Karpates, il soupire: «when I was a young man...» ou quand encore, dressé sur le paysage lunaire de la Transylvanie, il perçoit l'éternité à venir de ces longues soirées de plusieurs hivers... Nous sommes trop près, ici, de Poe et de Baudelaire pour ne pas sentir surgir, comme les violoncelles, petit à petit, dans *Tristan et Isolde* de Wagner, toute la poésie baroque d'un univers affreux et doux, grimaçant et nostalgique, dont l'amour et la mort sont les coordonnées.

En guise de conclusion

Inédit, 1969

Edgar Poe, dans son curieux poème *The Raven (Le Corbeau)*, a raconté, sur un ton badin et inquiétant, un incident bizarre, à lui arrivé, un soir où, lisant, il entend frapper doucement à sa porte. Il ouvre. Entre un corbeau, qui se perche, et croasse inlassablement: «Jamais plus!»

C'est à peu près ce ton et ce style que Polanski a retrouvés, dans son *Bal des vampires*, et cette allure cocasse dont n'est pas exclue l'insidieuse présence du fantastique:

> «Et le Corbeau, sans jamais voltiger, se tient fixe, encore et
>   toujours,
> Penché sur le buste de Pallas au-dessus de ma porte de chambre;
> Ses yeux ont l'éclat des yeux d'un démon qui rêve;
> La lampe près de lui projette son ombre sur le plancher,
> Et jamais de cette ombre répandue
> mon âme ne se détachera — jamais plus!»

L'aventure d'Ambrosius et d'Alfred, l'histoire de Polanski, il semble que, malgré l'amusement qu'elle provoque, elle nous conduise jusqu'à ces portes d'ombres et de fixation morbide, d'où l'âme captive ne s'envole plus.

POSTLUDE

Un «Opera in progress»

C'est une boutade d'André Pâquet qui est à l'origine de la forme de ce texte en livret d'opéra.

André m'avait d'abord demandé d'écrire un essai sur l'histoire des institutions cinématographiques québécoises pour la monographie de Beaubourg sur *Les cinémas du Québec et du Canada*. J'ai accepté sans hésiter. À la réflexion, je trouvais pourtant le sujet bien aride, et j'étais un peu las de faire encore ce genre de texte, puisque j'en ai pondu plusieurs depuis *Champ libre*.

Je reparle de ce «problème» à Pâquet, en lui demandant s'il n'y avait pas un autre sujet que celui-ci, plus lyrique, plus musical... Il me répond, sérieux et blagueur en même temps: «Non, il faut que tu prennes les "institutions"... mais tu peux en faire un opéra si tu veux!»

Je ne suis pas sourd, surtout pour l'opéra. Après quelques jours, je me décide à prendre Pâquet au mot, et à organiser cette matière ingrate en libretto. C'était un peu compliqué. À mi-chemin, l'entreprise me parut tout d'un coup hirsute. J'ai failli abandonner, une fois, deux foix, séduit par la tentation de l'essai universitaire. Finalement, mes doutes se sont dissipés, et la mayonnaise a pris corps.

J'en suis au bout du compte assez content. L'opéra, dit en substance Virgil Thompson, peut accueillir n'importe quel sujet. Par ailleurs, ce texte représente pour moi une bonne synthèse des multiples autres essais similaires égrenés «tout au long de ma route», comme le disait lyriquement de Gaulle (dans le film de Jean-Claude Labrecque), en 1967 sur le chemin du Roy, et à qui, pour la circonstance, je me permets d'emprunter ce vers hexamètre.

Opéra, actualité et mémoire.
Bertolt Brecht et Kurt Weill, *Der Lindberghflug* (*Le vol de Lindberg*), 1930.
Vidéo de Jean-François Jung. Photo : INA, Michel Lioret

Un «*Opera in progress*»

LA MÉMOIRE DES MÉMOIRES
ou
Les cinémas québécois et canadien dans tous leurs États*

Libretto

* *Le présent essai est basé sur une étude inédite de Pierre Véronneau (Cinémathèque québécoise) et Réal La Rochelle:* Politiques pour le cinéma québécois, *une anthologie historique commentée de textes des gouvernements et des associations professionnelles pour la construction du cinéma québécois au sein du contexte culturel et politique canadien.*

Les cinémas du Canada, *Paris, Centre Georges-Pompidou, «Cinéma/Pluriel», 1992*

Marquise Lepage, alors présidente de l'AQRRCT (Association québécoise des réalisateurs et réalisatrices de cinéma et de télévision), soupirait sur le syndrome amnésique des divers gouvernements du Québec vis-à-vis des revendications, au fil des décennies, des milieux du cinéma: «Les mémoires et les propositions des différents intervenants sombrent dans l'oubli. Il n'y a pas de mémoire des mémoires[1].»

*Cette mémoire est plus que nécessaire à raviver. Elle révèle, dans la crise culturo-constitutionnelle qui déchire l'industrie du film depuis cinquante ans, que les tempêtes cycliques de surface cachent un fond de mer assez stable, balourd et pragmatique, bien dessiné par la caricature de Sauer: «*Nous ferons l'indépendance avec qui nous subventionnera[2]!*»*

Cette historiographie canado-québécoise des mémoires, plus encore l'exercice forcené d'en extraire la mémoire, nécessite une enquête du diable. Paradoxe d'une jeune et fragile industrie subventionnée: il lui faut autant sinon plus d'énergie à écrire, planifier, légiférer sur le cinéma qu'à produire des films. S'il ne s'agissait encore que de mémoires: il faut y ajouter les actes de congrès et de colloques, les tracts, les manifs, les occupations d'officines, les lettres des lecteurs dans les journaux, les lobbies, les tables rondes médiatiques, les apparitions dans des colloques savants et les cours de cinéma, les débats contradictoires, les commissions d'enquête, les projets de lois et de règlements, le circuit des médias, les esclandres dans les galas des Genie Awards, *un Tribunal de la culture, le cinéma dans la rue... et* tutti quanti*!*

Privé de cet immense corpus pré- et post-production, le visionnement des films d'ici ne donne peut-être des œuvres qu'un reflet pâlot.

Dans ce contexte foisonnant et baroque, la forme de l'opéra s'impose pour mettre en lumière «la mémoire des mémoires». Cette forme est capable d'éclairer le côté grandiloquent, tragi-comique de cette histoire, à la fois sérieuse et loufoque, et n'empêche nullement le recours à une documentation établie. Chaque mot, chaque discours du libretto est rigoureusement authentique; seule la mise en forme est fictive. Mais à quel style d'opéra emprunter? Pas à l'opéra crypto-romantique, mais à celui, contemporain, de l'opéra audiovisuel, tel que décrit par le compositeur et concepteur sonore Maurice Blackburn, le mieux habilité à mettre en musique un tel libretto. Blackburn, ayant passé toute sa carrière à l'ONF, avait un sens aigu du cinéma subven-

tionné et de ses paradoxes. Il y pratiquait à la fois la gravité et l'humour débridé. Mais comme Blackburn s'est envolé en 1988 dans le paradis où la création filmique se fait sans contrainte, je crois que le seul musicien pouvant lui succéder à cette tâche se nomme Yves Daoust, compositeur électroacoustique. Non seulement parce qu'il a travaillé lui aussi un temps à l'ONF, mais parce qu'il a réalisé pour Radio-Canada Hommage à Maurice Blackburn, *un très bel* Hörspiel *qui est déjà un petit opéra à sa manière. Daoust a aussi collaboré avec la claveciniste Catherine Perrin au spectacle-concert* Ni terrible, ni simple, *une forme originale d'opéra contemporain.*

Juste avant de leur soumettre ce libretto, il convient toutefois d'en faire la présentation obbligato. *On pourra se gausser encore une fois de cet exercice propédeutique, et rappeler avec ironie que la musique contemporaine, férue d'œuvres brèves et laborieuses, semble plus occupée à l'analyse et à la dissection de ses partitions qu'à leur problématique exécution. N'a-t-on pas houspillé, ici-même dans l'aura de Beaubourg, un Boulez présentant pendant plus d'une heure une de ses compositions de quelques minutes?*

À bien y penser, cette manière de procéder n'est pas incongrue ni dépourvue de sens, notre époque étant obsédée de mémoire, justement. *Et de pragmatisme. En tout cas, cette méthode convient bien au sujet qui occupe cet espace, les cinémas québécois et canadien ayant, depuis les années 40, fourni une très, très longue introduction écrite et verbale à la minceur (relative) de leurs créations.*

Le monde de l'opéra, comme tous les autres, peut-être même davantage que d'autres, à cause de l'effroyable complexité de sa machine, a un besoin vital de pragmatisme.

Notes

1. Qui fait quoi, *août-septembre 1991.*
2. Le Devoir, *18 octobre 1991.*

Présentation

> *Jack Valenti, le parrain de la pègre du cinéma américain, tape fort sur la table et c'est tout le cinéma québécois qui devient parallèle.*
>
> Pierre Falardeau et Julien Poulin[1]

> *The Canadian state is here, and in its discourse on culture generally, entertaining an historically articulate soliloquy and principally to convince itself of the following* fiction: *namely, that a state which has never experienced sovereignty would nonetheless be able to safeguard it. The ease with which the fictional can be elided into the factual further underlines that the terrain indicated by the concept of cultural sovereignty is that of* the imaginary state.
>
> Michael Dorland [2]

> *Le souverainisme, en tant que doctrine propagée par des politiciens qui veulent nous faire croire que nous sommes déjà un pays* avant *que nous ayons posé un geste significatif en ce sens, est de l'ordre du fantasme, du mensonge sur soi-même et sur le réel.*
>
> Laurent-Michel Vacher [3]

À l'horizon des institutions filmiques québécoises et canadiennes, de même que des politiques culturelles d'État qui les structurent et les maintiennent, se profile l'ombre immense du Moloch hollywoodien. S'il est un trait commun dans les discours sur le cinéma au Québec et au Canada, c'est bien celui de l'anti-américanisme, vu la mainmise historique de l'industrie des États-Unis sur le paysage économico-culturel au nord du 49e parallèle.

À l'intérieur de ce consensus, toutefois, se dessine une fissure, qui semble irréparable, entre le Québec francophone et le Canada anglais. Il n'est pas dit pour autant que cette brèche menace tout l'édifice.

Récemment, en pleine crise constitutionnelle canadienne, au moment où le gouvernement du Québec tenait sa plus imposante commission d'enquête sur le rapatriement culturel (commission Arpin), les professionnels du cinéma jetaient un pavé dans la mare. À la une du *Devoir*:

> Le milieu québécois du cinéma... réprouve totalement une des principales recommandations du rapport Arpin sur la politique culturelle, à savoir la juridiction exclusive du Québec dans le domaine de la culture. (17 septembre 1991)

La directrice du journal, Lise Bissonnette, commentait quelques jours plus tard en éditorial:

> Le milieu culturel est plutôt souverainiste de naissance, et il bouterait Ottawa dehors assez aisément s'il avait l'assurance d'être reconnu pour sa peine. Mais trente ans après la création du ministère des Affaires culturelles, sa frustration atteint des sommets. Au moment même où les leaders politiques québécois entreprennent ce qui pourrait être un dernier bras de fer sur le statut politique du Québec — souverain, ou distinct dans le fédéralisme — la communauté artistique a envie de lâcher libéraux et péquistes confondus. Elle grogne, elle dit qu'Ottawa ne les traite pas si mal après tout, qu'un tiens fédéral-provincial vaut mieux que deux tu l'auras souverainistes. (5 octobre 1991)

Cet incident spectaculaire, au moment où le Québec paraît plus que jamais décidé et unanime à cimenter son autonomie et à prendre ses distances vis-à-vis son grand frère canadien, n'est peut-être surprenant qu'en surface, au demeurant. Il s'appuie moins sur une politique culturelle que sur un *pragmatisme* de bon aloi, un *modus vivendi* qui a de profondes racines historiques. À bien creuser les discours qui parsèment le parcours des institutions cinématographiques depuis plusieurs décennies, on se rend compte de la permanence (sinon de la pertinence) de ce pragmatisme, typiquement «anglo-saxon» peut-on dire, pratiqué autant au Québec, sinon plus, que dans les autres provinces canadiennes.

C'est un premier trait, profondément incrusté, de la mémoire des mémoires cinématographiques au pays, qui fait l'objet *de la première séquence de l'opéra, le Prologue*.

Ce pragmatisme persistant est en quelque sorte l'antidote contre ce que Michael Dorland appelle la *fiction* de la politique culturelle filmique au Canada, et contre ce qui, dans le discours souverainiste québécois, aux dires de Laurent-Michel Vacher, est «la métaphore, l'image et le jeu de mots [qui tient] encore une fois lieu de pensée politique[4]». Ainsi, au ronronnement discursif des politiques filmiques, doublement anti-américaines et doublement souverainistes (de la part du Canada anglais comme du Québec, pour des raisons opposées), se substitue, comme en fondu enchaîné, le pragmatisme de la pratique industrio-culturelle. Les institutions québécoises et canadiennes sont chargées d'administrer cette «double articulation»: protéger la fiction d'État, mais surtout assurer le pain et le beurre au «milieu».

Cette situation paradoxale ne peut se comprendre en dehors du caractère même de l'industrie du cinéma ici. Quoique le Canada soit un des pays occidentaux les plus industrialisés (ne siège-t-il pas au Sommet des Sept?), il est un des rares, vu son voisinage avec les États-Unis, à ne pas avoir créé d'industrie privée du cinéma au début du siècle. Considéré comme «marché domestique» naturel par New York puis Hollywood (et, dans une mesure secondaire, par les cinémas britannique et français), le Canada s'est retrouvé dans la situation contradictoire de pays industrialisé avec un cinéma d'État comme dans les pays d'Europe de l'Est.

De fait, le cinéma ici n'a jamais eu d'autre existence que celle de la volonté d'État (discours, institutions, crédits), ce qui fit bien l'affaire de John Grierson au moment de la création de l'Office national du film (ONF):

> Dans l'idéologie griersonienne, le cinéma est un prolongement de l'État et est inconcevable sans l'État[5].

Ainsi, captive dans le filet hollywoodien, l'industrie du film au Québec et au Canada ne bouge et ne survit que par l'État (les États, plus précisément), et sa réalité, relativement petite dans l'ensemble occidental, respire dans une eau juste assez oxygénée pour laisser croire à la fiction de la mer.

«Back to the Future»

L'incident de la commission Arpin n'est pas isolé. L'histoire des institutions cinématographiques canadiennes, depuis plus d'un demi-siècle, oscille, comme le souligne Marshall Delaney, entre l'obsession de la construction de cultures nationales et une industrie toujours vue comme *problème*: «D'une certaine manière, l'histoire de notre industrie du film est une histoire de promesses avortées[6].»

De fait, c'est l'existence même d'une industrie canadienne du film, depuis le début du siècle, qui est problématique. L'historien Peter Morris souligne l'entêtement à vouloir faire du cinéma ici, en rappelant comment certains industriels américains s'étonnaient qu'on voulût même s'en mêler[7].

Les premiers essais infructueux de démarrage d'une industrie du film, durant les années 1910 à 1930, comme en témoignent par exemple les carrières-échec d'Ernest Ouimet et d'Ernest Shipmann, poussèrent rapidement certains entrepreneurs à faire pression sur l'État pour canaliser et réduire la mainmise des *majors* américains au Canada.

La faiblesse conjoncturelle de la base industrielle filmique, ainsi que la montée du nationalisme canadien, devaient attacher à tout jamais la production cinématographique à l'État. Une situation unique au monde, soutient Morris. Analyse partagée par la profession québécoise à partir des années 60:

> L'inexistence de la cinématographie canadienne est la seule responsabilité des États car l'industrie privée ne trouvera jamais au Canada des sources de profit telles qu'elle se sente la mission d'en créer une: il y aura toujours de meilleurs investissements *capitalistes* à faire ailleurs que dans un film canadien[8].

La monopolisation hollywoodienne au Canada avait conduit l'État fédéral à produire, en 1932, l'enquête *An Alleged Combine*, qui concluait à cette domination américaine[9]. L'État canadien y fit écho en créant en 1939 l'ONF, qui avait le double avantage de doter le pays d'une infrastructure centralisée et bien équipée, tout en répartissant entre les États-Unis et le Canada des champs de spécialisation filmique et de bon voisinage culturel: aux majors américains les longs métrages et la grosse industrie de l'*entertainment*; au Canada celui du documentaire et du film de propagande gouvernemental. Du même coup, le Canada se donnait par l'ONF un solide laboratoire de nationalisme, dont la Seconde Guerre mondiale devait nourrir la consolidation, aidée par la fougue de son premier directeur, John Grierson, et l'audace esthétique de ses premiers créateurs, Norman McLaren en tête.

«C'est de la pourriture que nous servent les films américains[10]»

Ce nationalisme cinématographique onéfien était cependant, à sa naissance, déjà anémique de l'absence de son vis-à-vis «canadien-français» (ancêtre de la québécitude). Il en résulta, sous le régime clérico-ultraconservateur de Maurice Le Noblet Duplessis, un moment intense d'affirmation souverainiste de la part de la «Province de Québec». Non seulement Duplessis présida au renforcement de la loi camouflant le «code secret des critères de censure» (1931), mais procéda à la création en 1941 du Service de ciné-photographie, embryon d'un futur Office du film du Québec (OFQ), qui était censé devenir un ONF québécois et contrer les maléfices d'Ottawa. Qui plus est, Duplessis fit voter en 1945 la loi créant Radio-Québec (un anti-Radio-Canada) et continua de nuire à la circulation des films onéfiens dans «La Belle Province», en maudissant ce repère de «communistes et de subversifs», et le vouant à la géhenne du catholique feu éternel.

Ainsi, le nationalisme filmique québécois trouve-t-il en Duplessis une sorte d'ancêtre «pur et dur» et, paradoxalement, son défenseur le plus cohérent, capable d'allier le discursif des politiques à la fondation d'institutions pour les matérialiser, encore que ces institutions n'aient généré aucun développement d'envergure. Même le Parti québécois (PQ) au pouvoir, après 1976, n'avancera pas une telle logique. Aujourd'hui encore, le plus ultranationaliste des cinéastes n'oserait revendiquer la reconnaissance d'un pareil géniteur.

D'ailleurs, si on excepte la (re)création de Radio-Québec en 1968, les projets de Duplessis n'auront aucune suite au Québec. Paradoxalement, c'est dans les appareils *fédéraux* (ONF et Radio-Canada) que le nationalisme canadien-français puis québécois trouvera son alimentation matérielle. Mais aussi dans les efforts répétés des premiers promoteurs d'après-guerre pour l'implantation d'une industrie du film et de la télévision.

Car c'est principalement à Ottawa que s'adressent les Canadiens français, Paul L'Anglais et Alexandre DeSève après la guerre, promoteurs de longs métrages «canadiens, bilingues et biculturels», pourfendeurs du totalitarisme d'État en matière filmique. De sorte que, à peine sorti de son triomphe militaro-propagandiste, l'ONF se voit attaqué: non au monopole d'État, oui à une industrie privée aidée et soutenue par l'État canadien! De 1947 à 1950, en témoignent les mémoires et recommandations de L'Anglais, DeSève, de toute l'AMPPLC (Association of Motion Picture Producers and Laboratories of Canada).

La mémoire des mémoires des années 40 et 50 révèle ce premier effort cohérent du pragmatisme québécois et la mise en place des paramètres sur lesquels l'industrie vit encore aujourd'hui. L'État indispensable ne sera vénéré qu'en autant qu'il résiste à grossir les appareils d'État, pour mieux placer ses fonds dans le soutien régulier à une industrie dite *privée*, mais qui n'a pas les moyens de ses ambitions, et qui n'a jamais connu la griserie/angoisse du capital de risque.

La séquence 2 du libretto est consacrée à ce premier différend culturo-constitutionnel du XXᵉ siècle entre Québec et Ottawa.

Ainsi se tisse, au fil des décennies, dans le double axe Canada/États-Unis et Québec/Ottawa, le noyau des institutions d'État qui pratiquent inlassablement la respiration artificielle à la production et à la distribution des films.

Outre Radio-Canada et l'ONF, Ottawa devait ajouter à sa batterie culturelle, en 1957, la création du Conseil des Arts, et fournir à l'État canadien un de ses meilleurs mécanismes pour l'aide à l'innovation esthétique, cinéma inclus. C'est dans ce Conseil qu'on trouve le fondement du principe du *arm's lenght*, si prisé encore aujourd'hui, dit aussi *hands off*, qui est une sorte de politique de «non-ingérence mais de non-indifférence» à la création individuelle et à l'industrie privée, par le biais de subventions et de programmes d'aide.

Sur le plan provincial, le Québec et l'Ontario (les «grandes provinces» qui furent fondatrices du pays lorsqu'elles s'appelaient Bas-Canada et Haut-Canada) devaient plus tard, dans la mouvance des crises constitutionnelles, se doter de mécanismes d'État similaires. En Ontario, ces institutions provinciales redoublèrent les fédérales dans le même élan de construction d'un cinéma national canadien-anglais. Au Québec, les organismes d'aide et de subventions cimenteront le mouvement de *souveraineté* et son principe d'*association* avec le fédéral[11].

Les années 60: révolution «tranquille»?

La séquence 3 de l'opéra nous fait plonger au cœur de l'émergence contemporaine de la *québécitude*, à laquelle, bien involontairement, allaient participer les deux grandes sociétés d'État fédérales. Machiavéliquement aussi, puisque la politique d'Ottawa ne manque jamais d'inclure le Québec dans le développement du Canada uni et centralisé.

Le déménagement de l'ONF à Montréal en 1956, pour satisfaire les revendications canadiennes-françaises, allait donner un nouveau souffle à la boîte, la propulsant en tête de ligne de l'arrivée du cinéma direct, tout en lui faisant créer, à son corps défendant, le *cinéma québécois* tout court.

Zigzag historique renforcé par l'implantation du réseau de télévision de Radio-Canada en 1952, et l'installation de son pôle «canadien-français» à Montréal. Une sorte de pont aérien culturel filmique s'installa d'emblée entre l'embryon de la production française à l'ONF et cette branche radio-canadienne que Pierre Elliott Trudeau, plus tard, décrira comme un «nid de séparatistes québécois».

La période intense des années 60 à 67, dite de la Révolution tranquille au Québec, et de la première crise constitutionnelle canadienne contemporaine, est marquée de la configuration de deux axes contradictoires.

Au Québec, la première manifestation d'un courant nationaliste de type libéral, anti-duplessiste et progressiste, qui gagne une guerre capitale, celle de la libéralisation de la censure cinématographique. Déclenchée par la Semaine du film français en 1958, relancée par une manifestation à Montréal en 1960 contre les coupures de *Hiroshima mon amour*, cette lutte devait produire en 1967 la création du Bureau de surveillance, qui annulait le vieux Bureau de censure clérico-duplessiste.

Par ailleurs, ce même courant, surtout sous la direction d'André Guérin, formule la première esquisse d'une *politique cinématographique souverainiste*, basée sur le contrôle et la direction d'État. Après la loi 38 de création des objectifs de l'OFQ en 1961, viennent les rédactions de projets de loi en 1963 et 1966, coiffés des principes de base suivants: «Seule une intervention de l'État peut donner naissance à une industrie de production de long métrage»; «Un organisme unique, un seul ministère: seule chance du cinéma québécois[12]».

Contre toute attente, cette politique indépendantiste n'est pas appuyée à fond par la profession, qui pense encore à la double articulation Ottawa/Québec comme moyen d'aide à la production. Plus précisément, ni le gouvernement du Québec, ni les corporations professionnelles et techniques ne suivent ces esquisses, par *realpolitik*. Ce qui permet à Ottawa de triompher.

L'ONF à Montréal permet pendant ce temps au nationalisme québécois de porter à terme la naissance du cinéma québécois, et finit par admettre la création de la section française en production, de même que la création du Studio français d'animation. En bout de piste, cet événement onéfien fait paraître le nouvel OFQ comme la pâlotte copie d'un miniscule ONF provincial. En 1963, c'est aussi Ottawa qui signe les premiers accords de coproduction France-Canada (aide à l'industrie du long métrage québécois). Surtout, le 3 mars 1967, Ottawa crée la Société d'aide de l'industrie cinématographique canadienne (SDICC), première banque d'aide à l'industrie «privée», qui va bouleverser de fond en comble le paysage des cinémas québécois et canadien.

En tant que société d'aide à l'industrie du film, la SDICC se présentait comme le premier jalon d'une politique canadienne du film, manifestant ainsi la volonté de centralisation d'Ottawa dans un domaine, le champ culturel, jusque-là reconnu de juridiction provinciale.

Elle répondait ensuite aux vœux maintes fois exprimés de producteurs et de cinéastes, tant du privé que de l'ONF, tant du Québec que du reste du Canada, de voir les sociétés d'État dégraissées et l'entreprise privée mieux soutenue. La SDICC, en 1966, était d'ailleurs un projet appuyé par la direction de l'ONF, qui y voyait la matérialisation des revendications des cinéastes de faire du long métrage de fiction et la possibilité pour l'organisme d'y participer par la coproduction. Enfin, pour la première fois, Ottawa claironnait qu'il aidait mieux le cinéma québécois que le Québec lui-même, et faisait par conséquent la preuve des avantages du fédéralisme canadien sur le séparatisme québécois.

Dans ce contexte, le modeste OFQ, producteur de *La visite du Général de Gaulle au Québec*, ne peut faire écran à la formidable armada montée quelques mois plus tôt par Ottawa.

Au «Vive le Québec libre!» cinématographique, Ottawa avait à l'avance répondu, avec en chœur tout le milieu professionnel québécois: «Vive la SDICC!»

Enfin une loi-cadre du cinéma pour le Québec

La séquence 4 de La mémoire des mémoires se passe de 1968 à 1975. Ces années, qui précèdent l'arrivée au pouvoir du souverainiste Parti québécois en 1976, sont les plus ferventes et les plus militantes de l'histoire du nationalisme culturel au Québec.

Cette période, qui est celle du flamboyant Conseil québécois pour la diffusion du cinéma (1969-1976), souverainiste et socialiste à la manière de la revue *Parti pris*, s'ouvre par le premier (et dernier) Congrès du cinéma québécois, se poursuit par le Manifeste de l'Association professionnelle des cinéastes du Québec (APCQ) en 1971, et culmine dans l'éclatante occupation en 1974, par les cinéastes, du Bureau de surveillance du gouvernement. Ce sont des années de ressentiment grandissant au Québec face aux politiques «interventionnistes» du gouvernement fédéral en cinéma.

L'aboutissement de cette longue agitation sera en 1975 la promulgation de la première loi-cadre du cinéma et la création de l'Institut québécois du cinéma, organisme d'aide qui deviendra en 1983 la Société générale du cinéma (SGCQ), puis la Société générale des industries culturelles (SOGIC) en 1988.

Si cette époque se caractérise par un radicalisme assez net et par le gauchisme des positions souverainistes et populistes chez un groupe de cinéastes, appuyés par le Manifeste du Front des créateurs du Québec en 1972, il apparaît toutefois que le gros de la profession, comme en font foi des résolutions du Congrès du cinéma et du

Tribunal de la culture (siégeant en 1975), penche encore vers les négociations pragmatiques entre Québec et Ottawa pour l'incarnation de politiques culturelles filmiques *à deux niveaux*, double articulation matérialisée au surplus dans la première loi québécoise du cinéma.

Ottawa comprend très bien le poids de cette tendance, qui met en minorité les voix discordantes des cinéastes «indépendants». Sans éclat, travaillant en sourdine mais de manière incisive, le fédéral confie au ministre Gérard Pelletier la mission de jeter les bases d'une *politique canadienne du film*, qui est un empiétement flagrant sur la culture comme responsabilité provinciale, et un geste antinationaliste québécois. Cette politique du film oriente à sa manière (trudeauiste du libéralisme canadien) la politique du cinéma au Québec, par le renforcement de la SDICC et l'ajout de dégrèvements fiscaux, et aboutira au triomphe, dix ans plus tard, en toute logique, de la création de Téléfilm Canada.

Séquence 5
Un parti souverainiste: la désillusion tranquille

L'arrivée au pouvoir du PQ en 1976 est d'abord le moment d'une flambée d'enthousiasme, typiquement allumée par le *Manifeste de l'APCQ*: «Le cinéma québécois... Avec notre gouvernement. Pour notre société.»

Ce sera de courte durée. Le PQ fait passer le dossier cinéma des Affaires culturelles au ministère des Communications, ce qui a pour effet que ses politiques culturelles en cinématographie s'orientent bientôt plus nettement dans l'axe des industries culturelles. Le PQ fait par ailleurs préparer un important document d'orientation et de débat, dit «Livre blanc», sur *La politique québécoise du développement culturel*. Paru en 1978, sous la direction du ministre d'État au Développement culturel, Camille Laurin, cet énorme dossier inclut un chapitre sur le cinéma, dans la section «industries culturelles». Malgré les affirmations de «la volonté gouvernementale de promouvoir l'épanouissement d'un cinéma national», le document reconduit la nécessité de la double articulation Ottawa/Québec en matière de politique filmique.

Ce qui suscite rapidement une nouvelle flambée, adverse cette fois-là. Les amoureux éconduits et les manifs du cinéma indépendant font une lutte de quelques années, au tournant de la décennie, sur la dichotomie irrespirable entre culture et industrie.

Pendant ce temps, Ottawa réaffirme et précise sa mainmise sur la culture cinématographique au pays, qui aboutit à la commission

Applebaum/Hébert de 1982, et à l'élargissement du mandat de la SDICC, par la création en mars 1983 de Téléfilm Canada, sous l'égide du ministre libéral Francis Fox.

Cette dernière institution, véritable aboutissement des politiques fédérales depuis 1967, est un monument de logique et de cohésion. Ses objectifs achèvent de rapetisser le rôle de l'ONF, de le réduire à ses productions documentaires et d'avant-garde, en laissant le champ libre au privé, plus largement financé que jamais. Le gouvernement retire à l'ONF la responsabilité des bureaux internationaux de distribution de ses films, en même temps que Téléfilm Canada ouvre les siens propres. Radio-Canada est petit à petit vidé de ses sections «production films», et perd aux mains de l'industrie privée (via les subventions de Téléfilm Canada) une bonne partie de la production télévisuelle. Enfin, le fédéral garde le cinéma québécois de plus en plus sous sa coupe, en en étant le principal pourvoyeur.

Car la SGC au Québec, même après le rapport Fournier de 1982, qui augmente sa part d'aide à la production à 10 millions $, ne reste qu'une petite banque à côté de Téléfilm. Une refonte de la loi du cinéma au Québec en 1983-84 n'accouche que de restructurations administratives.

Postlude (séquence 6)

Le seul dossier typiquement québécois sur lequel s'agiter désormais, depuis 1983, est celui de la francisation des films anglophones. Cette saga anti-américaine, la dernière à ce jour, sera vertement contrée par les majors et par Reagan lui-même, qui iront faire leurs représentations directement à Ottawa, dans le dos du Québec. En 1985, «Québec cède devant Washington» fait la une de *La Presse*.

De son côté, le nouveau gouvernement canadien du parti conservateur de Brian Mulroney accentue son aide à la «privatisation» de l'industrie du cinéma et de la télé, et poursuit la réduction des capacités de l'ONF et de Radio-Canada. Cette aide au privé, il l'augmente en 1986 du Fonds de financement au long métrage et renforce le rôle et les politiques de Téléfilm Canada. Par le ministre des Communications Marcel Masse, le gouvernement canadien, à la face du Québec, n'a plus peur de parler de sa mission *culturelle*, pourtant un champ d'exclusivité provinciale.

La crise culturo-constitutionnelle des dix dernières années ne fait pas bouger d'un iota ce rapport de force Ottawa/Québec, toujours en faveur du fédéral.

Ce qui, en 1992, nous ramène à la case départ de la question du *rapatriement* au Québec des institutions cinématographiques, fonds et politiques culturelles, et aux déboires de la commission Arpin[13]. De sorte que la question souverainiste, posée naguère par Duplessis, et jamais résolue par les divers gouvernements québécois (libéraux, conservateurs et péquistes) depuis la Révolution tranquille, a laissé le champ libre à Ottawa pour construire une politique institutionnelle assez cohérente sur une période de 25 ans, et le fait paraître aujourd'hui comme le maître d'œuvre et le véritable ministère de la Culture des politiques cinématographiques canadiennes et québécoises.

Dans ce contexte, il est intéressant de lire dans le front anti-Arpin des professionnels québécois une sorte de fuite en avant ultra-nationaliste qui, à défaut de pouvoir être réalisée dans un avenir prévisible, garantit de fait le double niveau d'intervention Québec/Ottawa dans l'aide au cinéma:

> Les associations considèrent que la dimension culturelle est dépendante des dimensions économiques, sociales et politiques et que c'est, en conséquence, dans le cadre du processus d'ensemble de révision du statut constitutionnel du Québec que doit être abordée la question des interventions respectives du fédéral et du Québec en matière de culture et de communications[14].

Avant ce grand jour hypothétique, place au pragmatisme!

«Le cœur du cinéma canadien»

Au terme de cette longue et complexe saga de construction d'une industrie canadienne du film depuis un demi-siècle, deux constatations se dégagent.

D'abord, l'échec total de la lutte anti-américaine contre le monopole de l'industrie hollywoodienne. Si un Jack Valenti a donné plusieurs coups de poing sur les tables canadiennes qui s'occupaient de négocier des quotas ou des prélèvements de taxes sur les films américains, c'est au bout du compte Ronald Reagan lui-même qui a clos le dossier en 1985 en y mettant tout le poids de Washington. À ce jour, il n'y a aucune taxe sur les recettes au Canada des films américains.

D'autre part, cet échec n'a pas empêché le développement d'une industrie canadienne du film et de la télé, qui cherche encore, plus souvent qu'autrement de façon tragi-comique, à construire sa vraie personnalité nationale et culturelle. Paradoxalement, c'est la vigueur de la cinématographie québécoise, apparemment antinomique à la *psychè* canadienne-anglaise, qui cimente et structure le visage le plus original de cette industrie.

Si on peut s'étonner a priori de voir tant de place accordée au Québec dans un dossier canadien sur les institutions et les organismes d'État voués au soutien du film, cela ne doit pas faire perdre de vue que, pour bien des intellectuels et politiciens canadiens fédéralistes, le Canada aurait déjà perdu son «âme» s'il avait été amputé du Québec. L'actuelle crise constitutionnelle ne fait-elle pas souvent dire cette évidence à qui veut l'entendre, et qui fait taire assez net les ultras qui veulent «laisser aller» le Québec dans son indépendance?

Cette évidence de pragmatisme culturel n'est-elle pas celle-là même qui a fait juger en 1984 le film *québécois* de Claude Jutra, *Mon Oncle Antoine*, comme le meilleur film *canadien* de tous les temps? Et puis, tout récemment aux *Rendez-vous du cinéma québécois*, lorsque la cinéaste Cynthia Scott a reçu le prix Ouimet/Molson pour le meilleur long métrage de 1991 (*The Company of Strangers*), n'a-t-elle pas déclaré: «Je crois que le cœur du cinéma canadien est encore ici, au Québec»?

Notes

1. «Trop c'est trop. Assez c'est assez.» Tract de manifestation du cinéma dans la rue, s.d. [1981]. Voir Luc Perreault, «Quatre arrestations. La police met fin à une projection en pleine rue», *La Presse*, 19 juin 1981.

2. «The War Machine: American Culture, Canadian Cultural Sovereignty & Film Policy», *Canadian Journal of Film Studies*, vol. 1, n° 2, 1991.

3. *Un Canabec libre. L'illusion souverainiste*, cité par Robert Saletti, «L'art de la défaite», *Le Devoir*, 11 janvier 1992.

4. Ouvrage cité.

5. «In Griersonian ideology, cinema is an extension of the State and is unthinkable without the State.» Michael Dorland, «Beyond Shame & Glory. Preface to a Critical Dialogue in Canadian/Québécois Cinema», dans *Dialogue. Cinéma canadien et québécois*, Mediatexte et La Cinémathèque québécoise, s.d. [1986].

6. «In a sense the history of our film industry is a history of broken promises.» «Artists in the Shadows: Some Notable Canadian Movies», dans Seth Feldman ed., *Take Two: A Tribute to Film in Canada*, Irwin Publishing, 1984.

7. *Embattled Shadows. A History of Canadian Cinema 1895-1939*, McGill-Queen's University Press, 1978.

8. «Recommandations de l'Association professionnelle des cinéastes au gouvernement du Québec», dans *Liberté, Cinéma si.*, mars-juin 1966.

9. Voir Department of Labour, Canada, *Investigation Into an Alleged Combine in the Motion Picture Industry in Canada*, Ottawa, 1931.

10. M. Taschereau, premier ministre du Québec, en 1921, à la Ligue des bonnes mœurs de Montréal. Cité dans Papin Archambault, *Parents chrétiens sauvez vos enfants du cinéma meurtrier*, L'Action paroissiale, 1927.

11. Le Québec possède la SOGIC (Société générale des industries culturelles) alors que l'Ontario regroupe l'Ontario Film Development Corporation (OFDC), ainsi que l'Ontario Arts Council. Au Canada anglais, par ailleurs, se retrouvent les associations professionnelles Council of Canadian Filmmakers, ainsi que le Canadian Film & TV Producers Association (CFTPA); pour leur part, les cinéastes indépendants sont regroupés dans le Canadian Independant Film Caucus (CIFC); les vidéastes indépendants, enfin, se retrouvent respectivement dans le Independant Film and Video Alliance et l'Association de la vidéo indépendante du Québec.

12. [André Guérin], *«Demain, il sera trop tard...» De l'urgence qu'il y a à adopter une loi-cadre sur le cinéma*, texte dactylographié, octobre 1966, Archives de la Cinémathèque québécoise.

13. Il s'agit de la Commission parlementaire de la culture, sous la direction de Roland Arpin, tenue en octobre/novembre 1991. Mise sur pied par le gouvernement libéral du Québec et Liza Frulla-Hébert, ministre des Affaires culturelles, les recommandations de cette commission doivent accoucher en 1992 d'une politique culturelle d'ensemble de l'État du Québec. «Cette commission, l'une des plus fréquentées dans l'histoire du parlementarisme québécois, a vu le jour pour étudier le rapport du groupe-conseil sur la politique culturelle du Québec, le rapport Arpin.» (*Le Devoir*, 5 octobre 1991)

14. «Position sur le Rapport Arpin», dans *Lumières*, n° 28, automne 1991.

La mémoire des mémoires

Libretto

PERSONNAGES

Le père Papin Archambault, jésuite (basse)
Auteur, en 1927, du pamphlet *Parents chrétiens sauvez vos enfants du cinéma meurtrier*.

Mgr Rodrigue Villeneuve (haute-contre)
Archevêque de Québec, nommé cardinal en 1933.

Maurice Le Noblet Duplessis (basse)
Premier ministre du Québec (1936-39, puis de 1944 à 1959). Chef de l'Union nationale.

Paul L'Anglais (baryton)
Producteur de films canadiens-français après la Seconde Guerre mondiale, puis administrateur en radio et en télévision (Québec Productions, Télé-Métropole).

André Guérin (ténor)
Fonctionnaire, administrateur d'État à Québec, successivement au Bureau de censure du cinéma, à l'Office du film, au Bureau de surveillance du cinéma, puis à la Régie du cinéma.

Jacques Godbout (baryton)
Cinéaste et écrivain.

Roger Frappier (ténor)
Cinéaste et producteur.

Gérard Pelletier (ténor)
Journaliste et homme politique. Fit partie du gouvernement de Pierre Elliott Trudeau et contribua à tracer les

grandes lignes d'une politique canadienne du film durant les années 70.

Dr Camille Laurin (basse)
Médecin et homme politique. Ministre sénior dans le gouvernement du Parti québécois après l'élection de 1976. Responsable des politiques linguistiques et culturelles.

Francis Fox (heldenténor)
Ministre dans le gouvernement libéral canadien de Trudeau, responsable de la création de Téléfilm Canada.

Lise Bissonnette (contralto)
Journaliste, directrice du quotidien *Le Devoir*.

Liza Frulla-Hébert (soprano)
Ministre des Affaires culturelles dans le gouvernement libéral du Québec dirigé par Robert Bourassa. Responsable de la convocation, à l'automne 1991, de la Commission parlementaire de la culture.

Voix diverses: un journaliste de la revue torontoise *POV*; Guy Bouthillier (Mouvement Québec français); secrétaires de divers mémoires québécois et canadiens sur l'industrie du film.

Le **CHŒUR** représente tour à tour des moines; des professionnels et des cinéastes; des fonctionnaires de l'État québécois; des producteurs, distributeurs et propriétaires de salles; le Tribunal de la culture; la commission Fournier sur le cinéma.

Séquence première

PROLOGUE

CONTINUER À MANGER À DEUX RÂTELIERS

Le décor représente une sorte d'immense studio de cinéma en pause de tournage. Au fond, de hautes toiles, figurant de part et d'autre les parlements de Québec et d'Ottawa, sont séparées par un écran, sur lequel, en rétroprojection, seront de temps en temps montrées quelques séquences de films ou de vidéos, ou encore des diapositives.

*L'opéra commence avec la dernière séquence d'*Au Pays de Zom *de Gilles Groulx, durant laquelle le financier québécois Zom expire, sous le drapeau canadien, aux accents de la mort de* Boris Godounov *de Moussorgsky. Fondu enchaîné avec:*

LA MINISTRE LIZA FRULLA-HÉBERT (soprano)

Accompagnée au clavecin par Catherine Perrin, elle vocalise abondamment, sans paroles distinctives, pendant que paraissent les diapositives disant:
— «Frulla-Hébert revendique pour le Québec tous les pouvoirs en matière culturelle» (*Le Devoir*, 21 novembre 1991)
— «Culture: Frulla-Hébert réclame désormais pouvoirs et argent» (*La Presse*, 21 novembre 1991)

S'avance assez rapidement le groupe des professionnels du cinéma, qui interrompt la ministre. Pendant que le Chœur chante ses revendications, surgissent en projection les noms des divers tenants du manifeste:
SARDEC, Association des commerçants au détail de matériel audio, Association québécoise des distributeurs et exportateurs de films et vidéos, Fédération professionnelle des distributeurs et exportateurs de films du Québec, Association québécoise des industries techniques du cinéma et de la télévision inc., Association des producteurs de films et de télévision du Québec, Association québécoise des réalisateurs et réalisatrices de cinéma et de télévision, Syndicat des techniciennes et techniciens du cinéma et de la vidéo du Québec, Canadian indepen-

dant Film Caucus, Association des cinémas parallèles du Québec, Alliance de la vidéo et du cinéma indépendants.

CHŒUR DES PROFESSIONNELS

L'ensemble des associations du cinéma et de la télévision du Québec (sauf l'Union des artistes) rejette globalement le rapport Arpin sur la culture et les arts, déplore la précipitation inexplicable pour procéder à la consultation avec le milieu et dénonce:

— les dangers du dirigisme gouvernemental en refusant de voir le ministère des Affaires culturelles devenir «le maître d'œuvre (ce qui) signifie être celui qui conçoit et dirige les activités dans le domaine culturel»;

— l'absence d'une concertation entre les différents intervenants gouvernementaux en vue d'une politique cohérente d'intégration du cinéma et de la télévision;

— l'incurie totale de la SOGIC et le manque de volonté politique du gouvernement de répondre aux plaintes et recommandations du milieu du cinéma et de la télévision. Les associations considèrent enfin que la dimension culturelle est dépendante des dimensions économiques, sociales et politiques et que c'est, en conséquence, dans le cadre du processus d'ensemble de révision du statut constitutionnel du Québec que doit être abordée la question des interventions respectives du fédéral et du Québec en matière de culture et de communications.

Pendant que le Chœur continue ses murmures et ses plaintes, les journaux témoignent du scandale de cette prise de position:

JOURNALISTE DE *POV*
[Canadian Independent Film Caucus] (ténor)

The Montreal film community was recently propelled to centre stage over the controversial issue of «devolution of culture in Quebec... Among the most vocal were Rock Demers, President of the Association des Producteurs... Survival of the industry, rather than nationalism, was the key issue, despite the fact that many of these groups represent members strongly in favour of sovereignty. Many stressed the importance of maintaining diversified funding sources, both federal and provincial, to give film-makers more opportunity to see their works produced. Film-makers also felt Telefilm, and the Canada Council don't try to exercise as much creative control as the Quebec agencies. Representatives favoured the federal agencies «hands off» approach to funding than the attitude of the SOGIC, which has come under fire in the past decade. Roger Frappier, producer rep on the Institut Board, said there was no guarantee Quebec will succeed in repatriating all federal funds now allocated to Quebec culture...

GUY BOUTHILLIER [Mouvement Québec français] (baryton)

Les artistes ne pourront pas continuer à manger à deux râteliers, un moment donné il faudra choisir. Pourquoi serions-nous à peu près le seul pays au monde où les artistes pourraient s'adresser à deux guichets. Les artistes se leurrent en feignant d'oublier qu'en faisant ce qu'ils font, ils soutiennent le système politique canadien, qui nie le Québec comme peuple. Or une culture qui n'est pas définie comme celle d'un peuple est une culture qui est en difficulté... Ces gens préparent leur retraite et leur déclin, et ils aimeraient bien que le déclin soit aussi confortable que possible.

Enchaîné rapide à la séquence suivante.

Séquence 2

AURI SACRA FAMES

Devant la statue de Duplessis, dans les jardins de la colline parlementaire, à Québec. Il fait nuit. Le Chœur des moines, en sourdine, psalmodie: «Auri sacra fames».

ARIA. LE JÉSUITE PAPIN ARCHAMBAULT (basse)

Le Juif est le maître actuel du cinéma. Il l'est en Angleterre et en France. Il l'est surtout aux États-Unis, d'où viennent la plupart des films représentés au Canada. Quatre-vingt-cinq pour cent des entreprises cinématographiques lui appartiennent. La même situation existe pour les propriétaires de cinémas. Un journal publiait récemment la liste de ceux de Montréal. Cinq ou six seulement sont canadiens. Presque tous les autres — une cinquantaine — portent des noms à consonance israélite.

Or, pour le Juif, l'or prime tout. Il sait qu'à étaler ainsi de la pourriture, il alléchera les foules et les fera se ruer vers l'égoût qu'il exploite. À ses yeux, cela seul compte. (...)

Ce n'est pas de ces aliments que se nourrit un Canadien français. Les parents qui les offrent ou les permettent à leurs enfants peuvent remonter dans leur passé, si humble soit-il. Ils n'y verront pas l'ombre même de telles ordures. Ils sont de trop noble race morale pour en avoir été nourris dans leur enfance. Ni leur père ni leur mère n'auraient toléré, il y a vingt ou vingt-cinq ans, qu'on leur servît pareilles saletés. Plutôt la privation de tout plaisir, plutôt la mort! *Polius mori quam fœdari!* (...)

C'est l'avenir même de la race qui est en jeu; c'est le salut éternel de tous ces petits êtres, encore purs, et qu'une représentation mauvaise peut si facilement pervertir. (...) Imposez-leur cette règle à laquelle il faudra tenir, comme à la prunelle de vos yeux: AU CINÉMA, JAMAIS!

Le Chœur change de psalmodie: «Polius mori quam fœdari!»

ARIA. LE CARDINAL VILLENEUVE (haute-contre)

Enrôlement dans la Ligue catholique du cinéma.

Au cours des exercices spirituels de la Grande Mission d'Octobre, dans toutes les églises où se fera la mission, à la cérémonie de clôture, chaque semaine, les missionnaires feront réciter à tous à haute voix, la main levée, le texte suivant:

«Au nom du Père, et du Fils, et du Saint-Esprit. Ainsi soit-il.

«Je m'enrôle par les présentes dans la LIGUE CATHOLIQUE DU CINÉMA. Je m'unis à tous ceux qui répudient le mauvais cinéma comme un danger pour notre jeunesse, nos familles, notre religion, notre patrie.

«Je m'engage donc aujourd'hui à ne jamais entrer dans les théâtres où la pudeur et la morale chrétienne ne sont pas respectées. Et je m'engage aussi à en détourner les autres, autant que je le pourrai.

«...Pour répondre aux directives du Vicaire de Jésus-Christ et des Évêques, que... l'opinion publique exige partout désormais, dans notre pays, un cinéma qui soit un moyen d'éducation et un divertissement honnête et moral.»

Projection d'une diapositive:
1939: création de l'ONF
L'Office est établi pour entreprendre en premier lieu et favoriser la production et la distribution de films dans l'intérêt national, et notamment pour produire et distribuer des films destinés à faire connaître et comprendre le Canada aux Canadiens et aux autres nations...

ARIA ET TRIO. STATUE DE DUPLESSIS (basse)

Le *Bureau de censure* s'avère plus nécessaire que jamais à cause des procédés adoptés par les éléments subversifs pour leur propagande néfaste. Consciemment ou inconsciemment, mais de façon regrettable dans tous les cas, l'ONF s'est souvent prêté à une propagande tendancieusement communiste et subversive. Voilà pourquoi il faut dans la province un organisme qui protège nos traditions nationales et religieuses contre les dangers de la propagande communiste. La propagande communiste est subversive et tenace et trop souvent la ténacité des communistes a rencontré un appui inconscient de la part des apathiques et des indifférents... Jusqu'à ces derniers temps, les films de 16 mm n'étaient pas censurés. L'Union nationale a réalisé cette réforme salutaire et elle a reçu les félicitations des plus hautes autorités...

Le Gouvernement de la province de Québec doit non seulement faire contrepoids à l'intrusion souvent pernicieuse de certaines productions étrangères qui tendent à déraciner notre mentalité et nos mœurs, mais aussi contrecarrer l'accaparement insidieux de ce médium d'éducation par des éléments qui n'ont rien de commun avec notre culture et nos aspirations. Ici comme dans d'autres domaines, nous avons des intérêts ethniques à sauvegarder.

L'État s'est chargé de ce devoir... Cela voulait dire qu'il se proposait de développer un cinéma canadien-français, de veiller à son orientation, de favoriser son épanouissement.

Le Service de Ciné-Photographie fait des merveilles pour satisfaire à la demande toujours croissante de films instructifs, non seulement dans les limites de notre province mais aussi à l'étranger. Sous l'égide de l'Office provincial de Publicité, il porte déjà le nom du Québec chez nos compatriotes des autres provinces canadiennes, dans tous les coins des États-Unis et partout dans le monde.

Au milieu de l'aria de Duplessis, Archambault et Villeneuve se sont approchés. La statue de Duplessis leur tend à chacun une main. Les voiles pourpres cardinalices commencent à tournoyer dans le vent. Cela ressemble aux flammes de l'enfer à la fin de Don Giovanni *de Mozart. Petit à petit, le rouge du cardinal se transforme en rouge du futur drapeau canadien, et nous sommes transportés à Ottawa jusqu'à la fin de la séquence.*

Dans un bureau du Parlement, à Ottawa. Paul L'Anglais, Alexandre DeSève, et quelques membres de l'AMPPLC (Association of Motion Picture Producers and Laboratories of Canada) font du lobbying. Ils parlent/chantent tous en même temps, en français et en anglais. De temps en temps, se dégage en solo la voix de Paul L'Anglais.

Pendant cette fin de séquence, défilent sur l'écran des extraits de La forteresse/Whispering City, *de* Un homme et son péché, *de* Forbidden Journey, *de* La petite Aurore, l'enfant martyre, *ainsi que des photos des premières de ces films au théâtre St-Denis à Montréal.*

On entend aussi, se mêlant à la musique, le vieux disque 78 tours, égratigné, des Lumières de ma ville, *chanté par Monique Leyrac.*

PAUL L'ANGLAIS (baryton)

Nous manquions jusqu'à il y a quelques années de compagnies cinématographiques pour permettre aux comédiens et aux artistes dramatiques de se développer intégralement, à moins de s'exiler chez nos voisins du sud... Ces compagnies... ne renverseront pas les lois actuelles du cinéma, mais elles produiront petit à petit des films qui seront essentiellement canadiens et qui auront par le fait même plus de valeur nationale à l'étranger que tout autre film d'adaptation...

At the same time we should appreciate the incentive to the development to Canadian culture, arts and sciences afforded by entertainment film production...

The Canadian producers are in the process of establishing a new commercial industry and like most pioneers, are finding financing a major problem. Perhaps only because of unfamiliarity of lending institutions, the financing of productions is difficult... As the capacity of local producing companies becomes better known, no doubt local commercial sources of financing will be more readily available, but in the meantime, Government assistance in establishing satisfactory financing would be of great assistance. It is further submitted that assistance in production financing... would contribute more materially to the diversified development of Canadian Arts and Culture that monies laid out to enlarge the activities of a government body engaged in the production of films. The infant industry is not asking for assistance on any different bases than that accorded any other free enterprise activity and the amount of any assistance so made available would surely be controlled by the natural forces of competitive free enterprise which does not apply to monies annually voted for film production in a state agency.

CHŒUR DES PROFESSIONNELS

En passant en revue les 15 recommandations de l'ONF, il n'est pas irresponsable de conclure qu'en réalité, son but est d'établir un super-ministère de la Culture et de l'Information suffisamment indépendant du gouvernement pour lui permettre d'avoir les coudées franches pour concurrencer l'entreprise privée, mais suffisamment proche du gouvernement pour garantir la sécurité d'emploi et de retraite à son personnel tout en lui procurant des salaires comparables à ceux pratiqués dans le commerce. Notre mémoire s'appuie sur le principe qu'il est injuste et malséant pour un gouvernement de concurrencer ses contribuables. C'est pourquoi nous formulons les recommandations suivantes:

— Que... l'ONF se limite à la production de films culturels, informatifs et éducatifs de caractère non commercial et non commandité par des ministères...

— Que toutes les autres productions cinématographiques ou travaux de laboratoire dont aurait besoin le gouvernement canadien soient confiés à l'industrie cinématographique canadienne sur la base de la libre concurrence...

— Que l'ONF poursuive ses efforts pour diffuser internationalement les films tournés au Canada.

Nous pensons que la mise en pratique de ces recommandations mettrait fin au sentiment malsain de concurrence entre le gouvernement et l'industrie cinématographique canadienne et créerait un climat propice à la coopération...

La séquence se termine par les dernières paroles de la chanson: «Les lumières de ma ville...» et le bruit de l'aiguille sur la fin du disque, qui gratouille quelques instants.

Séquence 3

«DEMAIN, IL SERA TROP TARD»

Commence rapidement avec l'extrait du film montrant Jean Lesage hurlant: «Maîtres chez nous!» Puis, au milieu des bruits et des paroles d'archives des années 60, illustrant tour à tour Lesage, René Lévesque et la nationalisation de l'électricité, puis Paul Gérin-Lajoie et la réforme de l'éducation, s'installe le Chœur des fonctionnaires économistes.

CHŒUR DES FONCTIONNAIRES

Rapport du Conseil économique du Québec sur le cinéma.

Il existe au Québec un groupe important de cinéastes. L'Association professionnelle des Cinéastes compte 105 membres... Ils sont prêts à investir dans la création de longs métrages et à assumer les risques. Plus que les producteurs, ce seront eux les véritables entrepreneurs, au sens schumpeterien du terme, de l'industrie québécoise du cinéma... Beaucoup de leurs camarades, ainsi qu'eux-mêmes, ont travaillé gratuitement et ce n'est que leur ferveur qui a permis de convaincre certaines personnes d'investir quelques capitaux dans ces productions. Mais cela ne saurait éternellement durer. La situation est explosive et on ne pourra contenir sous un couvercle cet ensemble aussi dense d'énergies qui n'aspirent qu'à se libérer.

L'ONF a été un atelier qui a prouvé son rôle capital... Son existence, les fonds que l'État lui accorde, risquent de donner bonne conscience aux autorités politiques qui croient avoir ainsi contribué largement à la vie du cinéma. Son succès même fut la vitrine prestigieuse qui camouflait l'indigence du cinéma canadien.

Aussi un organisme étatique de création cinématographique a ses limites, surtout dans une société régie par les lois du libéralisme économique... Les solutions faciles, la recherche de l'État paternaliste, se sont toujours avérées de fausses solutions car la sécurité économique dans ce domaine n'a donné naissance qu'à des êtres anémiés qui réagissent mal aux courants d'air...

Il est urgent que l'État du Québec abaisse les murailles qu'affronte l'entrepreneur de longs métrages afin que ce dernier puisse n'avoir qu'un défi normal à relever et que puisse naître, au soleil, dans le secteur

privé, une production nationale de longs métrages...
Alors la production cinématographique de l'État
retrouvera sa logique. Cette production aura une
fonction de suppléance.

Seule une intervention énergique de l'État
pourrait donner naissance à une industrie de production de long métrage au Canada.

Cette intervention des pouvoirs publics... tendra à
diminuer dans le cinéma l'effet de domination des
États-Unis et associera le cinéma canadien à d'autres
courants commerciaux. Elle devra établir un régime de
compétition entre les différents producteurs afin que la
production de films reste accessible à tous, et que le
cinéma, art essentiel, se développe dans la liberté et la
compétition.

Pour être complète et par là réellement efficace,
l'intervention des pouvoirs publics devra se situer tant
au niveau provincial qu'au niveau fédéral, dont les
pouvoirs devront voir à ce que leurs politiques
respectives s'inscrivent dans une même perspective, afin
que leurs mesures ne soient pas contradictoires.

L'ONF doit... se garder de devenir un agent com-
pétitif à l'égard des producteurs indépendants. Si Radio-Canada désire augmenter sa production annuelle
de films, (qu')elle loue à l'extérieur de ses cadres, dans
l'industrie privée, les services techniques importants.

Que soit établi un Centre canadien de la Cinématographie, bien distinct de l'ONF.

Pour assurer au Québec la naissance d'un cinéma national de qualité, adoption d'une *Loi générale
du Cinéma* (abrogation de la *Loi des vues animées*) et
création d'un Centre Cinématographique du Québec.

*Surgit, dans le Montréal actuel, le fantôme d'André Guérin, qui
lit un vieux texte jauni qu'il avait préparé en 1966, pendant que
continue de défiler en mezza-voce le Chœur des fonctionnaires.*

ARIA. LE FANTÔME D'ANDRÉ GUÉRIN (ténor)

Il y a *extrême urgence* à ce que le Gouvernement
du Québec non seulement affirme ses droits consti-

tutionnels et juridiques en ce domaine mais encore *occupe de fait* ce champ d'action a) en posant un geste politique et législatif complet grâce à l'adoption par l'Assemblée Législative d'une loi-cadre du cinéma; b) en créant un Centre Cinématographique du Québec.

...C'est immédiatement que le Gouvernement doit agir s'il ne veut pas que le cinéma, après la radio et la télévision, passe à toutes fins pratiques sous le contrôle d'Ottawa.

En effet, le Gouvernement fédéral s'apprête à faire adopter par les Communes... une Loi «établissant une Société d'encouragement à l'industrie cinématographique canadienne». *Cette loi, tant par son contenu avoué que par son esprit, ses implications et ses prolongements ne laisserait au Québec, une fois adoptée, que des pouvoirs bien illusoires d'intervention dans ce domaine.*

(...)

Si, comme nous l'espérons, le gouvernement donne suite à ces recommandations, le Québec pourra, au lieu d'une fois encore mener un de ces épuisants combats d'arrière-garde dits «de récupération», négocier *d'égal à égal* avec Ottawa les modalités d'une collaboration dans un domaine vital pour l'avenir de la nation québécoise.

Or seul le pouvoir politique peut s'opposer au pouvoir économique pour imposer le respect de la nation que nous sommes. Si donc le gouvernement du Québec n'intervient pas en légiférant et en créant un Centre du Cinéma du Québec, il n'aura rien fait du tout et, dans dix ans, nous offrirons encore l'apparence — et la réalité — d'un pays occupé.

Extrait du film La visite du Général de Gaulle au Québec. *Cri de «Vive le Québec libre!». Pendant la fin de ce film, une sorte de Méphisto fédéral, ricanant, annonce la création de la SDICC. Diapositive:*

La Société a pour objet de favoriser et d'encourager le développement d'une industrie du long métrage au Canada et, à cette fin, elle peut faire des placements dans des productions, consentir des prêts aux producteurs, accorder des récompenses pour les réussites remarquables, accorder aux cinéastes et techniciens des subventions pour les aider à accroître leur compétence, conseiller et aider les producteurs en ce qui concerne la distribution et les tâches administratives liées à la production...

Pendant que ricane encore le Méphisto tout de rouge vêtu, on entend la voix éteinte de Daniel Johnson, qui récite, lentement et sans conviction, dans une sorte de silence sépulcral:

...le moment me semble très mal choisi de procéder à une dépense, sous la seule autorité d'Ottawa, de 10 millions $ dans un domaine qui relève de l'éducation et de la culture. C'est un autre accroc, non seulement aux négociations, mais, selon nous, à l'un des principes et à l'une des compétences exclusives des provinces.

Fin sur des diapos de l'Expo 67 déserte, après les festivités. Vents froids et début de l'automne glacé.

Séquence 4

«LE VIOL D'UN JEUNE PREMIER MINISTRE DOUX»

Se déroule dans les bureaux du BSCQ (Bureau de surveillance du cinéma du Québec) en 1974, pendant l'occupation des cinéastes (Association des réalisateurs de films du Québec — ARFQ). Une énorme photo du jeune premier ministre Robert Bourassa.

Les cinéastes forment le Chœur, duquel se détachent de temps en temps des voix plus nettes. Atmosphère de kermesse et de fébrilité. Plusieurs caisses de bières. Pancartes de manifs faites de posters de films québécois: On est au coton, Le révolutionnaire, Le viol d'une jeune fille douce, Bar salon...

Durant le déroulement de la séquence, rétroprojection d'extraits de films québécois des années 58 à 73, par exemple Les raquetteurs, À tout prendre, Pour la suite du monde, La vie heureuse de Léopold Z...

CHŒUR

La mémoire des mémoires du cinéma...

UNE VOIX (basse)

Résolution du Premier Congrès du cinéma québécois (1968).

La commission «Politique» a émis plusieurs vœux qui dans leur ensemble tendent à faire du cinéma québécois une industrie à caractère national axé sur le Québec. On a exhorté le gouvernement à régler une fois pour toutes avec Ottawa les conflits de juridiction portant sur le cinéma et à instituer une régie du cinéma qui tiendrait compte des besoins actuels et futurs. L'industrie québécoise du cinéma a enfin réclamé la part qui lui revient des institutions fédérales telles que l'ONF et Radio-Canada.

CHŒUR

La mémoire des mémoires...

UNE AUTRE VOIX (baryton)

Mémoire sur les éléments d'une politique du cinéma au Québec (6 août 1970).

Ottawa est sur le point d'achever d'occuper *tout* l'espace cinématographique et *tout* l'espace des communications.

Seule réplique possible du Québec, et immédiatement, pour ce qui concerne le cinéma: adoption d'une loi-cadre et création d'un Centre du Cinéma du Québec.

UNE TROISIÈME VOIX (ténor)

L'industrie québécoise du cinéma et l'État (19 janvier 1971).

...Les conditions actuelles non seulement ne favorisent pas le développement de cette industrie, mais un ensemble de facteurs, au contraire, lui nuisent considérablement. Non le moindre de ces facteurs est l'existence d'organismes gouvernementaux qui s'adonnent à la production de films et font à l'industrie une concurrence disproportionnée.

Le problème de la survie de l'industrie du cinéma est un problème fondamentalement économique. Or les activités d'organismes comme Radio-Canada et l'ONF sont toujours présentées et justifiées en termes philosophiques, culturels ou politiques.

L'État ne doit jamais devenir en aucun temps le concurrent des citoyens. Il appartient à l'État de planifier plutôt que de produire, de réglementer plutôt que de diriger, d'animer plutôt que de contraindre.

UNE QUATRIÈME VOIX (ténor)
(ton aigu et plus martial, comme un slogan de manif)

Manifeste APCQ (1971).

Affirmer la responsabilité complète et entière du gouvernement du Québec en matière de cinéma et en négociant avec Ottawa le rapatriement du pourcentage des fonds publics fédéraux qui reviennent à la production nationale québécoise.

CHŒUR

Murmures dubitatifs et réprobateurs en réaction à la 4e voix.

CINQUIÈME VOIX (alto)

Le Manifeste du Front des créateurs du Québec (1972).

— Travailler au rapatriement des sommes consacrées à la culture par le gouvernement fédéral;

— Presser le gouvernement du Québec de conserver, d'élargir et de restructurer le ministère des Affaires culturelles;

— Promouvoir l'établissement d'une politique culturelle cohérente et dynamique.

CHŒUR

Murmures, puis clameur recentrée sur la principale revendication de l'occupation du Bureau de surveillance:

Nous exigeons le dépôt immédiat de cette loi-cadre sur le cinéma et son examen en commission parlementaire publique.

LE FANTÔME D'ANDRÉ GUÉRIN (ténor)

Je vis le dossier du cinéma québécois depuis le tout début et je connais les réalisateurs d'ici depuis 20 ans. Il est bien certain que je partage le souhait de tout le monde sur la nécessité d'une loi-cadre... J'espère que le dossier auquel je suis associé depuis si longtemps trouve bientôt son accomplissement logique par l'adoption d'une loi-cadre du cinéma. C'est une urgence criante.

Rétroprojection du titre d'un article de Jacques Godbout: «Le viol d'un jeune premier ministre doux».

JACQUES GODBOUT (baryton)

Il n'y a pas, pour ce qui est de la production culturelle, d'ambiguïté constitutionnelle. Il n'y a qu'un état de fait économique: les cinéastes, les écrivains, les musiciens, les comédiens, les peintres, les photographes mangent tous à Ottawa. Pendant ce temps, le premier ministre du Québec claironne son désir de souveraineté dans un désert de bonnes intentions. Les cinéastes, symboliquement, ont donc perpétré le viol d'un jeune premier ministre doux en occupant les salles de la censure cinématographique où s'empilent les films étrangers érotiques ou américains.

ROGER FRAPPIER (ténor)

La SDICC n'appartient ni aux cinéastes ni aux Québécois. Elle appartient d'abord aux politiciens fédéraux et aux «pedlers» du cinéma pour qui le seul critère valable pour la réalisation d'un film est sa rentabilité commerciale. La SDICC n'a aucun souci de faire correspondre la production cinématographique d'ici avec les besoins culturels de la population québécoise. Le laisser-faire du gouvernement québécois bloque le développement d'un cinéma national qui soit au service de notre peuple et qui en soit, en même temps, l'expression.

Dans un grand brouhaha, la police déloge abruptement les cinéastes du BSCQ. Le Chœur crie: «Québec protège les intérêts d'Ottawa et de Washington!»

Puis la scène revient au calme et des diapos annoncent la promulgation de la loi sur le cinéma (1975) et ce, dans une sorte de silence étonnant, sinon inquiétant. Depuis les coulisses du BSCQ, maintenant désert, se font entendre quelques voix un peu lointaines, mais claires et fermes.

GÉRARD PELLETIER (ténor)

Le fédéral a travaillé les «grandes lignes d'une politique du film», en tenant compte de «l'importance qu'Ottawa attache au contrôle canadien dans le secteur culturel» et la nécessité de soutenir «l'existence d'une industrie privée de plus en plus vigoureuse, de plus en plus active, tant dans le secteur de la production que dans celui de la distribution». En conséquence, cette politique du film revoit les rôles respectifs de l'ONF, de Radio-Canada, de la SDICC, du Conseil des Arts et des Archives nationales du film.

CHŒUR DES PRODUCTEURS, DISTRIBUTEURS, PROPRIÉTAIRES

Les accusations des réalisateurs contre la SDICC découlent d'une conception du cinéma biaisée et partisane qui est contraire à la réalité de l'industrie cinématographique québécoise.

CHŒUR DU TRIBUNAL DE LA CULTURE

Au Québec, du fait de la Confédération canadienne, la souveraineté culturelle doit s'incarner à deux niveaux... Toutefois, on doit malheureusement dire que pour l'instant, les politiques culturelles fédérales pourtant contrôlées par une majorité anglophone, sont plus libérales à l'égard des organismes culturels et des créateurs québécois que les politiques québécoises en la matière.

Sur la dernière phrase de la déclaration de ce Tribunal, retentit un immense coup de marteau de bois.

Séquence 5

TÉLÉGRAMME À MONSIEUR RENÉ LÉVESQUE

D'abord, sur une séquence d'archives des élections triomphales du PQ en 1976, s'avance, énergique et rayonnant, le groupe des cinéastes du Québec.

CHŒUR

Télégramme à Monsieur René Lévesque.
Le Cinéma québécois... Avec notre gouvernement. Pour notre société. Notre désir est profond, nécessaire et passionné, de collaborer de la plus immédiate façon à la preuve irréfutable de l'identité québécoise.

Nous sommes d'ailleurs particulièrement fiers d'avoir contribué par des centaines de films, au trésor culturel d'un Peuple qui, plus que jamais, a besoin d'images vraies de lui-même.

Mais c'est la première fois depuis que nous luttons pour arracher le cinéma québécois à l'économie et à l'idéologie étrangères, que nous avons la certitude de pouvoir travailler *avec* le gouvernement *pour* notre société.

Signé: l'exécutif de l'Association des réalisateurs de films du Québec.

Surgit le Dr Camille Laurin, qui fait taire les clameurs, puis chante d'une voix doucereuse, calmante, impérative.

ARIA. DR CAMILLE LAURIN (basse)

Il faudra... appliquer au cinéma un régime fiscal qui tienne compte de la nature particulière de cette activité, qui soit clair et qui, dans toute la mesure du possible, soit en harmonie avec celui que pratique le gouvernement fédéral.

Aussi longtemps que durera le régime politique actuel, le gouvernement devra tenir compte, dans l'élaboration et la mise en œuvre de sa politique du cinéma, de l'existence de nombreux et puissants organismes fédéraux agissant dans le même domaine. Il lui faudra faire preuve d'originalité dans sa démarche, éviter les dédoublements coûteux et ne pas hésiter à s'engager dans des initiatives conjointes avec l'un ou l'autre des intervenants fédéraux, sous réserve que ces initiatives contribuent d'évidente façon à la promotion d'un cinéma québécois spécifique. Il est justifié de parler du cinéma québécois et du cinéma au Québec en termes de culture et d'industrie. En effet, si le cinéma véhicule la culture du peuple et la façonne, il est aussi soumis aux lois de l'économie.

Au plan culturel, l'apport de l'État devrait favoriser le développement d'un cinéma québécois de qualité, sa promotion sur le territoire national comme à l'étranger et l'épanouissement de la culture cinématographique dans toutes les régions du Québec. Au plan économique, l'action de l'État devrait favoriser l'implantation et le développement de l'infrastructure artistique, industrielle et commerciale d'un cinéma québécois de qualité.

Puis, en rétroprojection, des diapositives de plusieurs manifs de cinéastes indépendants, de 1978 à 1982: Association des réalisateurs contre la SDICC (78-79); contre le Festival des Films du Monde en

1979 et en 81: «À l'ombre des soleils immobiles»; projection dans la rue: «Trop c'est trop», éviction par la police; contre la commission Applebaum-Hébert; l'événement SHOWMAGE en 82. Pendant ce temps, une voix off débite d'autres fragments de mémoires.

VOIX OFF (baryton)

Les recommandations Applebaum-Hébert en 1982.
— Il faut accroître considérablement le budget et le rôle de la SDICC pour qu'elle puisse prendre des initiatives plus audacieuses dans le financement des films et des vidéos canadiens, en tenant compte de leur valeur culturelle et de leur qualité professionnelle.
— L'ONF doit être transformé en centre de recherche avancée et de formation artistique et scientifique pour la production de films et de vidéos.

VOIX DE FRANCIS FOX (heldentenor)

Mars 1983. Création de Téléfilm Canada.

Envolée de cloches du Parlement à Ottawa.

Séquence 6

POSTLUDE

Pleins feux à nouveau sur le drapeau fleurdelisé du Québec. Le Chœur des membres de la commission Fournier chante ses principales recommandations de 1983.

CHŒUR

— Consolider les entreprises indépendantes québécoises de production, de distribution et d'exploitation, dans le respect d'une diversité indispensable à la vitalité de la création culturelle.
— Assurer une concertation des divers secteurs de l'industrie cinématographique québécoise et une

meilleure cohérence de l'intervention multiforme de l'État.

— Favoriser la reconquête, par le secteur indépendant, des marchés jusque-là quasi monopolisés par l'État ou largement contrôlés par des intérêts étrangers.

Suit une série de diapositives montrant la lutte du PQ contre les monopoles américains, puis la photo d'un Jack Valenti en colère, enfin un immense vidéo couleur de Ronald Reagan souriant, saluant.

Ce vidéo est interrompu par une diapo de la manchette de La Presse*: «Québec cède devant Washington», pendant que continuent, sur la bande son, les clameurs et les applaudissements de l'image de Reagan.*

Enchaîné, quelque temps après, sur les vidéos d'archives montrant, à Québec, Reagan et Mulroney chantant: «When Irish Eyes Are Smiling»...

Sur la fin de cette chanson, comme au début de l'opéra, revient sur scène Liza Frulla-Hébert, qui reprend ses vocalises, pendant qu'apparaît une diapo du titre du Devoir*: «Le cinéma québécois renie le rapport Arpin sur la souveraineté culturelle du Québec».*

Brouhaha dans le Chœur, au milieu de la continuation des vocalises de la ministre Frulla-Hébert. Surgissent un coup de tonnerre et des éclairs. Métissage du clavecin de Catherine Perrin et des bandes électroacoustiques d'Yves Daoust. Descend du ciel, sur un nuage, comme dans les opéras baroques, le «deus ex machina» du Devoir*, la directrice Lise Bissonnette, qui impose le silence.*

LISE BISSONNETTE (contralto, en forme de *recitativo secco*)

On a vu apparaître une série d'esprits soupçonneux qui voient derrière les deux mots de «politique culturelle» une chose abominable, une sorte de mainmise de l'État québécois sur la culture, qui finirait par la soviétiser ou la muer en confiture nationaliste officielle prescrite de force aux citoyens et aux artistes. Voilà une niaiserie monumentale que seul le climat de crise constitutionnelle pourrait excuser, et encore...

Le rapport Arpin ne demandait pas à l'État de se rendre maître d'œuvre de la culture, de la définir et de la produire lui-même, mais bien de se présenter en «maître d'œuvre de l'activité culturelle», c'est-à-dire en responsable des instruments qui permettent à une culture de vivre et de se déployer. Les États modernes ont des politiques industrielles, des politiques d'éducation, des politiques sociales, et ils devraient s'absenter de la politique culturelle? Les premiers à chercher le diable dans le rapport Arpin sont souvent les mêmes qui absolvent un gouvernement fédéral bien plus tenté par l'interventionnisme culturel, qu'il s'agisse de forcer radios et télévisions au «contenu canadien» ou de faire comparaître des directeurs de musées dont les expositions déplaisent aux élus. La motivation politique de ces accusations est transparente. Comme est suspecte l'opposition surgie de milieux d'affaires qui n'ont guère envie de partager leur accès aux crédits de l'État avec les milieux de la culture. En affamant les arts, ils se donnent l'air de défendre leur liberté. Y a-t-il rien de plus délirant — et de plus méprisant — que ces scénarios d'apocalypse où on imagine des artistes québécois débitant docilement des messages officiels sous la botte et la dictée de tsars-ministres de la Culture? Encore une fois, les préjugés à l'égard de la santé démocratique du Québec ont eu l'ombre longue.

Derniers accords de la bande électroacoustique de Daoust.

FIN

280

Références aux textes cités

Séquence 1

— «Position sur le Rapport Arpin», *Lumières*, n° 28, automne 1991.
— «The State of Culture and the Future of Film in Quebec», *POV*, Winter 1991, n° 17.
— «Le MFQ dénonce les artistes qui veulent "manger à deux râteliers"», *Le Devoir*, 24 octobre 1991.

Séquence 2

— Papin Archambault, ouvrage cité.
— Gouvernement du Canada, *Loi nationale sur le film. Buts de l'Office national du film*, 1939.
— «L'ONF et Maurice Duplessis», dans Pierre Véronneau, *L'Office national du film. L'enfant martyr*, Cinémathèque québécoise, 1979.
— Georges Léveillé, *Préface* d'un catalogue du Service de ciné-photographie, Québec, 1947.
— Pour les citations de Paul L'Anglais, d'Alexandre DeSève et de l'AMPPCL, voir Pierre Véronneau, *Histoire du cinéma au Québec I et II*, Cinémathèque québécoise, 1979.

Séquence 3

— *Rapport du Conseil économique du Québec sur le cinéma*, texte dactylographié, 1963, Archives de la Cinémathèque québécoise.
— [André Guérin], *Demain, il sera trop tard*, texte dactylographié, octobre 1966, Archives de la Cinémathèque québécoise.
— Gouvernement du Canada, *Loi sur la SDICC*, sanctionnée le 10 mars 1967.
— Daniel Johnson, *Débats de l'Assemblée législative du Québec*, vol. 7, p. 14, 14 mars 1968.

Séquence 4

— *Objectifs et résolutions du 1er Congrès du cinéma québécois*, texte dactylographié, 1968, Archives de la Cinémathèque québécoise.

- *Mémoire sur les éléments d'une politique du cinéma au Québec*, texte dactylographié, 6 août 1970, Archives de la Cinémathèque québécoise.
- *L'industrie québécoise du cinéma et l'État*, texte dactylographié, 19 janvier 1971, Archives de la Cinémathèque québécoise.
- *Manifeste de l'APCQ. Un autre visage du Québec colonisé* (mai 1971), dans *Champ libre 1*, juillet 1971.
- *Manifeste du Front des créateurs du Québec*, 1972.
- Tract des cinéastes durant l'occupation du BSCQ en 1974, texte dactylographié.
- André Guérin et Roger Frappier, cités dans «Les cinéastes occupent le Bureau de surveillance», *Le Devoir*, 23 novembre 1974.
- Jacques Godbout, «Sur le viol d'un jeune premier ministre doux», *Le Jour*, 26 novembre 1974.
- «Notes d'une allocution de Gérard Pelletier sur la première phase d'une politique du film», 4 juillet 1972. Texte dactylographié, Archives de la Cinémathèque québécoise.
- «Producteurs, distributeurs et propriétaires dénoncent les propos des réalisateurs», *La Presse*, 16 février 1979.
- *Rapport du Tribunal de la culture*, 1975.

Séquence 5

- APCQ, «Télégramme à Monsieur René Lévesque», texte dactylographié, novembre 1976, Archives de la Cinémathèque québécoise.
- Camille Laurin, dans Gouvernement du Québec, *Livre blanc sur la culture*, 1978, et *Les Industries culturelles. Hypothèses de développement*, 1979.
- Gouvernement du Canada, *Rapport du comité d'étude de la politique culturelle fédérale* [commission Applebaum-Hébert], 1982.

Séquence 6

- Gouvernement du Québec, *Le cinéma. Une question de survie et d'excellence. Rapport de la commission d'étude sur le cinéma et l'audiovisuel* [commission Fournier], 1982.
- *Le Devoir*, 17 septembre 1991.
- Lise Bissonnette, «Crise de confiance et de culture», *Le Devoir*, 25 novembre 1991.

Table des matières

Achevé d'imprimer
en janvier 1994 sur les presses
des Ateliers Graphiques Marc Veilleux Inc.
Cap-Saint-Ignace, (Québec).